企业信用管理

董树功　主　编
王晓辉　倪东明　副主编

中国财经出版传媒集团
中国财政经济出版社

图书在版编目（CIP）数据

企业信用管理／董树功主编．—北京：中国财政经济出版社，2019.7(2022.7重印)
ISBN 978－7－5095－9037－9

Ⅰ.①企…　Ⅱ.①董…　Ⅲ.①企业信用－高等学校－教材　Ⅳ.①F830.56

中国版本图书馆CIP数据核字（2019）第108184号

责任编辑：彭　波　　　　责任印制：史大鹏
封面设计：卜建辰　　　　责任校对：李　丽

中国财政经济出版社 出版

URL：http：//www.cfeph.cn

E－mail：cfeph@cfemg.cn

社址：北京市海淀区阜成路甲28号　邮政编码：100142

营销中心电话：010－88191537

北京财经印刷厂印装　各地新华书店经销

787×1092毫米　16开　19印张　400 000字

2019年7月第1版　2022年7月北京第2次印刷

定价：58.00元

ISBN 978－7－5095－9037－9

（图书出现印装问题，本社负责调换）

本社质量投诉电话：010－88190744

打击盗版举报热线：010－88191661　QQ：2242791300

前 言

市场经济是信用经济。在有中国特色社会主义市场经济建设过程中，信用建设起到了举足轻重的作用。商业信用是信用经济的主要表现形式之一，是社会信用的重要组成部分。商业信用要求企业加强自身的信用管理。企业的信用管理活动的成败直接关系到企业的生存和发展，是企业文化的重要体现。

企业信用管理是企业管理的核心内容之一，是构建现代企业管理体系的必要因素，企业信用管理为科学的信用风险管理提供支持，有利于增强企业对信用风险的控制能力，能够更好地利用客户信用资源进行客户授信管理。

随着我国社会信用体系建设的推进，社会对企业信用管理人才需求与日俱增。为满足我国信用管理专业人才培养和企业信用管理人员培训需要，特组织信用管理专业一线教师编写本教材。本教材主要以企业信用管理为中心，收集了国内外企业信用管理的相关理论及实践经验，系统地论述了企业信用管理的基础理论、企业信用管理的组织架构、企业信用管理的内容和模式、客户关系管理与资信调查、客户档案管理的信息化、企业信用评级管理、企业信用政策、企业赊销管理、应收账款管理、逾期应收账款管理、合同管理及企业信用文化管理等方面的理论知识与操作实务，共分成十一个章节。书中附有图表、案例，对读者更好理解教材内容具有辅助说明作用。

本教材既可作为全国本科院校信用管理专业和其他经管类专业的教学用书或教辅用书，也可以作为经济管理类专业研究生、信用管理专业研究人员及从事企业信用管理的领导与工作人员提高专业水平和管理能力的学习资料，还可作为社会各界人士、广大企事业单位职工学习和了解企业信用管理的参考资料。

本教材的选题、逻辑与结构由教材编写组在借鉴众多其他教材的基础上共同提出，其中第六、七、八、九、十一章由董树功完成，第一、二、三章由倪东明完成，第四、五、十章由王晓辉完成。由于编者水平和阅历有限，书中难免存在不足和疏漏之处，敬请广大读者批评指正。

董树功

2019 年 5 月

目录

MULU

第一章　企业信用管理概述 …… 1

第一节　信用概述 …… 2
第二节　企业信用与企业信用风险 …… 9
第三节　企业信用管理的含义和职能 …… 15
本章小结 …… 21
思考与练习 …… 23

第二章　企业信用管理组织架构 …… 25

第一节　企业信用管理部门的设立与职责 …… 26
第二节　企业信用管理人员素质要求 …… 35
第三节　企业信用管理制度 …… 40
第四节　企业信用管理体系的建立 …… 45
本章小结 …… 52
思考与练习 …… 53

第三章　企业信用管理内容和模式 …… 55

第一节　企业信用管理的内容 …… 56
第二节　企业信用管理模式的选择 …… 62
本章小结 …… 69
思考与练习 …… 71

第四章　客户关系管理及资信调查 …… 73

第一节　客户关系管理的内涵及作用 …… 74

第二节 客户信息的来源与资信调查的过程 …… 78
第三节 资信调查的原则、内容及核查处理 …… 87
本章小结 …… 103
思考与练习 …… 103

第五章 客户档案管理的信息化 …… 105

第一节 客户信用档案的建立 …… 106
第二节 客户信用档案的更新 …… 122
第三节 客户信用档案的保管和利用 …… 127
第四节 客户信用档案检索系统的使用方法 …… 137
本章小结 …… 143
思考与练习 …… 144

第六章 企业信用评级管理 …… 145

第一节 企业信用评级概述 …… 146
第二节 企业信用评级程序 …… 156
第三节 企业信用评级指标 …… 164
第四节 企业信用评级方法 …… 172
本章小结 …… 178
思考与练习 …… 179

第七章 企业信用政策 …… 181

第一节 企业信用政策概述 …… 182
第二节 企业信用政策的制定流程 …… 186
第三节 企业信用政策内容与评估 …… 189
本章小结 …… 200
思考与练习 …… 201

第八章 企业赊销管理 …… 203

第一节 企业赊销管理概述 …… 204
第二节 企业赊销的成本分析 …… 210
第三节 企业赊销管理的分析工具 …… 213

本章小结 …… 217
思考与练习 …… 218

第九章　应收账款管理 …… 219

第一节　应收账款的概述 …… 220
第二节　未到期应收账款的管理 …… 224
第三节　逾期应收账款的管理 …… 230
第四节　坏账管理 …… 239
本章小结 …… 242
思考与练习 …… 243

第十章　合同管理 …… 245

第一节　合同管理概述 …… 246
第二节　债券保障和风险转移管理 …… 258
本章小结 …… 268
思考与练习 …… 269

第十一章　企业信用文化管理 …… 271

第一节　中国诚信文化传统 …… 272
第二节　企业信用文化概述 …… 279
第三节　企业信用文化管理的国际经验 …… 283
第四节　企业信用文化管理的主要路径 …… 289
本章小结 …… 294
思考与练习 …… 294

参考文献 …… 295

Chapter 1 第一章

企业信用管理概述

本章导言

信用是随着市场的发展而产生的，并成为市场经济成熟的重要标志之一。信用是企业的生存之道和制胜法宝。企业信用管理主要针对企业的信用活动展开具体的管理活动，其核心是对企业信用销售的风险管理，涉及信用政策的制定、客户资信管理、客户授信管理、信用合同管理和账款回收管理等内容。企业信用管理是企业生存和发展的内在要求，是现代企业管理中的重要组成部分，是企业生存和发展的生命线。

本章教学重点与难点

1. 信用的含义与功能
2. 企业信用风险的表现
3. 企业信用管理的内容
4. 企业信用管理的意义

第一节 信用概述

信用作为一种经济行为，经过几千年的发展已经渗透到社会经济生活的各个方面。当今时代，社会信用体系的完善与否，已经成为当今社会一个国家市场经济成熟与否的重要标志，从某种意义上说，市场经济就是信用经济。追根寻源，商品交换和私有制的出现是信用产生的基础，信用的产生和发展，不仅根源于社会经济发展的客观需求，而且折射和体现着千百年来社会的传统道德与行为规范。

一、信用的含义

从金融学的意义上说，信用是以还本付息为条件的借贷行为。但是，信用作为经过长期积累形成的一种理念，涉及伦理、法律、经济、社会等不同领域，因而大大超出金融学的含义，具有更为广泛的内涵。站在不同的角度进行探究，对“信用”一词的理解也不尽相同。

（一）中国传统意义上的信用

在中国的传统文化中，诚信是儒家推崇的道德基础。“人无信不立。”“诚者，天之道也；诚者，人之道也。”这就是说，诚实守信是个人修养的重要内容，每个人都应该按照诚信原则来判定事物的是非曲直，同时要把诚信作为自己立身行事的行为准则。中国古语称：“人之道德，有诚笃不欺，有约必践，夙为人所信任者，为之信用。”“仁义礼智信”作为儒家“五常”，是贯穿于中华伦理发展的主线。“诚信”是中华传统道德文化的重要组成和中华民族价值体系的核心因素。诚实，就是忠诚正直、言行一致、表里如一。守信，就是遵守诺言、不虚伪欺诈。“言必信，行必果”“君子一言，驷马难追”这些流传了千百年的古话，都形象地表达了中华民族诚实守信的品质。出自对他人的忠诚，践约许下的诺言，成为中国千百年来所提倡的社会伦理和道德规范。由此可见，我国古代所说的诚信，既包含社会交往的道德伦理，也包括契约精神的特定内涵。因此，中国传统信用的内涵，可以从社会学和经济学的双重意义上加以解释。

随着商品经济的发展，传统商品交换对信用提出了客观的要求，恪守信用成为中国传统商品交换的原则规范和基本道德准则，进而成为人们在社会生活中普遍遵循的道德规范。诚实不欺，恪守诺言，不仅培育了中国儒商的优良商业道德，成为人类宝贵的精神财富，同时也为现代信用的不断发展奠定了坚实的基础。

（二）法律意义上的信用

从法律的角度看，“信用”实际上包含两层含义：其一，是指当事人之间的一种契约关系。作为契约，从狭义上说是一种经济合同，从广义上看是社会契约。其二，是指双方当事人按照“契约”享有的权利和肩负的义务。由于这种“契约”所具有的非即时交割的特点，合约的建立在很大程度上以相互信任为基本前提。

诚实信用也是我国现行法律一个重要的基本原则。在《民法通则》《合同法》《消费者权益保护法》中，对诚实信用均有明确的规定。由于其适用范围广，对其他法律原则具有指导和统领的作用，因此，诚实信用超越一般道德准则被称为“帝王规则”。在现实生活中，诚实信用是支撑社会的法律的支点，是法律规范的道德。违反这一法律规范，必将承担相应的法律责任和不利于自己的法律后果。这种法律后果可以是财产性的，可以是人身性的，可以是民事的、行政的，甚至可以是刑罚的。

（三）社会学意义上的信用

社会学意义上的信用，是一种基于伦理的以信任为特点的社会关系。这种社会关系，不仅表现为一种社会心理和道德准则，还具有社会的伦理特征和文化特质。

首先，信用源自一种以信任为前提的社会心理。对受信人的信任实际上是授信人对信用关系所具有的安全感。这种安全感不仅依赖于受信人的资信水平，还取决于授信人的理性判断。其次，信用作为一种发生在授信人和受信人之间的社会关系。在现代社会，信用关系逐步深入社会生活每一个角落，错综复杂的信用关系编织成市场经济的巨大网络。再次，信用不仅是一种社会关系和交易方式，还具有伦理特征。所谓“君子一言，驷马难追”，实际上是一种约束人们行为的道德准则。最后，信用具有文化特征。

尽管信用的产生是人类社会发展的共同规律，“诚实守信”是人类普遍认同的美德，但是不同的文化对信用的理解却具有差异，体现出信用的文化特征。在中国，人们主张禁欲节俭和量入为出，把债务称为“饥荒”，意思是只有到了饥荒时才可以借债。在消费上，在西方，情况则大为不同，超前消费成为普遍现象。伴随市场经济的发展，传统的信用观念发生了急剧的变化，人们对信用的理解不断深化。信用前所未有地影响着经济发展和社会生活，成为一种越来越重要的社会关系。

（四）经济学意义上的信用

经济学意义上的信用，是指建立在授信人对受信人信任的基础上，使受信人不用立即付款就可获得商品、服务或货币的能力。这种能力受到两个要素的制约：第一，在时间上，受信方必须在一定的时间期限内为所获得的资金、物资或服务进行支付或还款，这个时间期限必须得到授信方的认可；第二，在信心上，授信方对受信方的付款承诺必须相信，且对信用风险做出相应的判断。

从受信人的角度看，履约能力和履约意愿对信用具有重要影响。履约能力是受信人在特定期限内实现付款或还款的经济能力，与受信人的经济状况有密切关系。履约意愿是指受信人在特定的期限内保证付款或还款的主观意愿，与受信人的道德品质有直接关系。“失信”即意味着受信人由于履约能力和履约意愿上的限制，对授信信任和时间约定的违背。由此可见，信用是以信任为基础、以按期偿还为条件的交易关系和价值运动方式。

深入货币金融的角度看，信用是一种借贷双方在充分信任基础上，以还本付息为条件的借贷行为。借贷双方通过契约方式对借贷金额、期限、利率等进行约定，以此形成债权债务关系，并据此确保本金及利息能够按时回流。对于借入方来说，相当于在取得信任的基础上得到出让方有期限的信用额度。经济学意义上的信用主要包括商业信用、银行信用、投资信用、个人信用、国家信用。

二、信用的产生与发展

信用是与商品货币经济紧密相连的一个范畴。商品交换和私有制的出现是信用产生的基础。商品货币关系的发展，特别是货币支付手段职能的发展是信用赖以存在和发展的前提。信用的产生根源于两个前提，其一是私有制，社会产品为私人所有；其二是社会分工和商品交换。

（一）信用的产生

人类最早的信用活动产生于原始社会末期。由于社会生产力的发展，原始社会出现了畜牧业与原始农业的分工、手工业与农业的分工。由于两次社会大分工，商品交换变得必不可少。随着社会分工的发展和生产力的提高，部分家庭中开始有了剩余产品，造成了财富占有的不平均和贫富的分化。从整个社会的角度看，有富裕就有不足。富裕家庭拥有较多的商品和货币，生活条件较为优越，贫困家庭则不能满足必要的生活或生产资料，甚至难以为继。以借贷为特点的信用行为随之产生。由于财产分属于不同所有者，借贷双方不能无偿占有或使用对方的财产。贷方把自己的私有产品借给借方使用，要求对方按期归还并支付一定的报酬。由此可见，私有制是信用产生的基础，没有剩余的劳动产品和私有制，就不可能出现信用关系。

从形式上看，最早的信用是实物信用。由于商品生产在时间和地区上各不相同，生产周期长短不一，产销空间远近有别，以实物为对象的借贷行为在时间上、空间上、形态上受到很大的限制，难以获得广泛的发展。为了使商品交换得以实现，维持商品生产的正常进行，商品买卖中以赊销或延期支付为特点的信用交易应运而生。卖者因赊销商品成为信用交易中的债权人，而买者则成为信用交易中的债务人。货币在这个过程中，不再是交换的媒介，而是作为支付手段实现了价值的单方面转移。随着货币支付手段职能的发展，信用形式也日益突破了实物借贷的局限性，得到普遍的发展。在这种情况下，与货币支付手段职能紧密相连的信用关系，超出了直接的商品流通范围，渗透到社会生活的各个方面，不仅表现为商品的赊销赊购，还进一步表现为货币的借贷行为。

（二）信用的发展

以还本付息为特点的借贷行为产生以后，经历了一个由高利贷信用到资本主义信用、从实物信用向货币信用过渡的发展过程。

1. 高利贷信用。

高利贷是指利息特别高的贷款。高利贷信用产生于原始社会末期，广泛存在于奴隶社会和封建社会，是信用的基本形式。由于高利贷的利息太高，使大量的小生产者因变卖生产资料归还高利贷而破产，无法维持原有的简单再生产，造成生产萎缩，生产规模缩小。同时由于高利贷的盘剥，小生产者为了归还高利贷，就不得不把劳动的产品拿到市场上去卖，这就提高了劳动产品的交换比率，加速了自给自足的自然经济的解体和商品货币关系的发展。

由此可见，在生产方式向资本主义过渡中，高利贷信用具有双重的作用。从积极的意义上说，高利贷信用为资本主义生产方式的到来提供了两个基本前提条件：一是集中了大量的资本，二是提供了雇佣工人队伍。由于高利贷的盘剥，使放高利贷者手中集中了大量的资本，这些资本有可能投入资本主义生产方式中去。同时，也是因为高利贷的盘剥，使大量的小生产者破产、失业，成为无业游民。这就为资本主义生产方式提供了雇佣工人。然而，高利贷的消极作用不可否认。放贷者出于利益的考虑，必然维护高利贷存在和发展的经济条件，进而阻碍着小生产占优势地位的封建社会向资本主义社会的转换。

2. 资本主义信用。

资本主义信用表现为借贷资本的运动。所谓借贷资本，是货币资本家为了获取剩余价值而暂时贷给职能资本家使用的货币资本，它是生息资本的一种形式。贷者把闲置的货币作为资本贷放出去用以生息，借者则用这些货币扩大资本规模以形成更多的剩余价值。资本主义生产关系确立以后，为了发展资本主义经济，以资本主义再生产为基础的资本主义信用便取代了高利贷信用，取得了垄断的地位。

资本主义信用制度以发达的商品经济、完善的市场机制和生产资料私有制为前提。整个资本主义信用制度以商业信用为基础。银行和非银行金融机构信用获得广泛而多层次的发展。在资本主义信用制度中，本票、汇票、支票等各种信用工具以发达的金融市场为媒介，具有很强的流通性。中央银行作为信用调控管理中枢，通过市场机制、运用间接手段对各种信用工具的流通进行调控。

3. 社会主义信用。

社会主义信用是指社会主义经济中借贷资金的运动形式。从其基本特征来说，社会主义信用仍然是一种借贷关系，表现为以偿还为条件的价值运动形式。因此，其运动形式与借贷资本的运动形式是完全相同的。

同资本主义信用相比，社会主义信用有自己的特点。第一，由社会主义的根本任务所决定，信用服务于社会主义商品经济和工农业生产的发展。社会主义信用首先要为生产服务。第二，社会主义经济是有计划的商品经济，在社会再生产运动中，总体上可以对物资和资金的周转加以安排，充分利用社会资源，保证和促进国民经济的协调发展。第三，社会主义信用是国家管理国民经济的工具。从总体上说，信用活动更多地集中于国家银行。

三、信用的主要形式

信用关系表现出来的具体形式就是信用形式。随着商品经济的发展，信用活动更加频繁和深化，导致信用的形式也日益多样化。从借贷的对象和债权债务关系主体的角度考察，信用形式可以分为商业信用、银行信用、国家信用、消费信用和其他信用。从社会信用管理的角度看，信用形式又可以表现为公共信用、企业信用和消费者信用。

（一）公共信用

在西方国家，公共信用是各级政府的举债能力。政府为了向公众提供诸如国防、教育、交通、保健及社会福利等服务，需要庞大的经费开支。在某些特定的时期或政府财政政策情况下，政府的税收增加往往平衡不了财政支出的增加，为了弥补财政赤字，政府会发行或出售各种信用工具，典型的政府信用工具是公债，这些信用工具代表政府在将来偿还持有者资金的承诺。这种偿还债务的承诺来自政府机构，因此被称为公共信用。

由此可见，公共信用是一种覆盖范围更广的信用形式和信任关系。公共信用既摆脱了熟人社会的限制，又克服了契约交往对象的局限，是信用形式进一步演进和升华的产物。公共信用反映的是特定主体和利益相关者之间的信任关系。在特殊的文化土壤和时代背景下，这种信任关系本身也包含着一定的人际关系内涵。公共信用虽然通过不完全契约或隐性契约作用于信用交易，但在本质上是契约信用向公共生活领域延伸的结果。

无论作为公共产品，还是公共资源和社会资本，公共信用都是一种层次更高、涉及面更广、影响力更大、更具社会价值的信用；也是一种更为稀缺、供给和保护难度更大的信用。正因如此，在我国构建社会主义和谐社会的今天，更加需要高度重视对公共信用的有效供给与管理。

（二）企业信用

企业信用泛指一个企业法人授予另一个企业法人的信用，本质是卖方企业对买方企业的货币借贷。其包括生产制造企业在信用管理中，对企业法人性质的客户进行的赊销，即产品信用销售。在产品赊销过程中，授信方通常是材料供应商、产品制造商和批发商，而买方则是产品赊销的受益方，它们是各种各样的企业客户或代理商。买方以自己企业的名义取得卖方所授予的信用。企业信用还涉及商业银行、财务公司、其他金融机构对企业的信贷，以及使用即期汇款付款和预付货款方式以外的贸易方式所产生的信用。

银行也是一种企业，而且是专门经营信用的企业。银行信用是由商业银行或其他金融机构授给企业或消费者个人的信用。在产品赊销过程中，银行等金融机构为买方提供融资支持，并帮助卖方扩大销售。商业银行等金融机构以货币方式授予企业信用，贷款和还贷方式的确定以企业信用水平为依据。商业银行对不符合其信用标准的企业会要求提供抵押、质押作为保证，或者由担保公司为这些企业做出担保。后一种情况实质上是担保公司向申请贷款的企业提供了信用，是信用的特殊形式。

（三）消费者信用

消费者信用是指消费者以对未来偿付的承诺为条件的商品或劳务的交易关系。20世纪50年代以后，随着科技突飞猛进，生产力大幅提高。为了推销商品，商人设计出许多创新推销方式，诸如分期付款、赊购证、信用卡等，消费者信用获得迅速发展，成为市场经济中交易工具的重要组成。

以信用的使用目的为标准，消费者信用可以再分为零售信用和现金信用等。零售信用是指零售商向消费者以赊销的方式提供产品与劳务，是消费者直接用来向零售商购买最终产品的一种交易媒介。通过这种方式，企业或零售商增加了销售，争取了更多的消费者。现金信用即现金贷款。消费者由于各种理由需要现金，都可以向金融机构申请贷款，消费者得到的是现金，授信主体是金融机构。因此，现金信用比零售信用进步了很多，零售信用将交易限定在具体的商品上，而现金信用则可以使消费者购买任意的商品以及具有更广泛的用途。

四、信用的功能与作用

信用的功能集中体现为动员闲置资金并加以再分配。通过信用方式的资金融通，可以有效地克服生产过程中资金不足的矛盾，扩大投资，启动消费，推进社会再生产的发展。但是，过度的信用行为也会导致经济的失衡。这种情况可以通过信用的功能和作用得到具体体现。

（一）信用的主要功能

1. 信用创造了信用流通工具，从而节约了商品生产的非生产费用。

在企业的生产经营活动中，由于各种原因往往会遇到资金周转不畅的情况，许多企业会因缺少现金而无力购进生产资料，无法确保生产的正常进行。商业信用、银行信用以及本票、汇票、支票等各种信用工具的使用和流通，可以有效地化解企业现金周转方面的困难和解决资金短缺的矛盾，使企业不至于因为一时的现金不足或资金不畅而影响生产经营活动正常进行。

2. 信用加快了社会资本的集聚和集中，有效地调动和调剂了社会资金。

从整个社会的角度看，信用一方面代表着借入者的集中，另一方面又代表着贷出者的集中。资金盈余者留有多余的货币不能产生任何的收益，甚至会招致贬值；资金不足者则急需资金以满足现期生产、流通以及消费的需要。货币经营业者将两者联系起来，从而使双方都得到满足。同时，也使资金获得充分的利用，在资金的有效使用上达到最佳状态。

3. 信用能够进行资本的再分配和把收入转化为资本。

要实现经济的正常发展，各个生产要素之间就需要保持一定的比例关系，这些关系如果不合理，可以通过信用的发放进行必要的调整。例如，一国的能源和原材料紧缺，通过向这些领域增加贷款的投放，就可以解决投资资金不足，从而增加供给能力，缓解供求矛盾。同时，通过利率的杠杆作用，可以实现社会资金的再分配。信用还可以在不同产业之间乃至同一产业内部进行资金的合理配置。

4. 信用可以有效地调节货币供应量，进而对社会总需求进行调控。

这一功能的发挥主要通过以中央银行为主导、商业银行为主体的信用活动来实现。中央银行通过资产负债结构的调整形成商业银行负债的增加，进而增加了商业银行信贷投放的资金来源，贷款的增加必然导致存款的增加，从而形成社会中现实的购买力的增长和需求总量的扩张；反之，则情况相反。因此，中央银行基础货币的投放和商业银行的信贷投放直接影响货币供给，对有效进行金融调控和保持宏观经济平衡具有关键意义。

（二）信用的双重作用

信用的作用具有双重性。既有积极优化资金配置、加速资金周转等积极作用，也有盲目扩张信用，加剧生产和消费、供给和需求矛盾的消极作用。

经过前面的分析，可以看到信用的积极作用是显而易见的，并主要体现为：第一，信用促进了资金优化配置，提高资金使用效率；第二，加速资金周转，节约流通费用；第三，信用加速了资本积聚和集中；第四，信用有效地调整着国民经济。

与此同时，信用的消极作用也不可忽视。一是信用制度在一定程度上掩盖了生产部门之间发展的不平衡性。二是过度的信用行为有可能加剧生产和消费之间的矛盾，导致经济的不平衡。三是由信贷规模扩张所引发信用膨胀会导致通货膨胀，严重时还会引发货币信用危机。

第二节　企业信用与企业信用风险

一、企业信用概述

（一）企业信用的含义与特点

信用是随着市场的发展而产生的。在最原始的商品交换中，通行的是实物交易，货币的介入使交易更容易达成。但是，随着商品生产和交换的发展，商品流通出现了矛盾。当一些商品生产者出售商品时，购买者可能因自己的商品尚未卖出而无钱购买。为了克服这种不便，卖者往往同意买主在未来约定的时间再行付款。于是，赊销即延期支付的方式出现了。赊销是一种销售形式，它意味着授信人对受信人的未来付款承诺给予信任。于是，最早的信用关系出现了。赊销是最早的信用形式，也是最典型的企业信用形式。

企业信用是企业之间由于商品交易而延期付款或预收货物所发生的信贷活动，它是市场经济发展到一定阶段的产物。由于这种信用形式是在商业买卖过程中发生的，所以也称其为商业信用。在产品匮乏的卖方市场条件下，产品供不应求，企业无须通过赊销扩大产品销售。但是随着商品市场的日益繁荣，市场也日趋饱和，市场由卖方市场逐步转变为买方市场，这时企业间的竞争愈演愈烈，企业面临的市场竞争压力也越来越大。在买方市场条件下，当企业能够使用的诸如保证产品质量、降低产品价格、提高售后服务质量和水平等市场竞争手段被使用到极限后，不用立刻支付现金的信用销售就成了帮助企业实现销售的有效方法。在比较成熟的市场经济中，大部分交易都是以信用为中介的交易。

企业信用的基本特点有：

首先，企业信用的主体是厂商。企业信用是商品生产者之间或生产者向与销售者之间以商品形态提供的信用，体现的是工商企业之间的信用关系。

其次，企业信用的客体是商品资本。厂商贷出的资本就是待实现的商品资本，因此，它是一种实物信用。

最后，企业信用的动态与产业资本的动态相平衡，即企业信用的数量和规模与工业生产、商品流通的数量和规模是相适应的，在动态趋向上是一致的。

（二）企业信用的要素

企业信用具有5个基本构成要素：企业信用主体、企业信用客体、企业信用内容、企业信用工具、交易与付款的时间间隔。

1. 企业信用主体。

企业信用主体是指信用交易的双方当事人，即企业信用的授信方和受信方。其中转移资产或服务的一方为授信方（债权人），而接受资产或服务的一方则为受信方（债务人）。如果没有信用交易的双方当事人，就无所谓信用交易行为。

2. 企业信用客体。

企业信用作为特定的商品交易行为，其客体是被交易的对象。这种被交易的对象是授信方的产品或服务。如果没有被交易的对象，就不会产生企业信用。

3. 企业信用内容。

企业信用内容是授信方和受信方的权利和义务关系。企业信用作为特定的商品交易行为，其行为主体的授信方通过授信取得种权利（债权），而受信方在接受资产转移的同时承担着义务（债务）。债权与债务依存，权利与义务并存。如果没有权利与义务的关系，就无所谓信用。

4. 企业信用工具。

信用工具是以书面形式发行和流通，用以保证债权债务双方的权利和义务，具有法律效力的凭证。企业信用作为一种支付方式，需要一定的信用工具为载体来保证债权债务双方的权利与义务，并依此获得法律效力。常用的企业信用工具有赊销合同、信用证、汇票等。企业信用没有载体，信用关系就会无所依附而变得空口无凭。

5. 交易与付款的时间间隔。

企业信用作为一种能力，是基于交易与付款的不同步。承诺按约定的日期偿还货款或允诺对方按约定的日期偿还货款的信用行为，是在一定的时间间隔下进行的。如果没有时间的约定，信用行为就没有任何约束，也无衡量企业的信用能力。

（三）企业信用的主要形式

企业信用的具体形式很多，如赊销赊购商品、分期付款、预付订金等，归纳起来可以分为赊销和预付两大类。由于企业信用与商品流通紧密结合在一起，所以称其为企业信用。企业信用的主要形式有以下几种：

1. 应收账款。

主要发生在买方市场的情况下。应收账款即赊销，是一种最典型、最常见的企业信用形式。在这种方式下，买卖双方发生商品交易，卖方允许买方在购货后一定时期内支付货款的一种方式。

2. 预付账款。

主要发生在买方市场的情况下。预付账款是指买方企业在交付货款之前向卖方预先支付部分或全部贷款的信用形式。预付账款也是一种典型的企业信用形式。如施工企业向建设单位、房地产开发企业等发包单位收取的预收备料款和预收工程款等均属于商业信用筹资方式，以缓解资金占用过多的矛盾。

3. 分期付款。

分期付款是指按交货批量分期偿付货款，其信用的对象经常发生在完工的工程或提供的商品交易中，是一种由提供商品授予分期付款者信用的形式。分期付款的信用形式通常是在商品的使用价值未形成或未全部转移到分期付款者手中的情况下发生的。

4. 经销和代销。

就其一般的意义而言，经销和代销都是代售方推销产品，但两者的授信内容不同，经销是自行购销、自负盈亏，而代销只是接受委托收取佣金；经销是买卖关系，代销是委托—代理关系。

从信用关系上说，由于售货方给予经销商独家经营的权力以及价格、折扣和货款支付等方面的优惠权力，因而经销是提供一种权利信用，信用的对象是独家经营权和其他方面的优惠权力。而代销则是企业凭借对代理人的信任，将一定数量的产品委托给代销商的销售，也属于信用销售。代销产品一般为品牌产品，产品的所有权属于委托代理商，承托代销商虽无支付货款的义务，但其要承担代销产品的安全，享有获取佣金的权利，所以代销也是一种债权债务关系。

5. 补偿贸易。

补偿贸易通常发生在国际经济关系中，通常是国外厂商提供生产设备（即投资），国内厂商用该设备生产出来的产品清偿货款。补偿贸易具有二重性，它既是借贷，也是买卖。补偿贸易一般交易额较大，时间较长，为了解决资金来源问题，往往有银行参与，即提供卖方信贷或买方信贷，所以补偿贸易是一种特殊的商业信用形式。

（四）企业信用的产生与发展

信用是随着市场的发展而产生的。在最原始的商品交换中，通行的是实物交易，货币的介入使交易比物物交换更容易达成。但是，随着商品生产和交换的发展，商品流通出现了矛盾——“一手交钱，一手交货”的方式由于受到客观条件的限制而经常发生困难。例如，当一些商品生产者出售商品时，购买者却可能因自己的商品尚未卖出而无钱购买。为了克服这种不便，卖主往往同意买主在未来约定的时间再行付款，于是，赊销即延期支付的方式应运而生。赊销是一种销售形式，它意味着授信人对受信人的未来付款承诺给予信任。于是，最早的信用关系出现了。

企业信用是市场经济发展到一定阶段的产物。在产品匮乏的卖方市场条件下，产品供不应求，企业无须通过赊销扩大产品销售。但是，随着商品市场的日益繁荣，市场也日趋饱和，市场由卖方市场逐步转为买方市场，这时企业间的竞争愈演愈烈，企业面临的市场竞争压力也越来越大。在买方市场条件下，当企业能够使用的诸如保证产品质量、降低产品价格、提高售后服务质量和水平等市场竞争手段被使用到极限后，不用立刻支付现金的信用销售就成了帮助企业实现销售的重要方法。所以信用销售就成为市场经济发展到一定阶段企业的必然选择。它既是买方市场的产物，也是信用经济长期发展的结果。在比较成熟的市场经济中，大部分交易都是以信用为中介的交易，因此，企业信用是现代市场交易的一个必备要素。

（五）企业信用的作用

企业信用是市场经济发展到一定阶段时企业的必然选择，对卖方企业、买方企业、银行信贷和国民经济发展均有积极的促进作用。

1. 企业信用对卖方企业的促进作用。

首先，企业信用销售是卖方企业扩大销售的有效途径。在买方市场的条件下，卖方企业除了增强商品质量和价格方面的竞争力外，还需要提高企业信用销售的能力。因为企业信用销售的阻力最小，容易被客户接受，从而可使企业扩大自己产品在市场上的份额。企业信用销售对于靠规模生产才能赢利的企业显得尤为重要，因为对这类企业而言，如果没有稳定的销售量，就会造成企业的人员和部分固定资产闲置，成本也会上升。

其次，企业信用销售可以提高卖方企业的竞争能力。从竞争的角度来说，采用信用销售可以赢得同行间的竞争优势，相对于降价策略来讲更为隐蔽。当市场竞争激烈时，企业可以通过提供优惠的信用销售条件（等同于降价）从竞争中胜出。当市场需求下降时，企业可以通过修改信用条款（类似于降价）扩张信用销售的供给以刺激需求；当市场需求旺盛时，企业可以通过修改信用条款（类似于涨价）紧缩信用销售的供给以抑制需求。同时，企业还可以对不同资质的客户提供不同的信用条件，利用信用条款的差别化来维持优良的客户，优化企业与客户之间的关系，以提高企业的竞争力。

再次，企业信用销售是卖方企业降低库存费用的需求。企业库存会占用企业的一部分资金，此外，存货持有的成本相对较高，如储存费用、保险费用、管理费用等。存货虽然属于流动资产，但它仍然需要通过销售转化为资金，实现企业的利润。因此，通过信用销售将存货转化为应收账款，可以减少企业库存费用，进而增强流动资产的变现能力。

最后，企业信用销售是卖方企业提供的短期资金融通。尤其是在现金流量比较稳定或充裕的情况下，企业更倾向于采用比较宽松的信用销售政策。因为企业将资金投入金融市场取得的相应利息收入，远不如为客户提供信用销售所带来的利益。并且，这还有助于企业维护有暂时财务困难的客户，加强与购买者之间的联系，进而建立良好的客户关系，为企业长期发展奠定基础。

2. 企业信用对买方企业的促进作用。

首先，企业信用销售能促进买方企业需求的提前实现。信用销售已成为买方企业重要的短期资金来源。在买方企业遇到暂时的经营性困难或者资金周转困难时，它可以凭借自身良好的信用充当交易媒介，以先收货后付款的方式获得所需的商品或服务。

其次，企业信用销售使买方企业获得一种信用担保。买方企业在取得商品后的一段时间内，一旦发现产品的规格、质量、品质等出现问题，或者卖方没有履行做出的服务承诺，可以拒绝支付货款。

最后，企业信用销售使买方企业节约交易成本。信用销售的使用使商品交换和货币交换相分离，货币交换可以在商品交换完成之后的一段时间内进行，或者在一个固定的时间对一定期间内所发生的所有交易进行集中结算，使买方企业在信用销售过程中获得准确的付款时间和付款金额，减少结算次数，节省交易费用。

3. 企业信用对国民经济发展的促进作用。

企业信用销售能促进国民经济的发展，主要表现为它能扩大市场规模，从而最直接有效地带动国民经济的增长。因为，如果国民经济的所有部类都仅以现金支付手段进行交易，所能够周转的交易数额就非常有限，市场规模必然相对小很多，由此还会产生交易不活跃、吸引投资乏力、应变市场风险能力弱等系列连锁效应。而在良好的市场信用环境下，信用交易规模的扩大，会使市场规模成倍地扩大。反过来，扩大了的市场规模会进一步带来生产规模的扩大，由此还可以对社会的发展产生一定的影响，如扩大就业机会等。因此，信用销售这种对经济增长的拉动作用，促进了国民经济的增长。

4. 企业信用对银行信贷的促进作用。

企业信用销售是银行信贷的有益补充。由于银行信贷借款并不十分接近销售行为，作为交易的一个中间环节，企业先向银行借贷然后再购买的方式，在一定意义上限制了交易的时效性，降低了企业对市场的反应速度。因此，更多的企业通过信用销售向企业客户提供短期的信贷融资，作为银行信贷的有益补充。企业可以与客户有更直接的联系，得到的反馈可以很快地指导企业的生产和销售。

同时，银行信贷也积极支持了企业赊销。在实际信用活动中，企业对外赊销需要大量资本资源，以支持赊销中账款回收的等待时间。所以企业需要银行信贷的支持来完成大规模的赊销。当然，由于减少了贷款对象，银行也需要支持可以进行大量赊销的企业，以保证获取信贷利润。

二、企业信用风险

（一）企业信用风险的概念

企业信用风险是指由于客户和当事人不能履行承诺的支付而造成企业经济损失的风险，也称违约风险。信用风险往往更多地出现在商业银行借贷、担保、承兑和证券投资等表内、表外业务中，公司之间的业务往来中，以及个体行为之中。对于银行业来说，信用风险是其主要风险，在银行风险中占有特殊地位。在企业市场经济活动中，信用风险主要表现为应收账款的逾期和坏账风险，以及进出口贸易的信用风险。

企业信用风险具有以下几个特点。

1. 潜在性。

据调查，目前国有企业平均资产负债率高达80%左右，其中有70%以上是银行贷款。这种高负债造成了企业的低效益，潜在的风险也就与日俱增。

2. 长期性。

观念的转变是一个长期的、潜移默化的过程，尤其在当前中国从计划经济向市场经济转变的这一过程将是长久的“阵痛”。切实培养银行与企业之间的“契约”规则，建立有效的信用体系，需要几代人付出努力。

3. 破坏性。

不良资产形成以后，如果企业本着合作的态度，双方的损失将会减少到最低限度；但许多企业在此情况下，往往会选择不闻不问、能躲则躲的方式，使银行耗费大量的人力、物力、财力，也不能弥补所受的损失。

4. 难控性。

当前银行的不良资产处理措施，都具滞后性，这与银行不良资产的界定有关，同时还与银行信贷风险预测机制、转移机制、控制机制没有完全统一有关。不良资产出现后再采取种种补救措施，结果往往于事无补。

（二）企业信用风险产生的原因

企业信用风险的产生从外部来看，可能的原因有贸易纠纷、客户经营不善无力偿还、蓄意欺诈或有意占用对方资金；从企业内部分析可能是由于事前没有对客户进行全方面的了解，对风险没有识别评估，事中没有时时监控，缺乏与客户的有效沟通，事后没有有效地对拖欠账款追讨的方法、手段及管理措施。这两个环境下的因素将导致企业面临信用风险，为了避免或降低这一风险的产生，就必须有一套专门的、有针对性的、可实施性的信用风险管理体系。

第一，客观上，我国信用经济水平低，商业信用不发达，全民信用意识不强。特别是赊销企业风险意识较弱，加之风险防范能力低，使许多本来可以通过法律程序追回的应收账款，变成一笔笔资金损失。

第二，在企业内部管理上，缺乏信用风险管理机制，信用风险管理权责不清。一方面，没有建立健全客户信用档案，没有完整的历史信用记录，从而使企业的信用管理缺乏根基。另一方面，未设立专门的客户信用管理部门，缺乏规避风险的自动预警及财产保全机制。现有的业务部门与财务部门相互脱节、相互推诿，造成信用资产管理不实、不清，导致不必要的损失。

第三，在企业人员素质上，业务员素质不高，缺乏信用风险管理知识。例如，有些业务员急功近利，为获取销售提成，盲目赊销，对市场风险估计不足，上当受骗。又如有些业务员操作不规范，或者对客户的种种托词缺乏警觉，增加了信用风险发生的可能性。还有极个别业务员与诈骗分子内外勾结，合谋诈骗。

第四，许多企业对客户付款期限缺少控制，导致客户任意拖延。目前我国的货款回收期普遍超过 90 天，而国际上一般在 45 天左右。

第五，信用保险推行和运用不力，企业收款安全缺乏保障。据统计，全球国际贸易量中有 12% 是由出口信用保险支持的，而我国经济发达的沿海开放地区，承保出口率仅达 0.54%。

第三节　企业信用管理的含义和职能

一、企业信用管理的起源

据文献记载，欧洲在中世纪就开始盛行信用交易，赊销方式曾经促进了当地贸易的大发展。欧洲商人最先采用的信用交易方式是先发货后付款，而且多数是在买方收到货后，供应商在买方商行所在地收货款。据记载，在 1253 年，有意大利商人从同胞在法国开设的一家商行购买了一批英国造布匹，双方签订书面协定，由买方于 4 月之后，在买方设在第三地的另一家销售香料的分号付赊购布匹的货款。

早在 13 世纪的英国，商人们就广泛地使用赊销手段销售原材料，普遍采用的赊销期为 3 个月，为了尽早收回货款，英国商人们愿意在约定付款的期限内，给来自欧洲大陆的大客商以现金折扣。在英国工业革命以后，英国的国内外贸易迅速发展，贸易变成没有季节性的贸易，于是多种赊销形式开始出现。早在 20 世纪初，在欧洲的许多地方就出现了大型的贸易市场。在意大利，替外国厂商在当地代销商品的商人被称为“贸易代理”。贸易代理商在其所在国赊销国外商品，在当地帮助卖方催收账款，效果颇佳。

在1832年以前的英国，包括商业银行在内的各种金融机构在资金方面大力支持赊销，法定的银行利率不得超过5%，因此，贸易商开始根据银行所给予的条件，在经营中引进信用管理和财务管理手段。当时，英国本地的信用销售的期限通常为12个月至3年。分期付款式的赊销方法出现在19世纪50年代，属于消费者信用中的零售信用方式的一种。1856年，美国胜家牌缝纫机生产公司首创分期付款的支付方式推销其产品。在第二次世界大战以前，赊销一般都是在公司间进行。直到20世纪50年代初，在赊销商的不断推动下，美国的商业银行开始意识到，向收入稳定的工薪阶层提供消费信贷风险更小。于是，一些新的、提供消费者使用的信用支付工具发展起来。

自20世纪开始，到20世纪70年代，在资本、工商、消费者三个市场上的传统式信用交易手段趋于完善，并在全球为所有采用市场经济方式的国家普遍采用，并使一些发达国家的市场经济规模放大了很多。在世界信用交易额最大的北美市场，每月的信用交易额度超过2000亿美元。伴随信用销售的发展，发达国家的企业信用管理已经达到相当高的水平。

中国在计划经济条件下，企业之间的商业信用是被严格禁止的。自改革开放以来，市场的发展对信用提出了越来越高的要求。信用在市场经济交易中是一个必须具备的要素。在我国的社会主义市场经济实践中，外在形式上的赊销早已存在，实质上的赊销开始于20世纪80年代，当时非国有经济成分有了一定程度的发展。但是建立在现代信用信息服务基础上的现代企业赊销则出现得比较晚，大约始于1994年。通常以专业征信公司提供普通企业资信调查报告服务和消费品市场转入买方市场为标志。

二、企业信用管理的含义及特点

（一）企业信用管理的含义

广义的企业信用管理是指企业为获得他人提供的信用或授予他人信用而进行的管理活动，是对企业信用交易活动的全过程和企业诚信经营行为的全方位管理。其主要目的是为企业发展信用交易和获取信用资源服务。简言之，广义的企业信用管理是企业为获得他人提供的信用或授予他人信用而进行的以筹资或投资为目的的管理活动。广义的企业信用管理主要包括授信和受信两个方面。

狭义的企业信用管理专门指授信管理，是以企业债权（信用销售）风险管理为核心的信用管理。是指通过制订信用管理政策，指导和协调内部各部门的业务活动，对客户信息进行收集和评估，对信用额度的授予、债权保障、应收账款回收等各交易环节进行全面监督，以保障应收账款安全和及时收回的管理。其目的是企业在扩大信用销售的同时，保障应收账款安全和及时收回。

（二）企业信用管理的特点

1. 企业信用管理是一项系统性很强的工作。

企业信用管理由客户资信调查与信用风险分析、信用政策的制定与执行、应收账款的追收三个环节组成。这三个环节，环环相扣，紧密联系，任何一个环节出现失误，都可能影响整个信用管理绩效，也可能导致一定的信用风险。

2. 企业信用管理与企业信用制度建设密切相关。

企业信用制度是企业信用管理的主要监督和保障，推动企业的信用制度建设可以实现企业信用管理活动顺利开展。

3. 企业信用管理重点在于征信和授信。

征信和授信是企业信用管理的事前控制和事中控制，即属于“讲卫生”和“防病”阶段，是控制信用风险的关键阶段。

4. 企业信用管理的核心在于信用管理人才。

现代企业管理最重要的特点是以人为本。人是企业最重要的资源，企业信用管理水平高低，核心在于企业是否拥有高素质的信用管理专业人才。我国企业现在非常缺少信用管理人才。

5. 企业信用管理工作是一项“情报服务”工作。企业信用管理主要是通过对客户信息资料和信息的收集，通过审查客户的财务报表，通过各种财务报表分析方法，对客户偿债能力进行评估，确定对客户的信用政策，从而达到在控制信用风险的前提下，获取最大收益的目的。

三、企业信用管理的内容

企业信用管理是针对企业信用销售风险的管理，在有一定销售规模的企业中，应当设立专门的信用管理部门来全面承担企业信用管理工作。企业通过制订信用管理政策来指导和协调企业内部各部门的业务活动，对客户的资信情况进行评估，对客户授信进行决策，对信用权益进行保护，对信用风险进行转移，对应收账款回收进行监控等各环节进行流程化管理，以保障应收账款安全和及时回收。其具体内容包括以下几点。

（一）制订信用政策

企业信用政策是指为信用决策提供依据的一整套基本原则和行为规范，是指导企业自身信用管理工作和有关活动的根本依据，是企业实施信用风险管理的基本准则。

制订科学的信用政策和目标是企业的战略方针，也是企业信用管理部门的行动纲领。制订信用政策必须兼顾“促进销售额增长”和“保持应收账款合理比重”这两个目标的均衡和一致，以保证最终利润这根本目标的实现。在该原则下，对企业信用销售进行规范化管理，为鼓励和指导信用销售，采取系列的标准和优惠条件，具体包括信用标准、信用条件、信用限额、收账政策等。企业如果没有严格合理的信用政策，就会造成企业销售人员对客户可以任意放长付款期限或给予过于宽松的信用标准的情况，致使企业被客户牵着鼻子走，而处于非常被动的地位。

（二）客户资信管理

客户资信管理是指为防范信用风险的发生所进行的收集客户信息，对客户进行信用分析和建立客户档案等事前信用管理活动，是减少企业在授信决策过程中失误的先决条件。

买方市场形成后，企业销售已经转变为一种竞争性的销售，所以了解客户、合作伙伴和竞争对手的信用状况，对于企业防范风险、扩大销售、提高利润、减少损失显得尤为重要。客户资信管理由专门的部门和专业人员负责，建立完善的信息收集制度和客户资信档案制度，以对客户资信进行采集、调查、分析和评估以及建立和管理信息档案为核心内容。企业如果不重视信息收集或者无法收集到有效的信息，可能会造成企业不敢进行信用销售，而丧失市场份额；或者凭借对客户的主观判断而盲目给客户授信，如果整个市场信用环境不佳，自然就会使企业出现大量拖欠的货款和坏账。

（三）客户授信管理

客户授信管理是指对授信客户进行选择，并针对客户的具体情况确定信用额度和信用条件等事中信用管理活动，对每一笔信用销售业务风险的大小起着决定性作用。

客户授信管理是根据企业所掌握的客户资信情况，决定是否批准客户的赊购请求，并给予什么样的信用条件。客户授信管理由专门的部门和专业人员负责，并且要建立信用申请审批制度和授信制度，从最初的制订授信计划到最后的授信收回，中间涉及的企业的授信额度总量、信用标准、信用条件、资信等级、信用额度等多方面均须进行科学的认定和适时的调整。整个授信活动对企业的经营状况和赢利水平有重大的影响。一次成功的授信可能为企业赢得优质的客户，能够提高企业的销售规模和利润水平；但是，一次失败的授信会给企业带来潜在巨大的机会成本和坏账损失，进而有可能将企业引入财务困境的深渊。

（四）信用合同管理

信用合同管理是指参与签订、审核和履行信用销售合同，帮助企业选择使用转移或规避信用风险的手段等事中信用管理活动。企业与客户通过签订信用销售合同，以契约的方式规定了彼此间长期性、阶段性的信用销售关系，以指导、约束双方的权利和义务。

信用合同管理是对信用销售的买卖双方合法权益的保护，是对合同制度有效落实的必要保障。信用合同管理由专门的部门和专业人员负责，授权有关人员与客户签订信用销售合同，建立销售合同审批制度，对销售价格、信用政策、发货及收款方式等严格把关；另外，合同中附加的有关债权保障条款，如保理、信用保险、银行担保、商业担保等手段，不仅要求交易双方按约定履行合同，同时还可以作为向违约方要求承担违约责任的依据。有利于信用风险转移，减少信用损失。

（五）账款回收管理

账款回收管理是指应收账款一旦形成，债权到期前向购货方进行的发货确认、资信监控、应收账款持有质量控制，根据账龄的情况提醒客户，以及对逾期账款仍旧置于收账流程之中的一系列事后信用管理活动。其目的一是保证全额收回账款，二是保证按期收回账款。持续有效地管理应收账款可以为企业带来持续的现金流和显著的利润。

账款回收管理分为两个阶段：在货物发出后到应收账款到期之前，属于应收账款管理；在账款逾期以后，属于逾期账款追收。账款回收管理由专门的部门和人员负责，是指企业从履约发货到货款到期之前，通过建立发货确认制度和质量确认制度，确定客户是否收到货物、客户对货物的质量是否满意，为如期收回货款打下基础；通过建立应收账款总量控制制度，控制持有应收账款的成本；通过建立账款到期前的对账提醒制度，了解客户资信情况的变化，给予客户适当的、持续的偿债压力，有利于企业在信用期内，及时发现客户出现的新问题，采取应急措施，以保证到期收款。对逾期账款实施内部加压追收制度、启动外部惩罚制度，万不得已时也可以通过律师事务所进行起诉或仲裁，以最大限度地降低坏账损失。

四、我国企业信用管理的现状

当前，在以买方市场为主的竞争格局中，信用交易已成为企业获得市场竞争力的必要手段和经营方式。但从我国企业经营管理现状来看，我国企业在进入市场经济之后，内部经营管理机制并没有随之进行根本调整。具体反映在信用管理方面，我国企业存在一系列的问题需要解决。2002 年对中国企业信用与应收账款情况进行的一项调查表明，70% 的被调查者承认随着中国加入世界贸易组织，企业将更广泛地采用信用销售，但 67% 的公司却没有信用管理部门，30% 的公司没有详细的信用审核，56% 的公司未曾使用第三方的调查信息，全面进行信用管理的企业仅占 6%。而进行全面信用管理的企业，其应收账款周转天数比未进行信用管理的企业低 30%。对客户的信用风险缺少评估和预测，交易中往往凭主观判断作决策。我国企业信用管理落后的主要一些表现如下。

（一）企业经营管理目标发生偏离

我国许多企业近几年迫于市场竞争的压力，在其发展上单纯追求销售业绩的增长，但其背后的财务状况却常常不乐观，甚至出现经营危机。具体在业务经营中，企业简单地采取以销售为导向的经营管理模式，如销售承包制和销售买断制等，忽视了应收账款上升、销售费用上升、负债增加、呆账坏账增加等问题，偏离了最终利润这一企业最终目标。实际上，企业经营管理的目标是要在业绩增长和风险控制这两个目标之间寻求协调和一致，保证最终利润这一根本目标的实现。

（二）缺乏专门的信用管理职能部门

在我国现在的企业管理职能中，应收账款的管理基本上是由销售部和财务部两个部门承担。然而，这两个部门由于管理目标、职能、利益和对市场反应上的差异，都不可能较好地承担和协调整个企业信用管理和应收账款的工作。在实践中，这两个部门常常出现职责分工不清、相互扯皮、效率低下等情况，甚至出现管理“真空”等问题。国外成功企业的管理经验表明，增加独立的信用管理职能，由信用部门或信用经理承担和协调整个企业的信用管理工作是一个有效的管理方式。

（三）信用管理方法和技术落后

在目前销售业务管理和财务管理上，我国大多数企业还没有很好地掌握或运用现代先进的信用管理技术和方法。例如，缺乏客户资信方面的资料；对客户的信用风险缺少评估和预测，交易中往往是凭主观判断作决策，缺少科学的决策依据；在销售业务管理中缺少信用额度控制；在账款回收上缺少专业化的方法。又如，有的企业单纯用销售提成的方法激励业务员拉到大量订单，而后寄希望于一些缺少专业技能的人员去收账，结果是应收账款居高不下，积累越来越多，呆坏账比例逐步增加。

（四）信用管理重点严重滞后

目前许多企业解决拖欠问题多采取事后控制的方法，即只有在账款被拖欠了相当长的一段时间后才开始催收。解雇出现了前清后欠的现象，使企业顾此失彼，包袱越背越重。

（五）缺乏经过专门训练的信用管理人员

信用管理是现代企业管理的核心内容。在企业内部管理机制中，信用管理与市场营销、财务管理相互交叉，缺一不可。这就要求信用管理人员不仅要掌握信用管理、信息、财务、管理、法律、统计、营销、公关等多方面的综合知识，同时实践能力和工作经历也必须出色。目前，我国教育系统设立的信用管理专业很少，专业研究人员也很少，需求和供给缺口极大。企业在招聘信用管理员工时，缺乏科学、严格的标准，大量缺乏专业知识的人员被配置到了信用管理工作岗位上，致使信用管理人员的总体素质偏低。

五、加强企业信用管理的意义

信用管理是企业生存和发展的内在要求，是现代企业管理中的重要组成部分，是企业生存和发展的“生命线”。

第一，企业信用管理是构建现代企业管理体系的需要。企业信用管理是企业管理的核心内容之一，西方调查机构曾做过调查，在企业十几项管理中，赊销与信用管理被排在第一位，其次才是战略管理、生产管理、财务管理、人力资源管理等。

第二，企业信用管理为科学的信用风险管理提供支持。信用风险管理是企业信用管理的有机组成部分，是企业主要信用管理手段之一，信用风险管理的发展和完善对于企业信用管理的科学化具有重要的意义。企业事前、事中、事后的全程信用管理有利于企业信用风险的识别、防范、控制有效转移。

第三，企业信用管理有利于增强企业对信用风险的控制能力。在买方市场和信用销售方式下，企业如果过分注重销售业绩的增长，会引起一系列不良反应，如应收账款上升、销售费用上升、现金短缺、呆账和坏账增加等、利润下降等。企业落后的经营管理方式已无法适应现代信用经济的要求。只有通过加强企业的信用管理，才能不断增强企业对信用风险的控制能力，才能消除单纯追求销售收入增长的现象。

第四，企业信用管理有利于更好地利用客户信用资源进行客户授信管理。加强企业信用管理，能更好地识别高风险的客户，选择真正有价值的客户，合理授信，减少客户选择和授信的随意性和盲目性，控制不良账款产生的源头，提高货款的回收率。

本章小结

1. 从金融学的意义上说，信用即以还本付息为条件的借贷行为。

2. 经济学意义上的信用，是指建立在授信人对受信人信任的基础上，使受信人不用立即付款就可获得商品、服务或货币的能力。这种能力受到时间和信心两个要素的制约；从受信人的角度看，履约能力和履约意愿对信用具有重要影响。

3. 人类最早的信用活动产生于原始社会末期。以还本付息为特点的借贷行为产生以后，经历了一个由高利贷信用到资本主义信用、从实物信用向货币信用过渡的发展过程。

4. 信用关系表现出来的具体形式就是信用形式。从借贷的对象和债权债务关系主体的角度考察，信用形式可以分为商业信用、银行信用、国家信用、消费信用和其他信用。从社会信用管理的角度看，信用形式又可以表现为公共信用、企业信用和消费者信用。

5. 信用的主要功能包括：信用创造了信用流通工具，从而节约了商品生产的非生产费用；信用加快了社会资本的集聚和集中，有效地调动和调剂了社会资金；信用能够进行资本的再分配和把收入转化为资本；信用可以有效地调节货币供应量，进而对社会总需求进行调控。

6. 企业信用是企业之间由于商品交易而延期付款或预收货物所发生的信贷活动，它是市场经济发展到一定阶段的产物。企业信用具有5个基本构成要素：企业信用主体、企业信用客体、企业信用内容、企业信用工具、交易与付款的时间间隔。

7. 企业信用的主要形式有应收账款、预付账款、分期付款、经销和代销、补偿贸易。

8. 企业信用是市场经济发展到一定阶段时企业的必然选择，对卖方企业、买方企业、银行信贷和国民经济发展均有积极的促进作用。

9. 企业信用对卖方企业的促进作用包括扩大销售的有效途径、提高竞争能力、降低库存费用的需求、短期资金融通。企业信用对买方企业的促进作用包括促进买方企业需求的提前实现、获得信用担保和节约交易成本。

10. 企业信用风险是指由于客户和当事人不能履行承诺的支付而造成企业经济损失的风险，也称违约风险。企业信用风险具有潜在性、长期性、破坏性、难控性的特点。

11. 广义的企业信用管理是指企业为获得他人提供的信用或授予他人信用而进行的管理活动，是对企业信用交易活动的全过程和企业诚信经营行为的全方位管理。其主要目的是为企业发展信用交易和获取信用资源服务。狭义的企业信用管理专门指授信管理，是以企业债权（信用销售）风险管理为核心的信用管理。企业信用管理是一项系统性很强的工作，与企业信用制度建设密切相关，重点在于征信和授信，是一项“情报服务”工作。

12. 企业信用管理的内容包括制订信用政策、客户资信管理、客户授信管理、信用合同管理和账款回收管理等。

13. 信用管理是企业生存和发展的内在要求，是现代企业管理中的重要组成部分，是企业生存和发展的“生命线”。第一，企业信用管理是构建现代企业管理体系的需要；第二，企业信用管理为科学的信用风险管理提供支持；第三，企业信用管理有利于增强企业对信用风险的控制能力；第四，企业信用管理有利于更好地利用客户信用资源进行客户授信管理。

思考与练习

一、名词

信用；企业信用；应收账款；预付账款；分期付款；企业信用风险；企业信用管理

二、问答题

1. 简述信用的功能。
2. 简述企业信用的要素。
3. 企业信用的主要形式有哪些？
4. 简述企业信用的作用。
5. 列举企业信用风险的特点。
6. 简述企业信用风险产生的原因。
7. 简述企业信用管理的特点。
8. 简述企业信用管理的内容。
9. 说明企业信用管理的意义。

Chapter 2 第二章

企业信用管理组织架构

本章导言

企业信用管理活动需要科学合理的组织架构做保障。一个企业的信用管理活动需要选择合理的信用管理部门设置模式来设立各类信用管理部门，各部门的人员需要具备实现部门职责的能力和要求，同时需要建立各项信用管理制度，从法律法规学习、信用评审管理、授信评价管理、信用档案建立与维护、应收账款管理与商账追收管理等方面建立健全的信用管理体系，这样才能不断增强企业的盈利能力、降低企业的经营风险，对企业的可持续发展具有重要的战略意义。

本章教学重点与难点

1. 信用管理部门的设置模式比较
2. 企业信用管理的职责
3. 企业信用管理制度的内容
4. 企业信用管理体系的建立

第一节　企业信用管理部门的设立与职责

随着市场经济竞争的加剧，在我国，各产业、行业的交易方式也发生了根本性的变化，赊销日益成为主导地位的交易方式。赊销方式的采用体现了企业应收账款的增加，而应收账款的存在不仅导致了管理费用的大量增加，同时由于应收账款长期无法收回，造成企业资产利润虚增、利润超额分配、现金流出加剧等问题，致使会计信息缺乏可靠性。应收账款及其拖欠的额度居高不下，这与我国应收账款管理体制和管理流程不完备有着密切关系。

鉴于我国目前应收账款的管理现状，应建立信用管理部门，以弥补企业内部管理的缺陷。

一、信用管理部门的设置模式

企业关于信用管理部门没有明确的概念和设置，因而对于企业中的账款的管理不到位。在过去，企业之中负责账款管理的设置模式主要有向以下几种。

（一）财务主导型模式

财务主导型是以财务部门作为主要的信用风险控制责任方的企业信用管理模式，是一种传统的信用管理模式。这种模式以减少客户应收账款为主要目标，主要侧重于事后控制。它的优点是很容易控制应收账款；缺点是很可能影响销售业绩，造成财务部门与销售部门的强烈冲突。

财务主导型模式的适用企业条件包括：（1）财务部门在公司中不仅发挥着财务会计的功能，而且发挥着管理会计的功能。财务部门拥有较强的调配公司资源的权力。（2）财务部门的主管有较长时间的销售背景及比较开阔的管理视野，而不是局限于账目的处理。（3）财务部门和销售部门能够进行良好的合作，特别是销售部门的主管和财务部门的主管能够进行良好的合作。

（二）销售主导型模式

销售主导型模式是指把销售代表需要做的判断独立出来，由销售经理管理，主要侧重于事前控制。其具有的优点是对销售业绩影响程度不大，往往执行比较宽松的信用政策；缺点也很明显，即对于客户的回款监控往往比较薄弱，与财务部门沟通的减少容易造成信息掌握不完全。

销售主导型模式的适用企业条件涉及：（1）公司的管理水平比较高、管理思想比较先进，销售人员的基本素质较高；（2）公司原来企业文化已经牢固地建立起来了，员工易于凝聚在一起，信用思想的教育、灌输以及植入都比较容易操作；（3）销售部门的主管有较强的信用风险意识，不把销售额作为追求的最终目标，在销售和信用决策出现冲突时，能够从公司的全局出发，理智地做出抉择；（4）财务部门和销售部门能够进行良好的合作，特别是销售部门的主管和财务部门的主管能够进行良好的合作。

（三）独立型信用管理部门设置模式

独立型信用管理部门设置模式作为一个单独的管理机构，其优点是实现了信用管理的真正协调作用，不再像以前的模式有所侧重，而是从公司的利益最大化角度去处理销售与财务的关系，统一财务与销售的目标；缺点是造成了各部门信用管理的功能分割，信用部门往往成为众矢之的，其他部门容易把自身的责任向信用管理部门来推托，要求信用管理部门的工作人员沟通能力比较强，不断和其他部门的员工进行沟通，随时掌握最新的信息，否则很容易出现信息失真和滞后的情况。

独立型信用管理部门设置模式的适用企业条件涵盖：（1）财务部门的地位、影响力比销售部门弱，财务部门仅仅是充当一个记账的部门、一个信息汇总的机构；（2）公司的信用管理意识比较薄弱，销售部门将销售量作为它们追求的最主要的指标，销售人员的基本素质不是很高；（3）销售部门将自己看作公司的最有功的部门，常常不能和其他部门很好协作，尤其是和财务部门的协作不是很理想。

（四）与第三方信用管理服务机构合作

与第三方信用管理服务机构合作的模式是内部建立专门信用职能部门，同时将信用管理外包给第三方信用服务机构的模式。其包括委托银行做信用评估、委托信用评估公司做资信报告、对外贸易购买出口信用保险。

（五）信用管理（政策）委员会型模式

这种模式是指在公司的董事会或总经理下设置信用管理（政策）委员会这种非常设机构，一般在董事会领导下由总经理亲自主持，主要负责最高权限的信用审批工作和企业信用政策的制定等。其优点是集体决策，集思广益，便于协调各方关系，集团利益能够得到体现，下级参与，可以调动各部门的积极性；缺点是达成的决策方案常常是一个妥协的方案，决策效率比较低下，客户资源容易流失，责任不清。

信用管理（政策）委员会型模式的适用企业条件包括：（1）金融机构与特大型企业；（2）整合风险管理战略；（3）企业信息化程度较高的企业，要求企业能够快速地处理信用风险等的分析报告，并实现快速的传递。

二、企业信用管理部门的设立

企业信用管理部门需要相关职能部门执行相关功能，充分发挥各自功效实现企业绩效，以此提高企业的市场竞争力。信用管理部门具体的实例设置如图 2.1 所示。

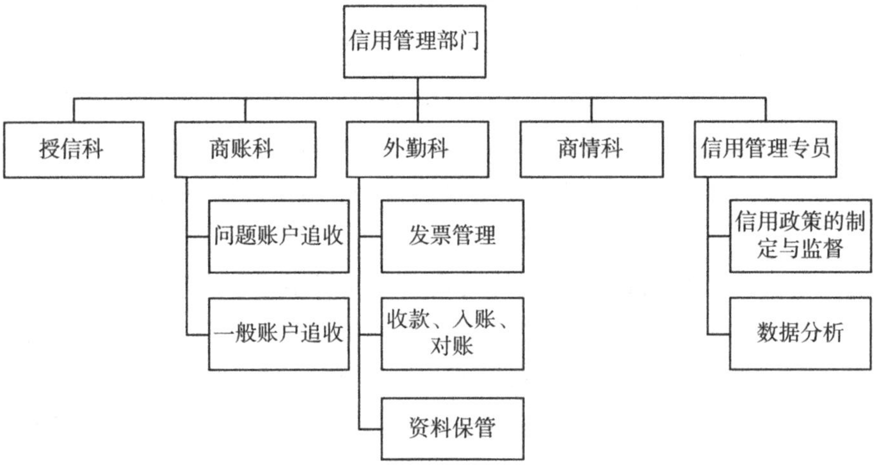

图 2.1　信用管理部门的具体实例设置

（一）授信科

1. 授信科工作流程。

授信科作为企业信用管理的职能部门，承担着对客户资料事先调查，对过去和现在事实进行比较研究，对相关申请进行认真评估决定授信额度，并将授信结果进行上下游部门的公示。其工作流程如图 2.2 所示。

2. 授信科日常工作。

第一，客户信用分析与评价（信用管理部门的核心部分）；第二，授信额度和授信期限的确定（授信科的主要工作成果）；第三，受理与回复客户信用申请，包括客户申请表、授信确认函、授信通知书。

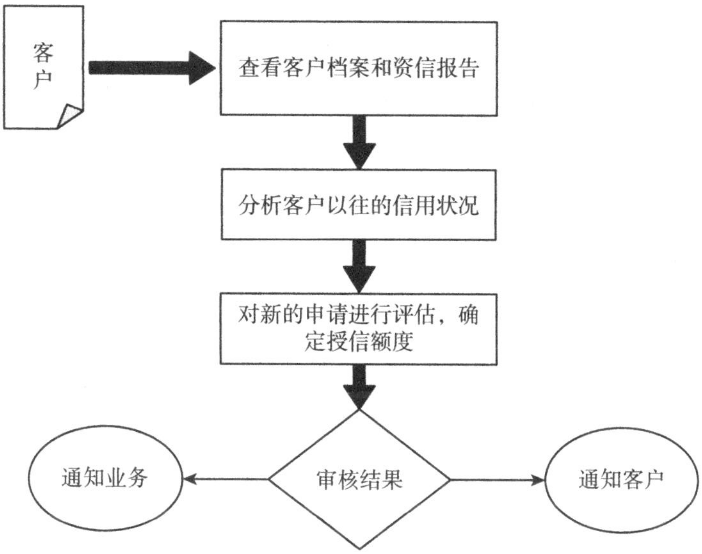

图 2.2　授信的工作流程

（二）商账科

1. 商账科的工作流程。

商账科主要负责收货和发货及相关票据的收入和确认，并与客户进行相关业务的沟通，防止错发、错寄、少收货、少收金额等，谨防对企业经营产生反面影响，如图 2.3 所示。

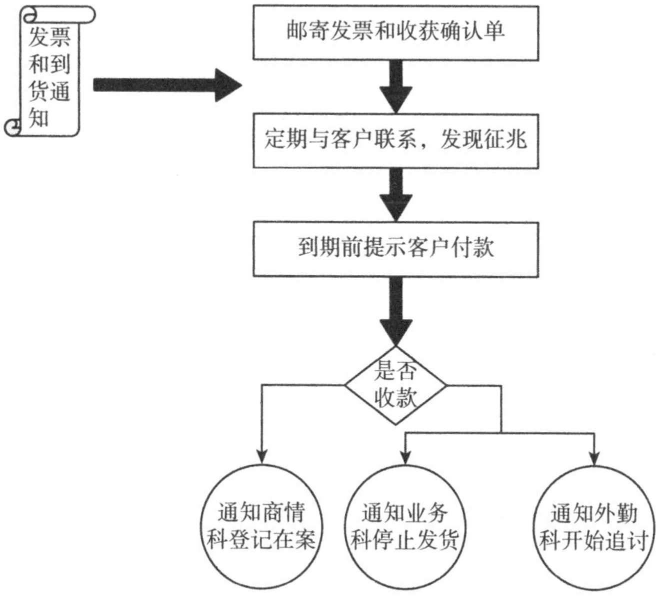

图 2.3　商账科的流程

2. 商账科的日常工作。

商账科主要负责应收账款管理。这一职能是企业内部控制，外部形象塑造的关键。该职能的目标是追求应收账款的最佳流动性，控制账款逾期和坏账。主要分为四个阶段：形成应收账款时的管理；在授信期限内的应收账款管理；信用期限到期的应收账款的管理；商账逾期判断与催收安排。

（三）外勤科

1. 外勤科的工作流程。

外勤科主要管理对信用拖欠进行规划、追讨、回收，对有些确实无法完成的追缴款项应进行法律追缴，防止账务进一步成为坏账。当然，也可以通过委托外部专业单位进行清收，以实现事项的圆满达成，如图 2. 4 所示。

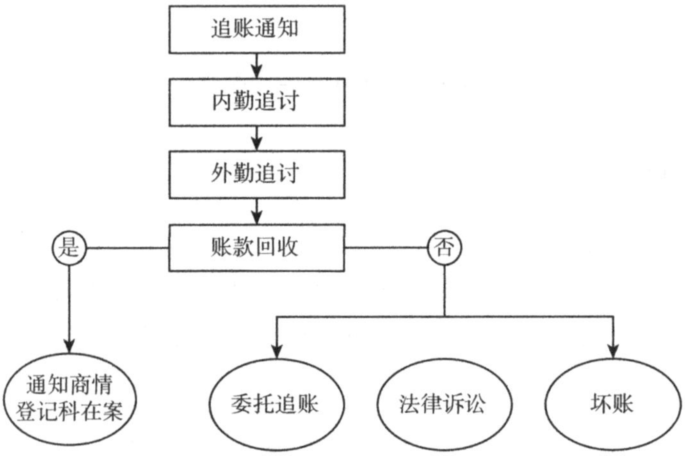

图 2. 4　外勤科的流程

2. 外勤科日常工作。

主要负责对外工作，如客户调查、商账追收，联络专业机构等。该科室人员主要负责外部交涉的工作。

（四）商情科

1. 商情科工作流程。

商情科是企业对市场掌握程度的基本表示，包括赊销订单、客户拥有状况、档案资料完整状况并向授信科进行传达。资料一旦出现问题，应该及时向其他相关方进行核实，及时找出相关问题和解决，如图 2. 5 所示。

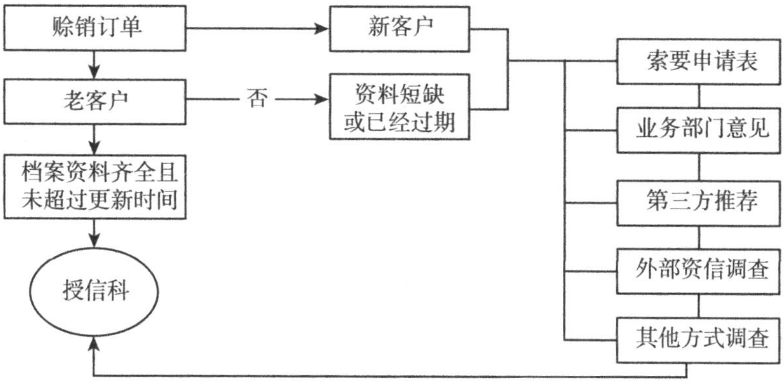

图 2.5　商情科的流程

2. 商情科主要的日常工作。

收集、核实客户信息，从专业征信机构获得客户资信状况，统一管理客户信息，对客户跟踪监测，信用档案维护与更新。同时，负责信息系统及数据库的软硬件维护和客户信息的内部咨询服务等任务。

（五）专审科

专审科是信用管理部门一个较重要的职能部门，规定好相关职责具有一定的意义。

1. 协助合同承办人员依法签订合同，参与重大合同的谈判与签订。
2. 审查合同，防止不完善或不合法的合同出现，保管好合同专用章。
3. 检查合同履行情况，协助合同承办人员处理合同执行中的问题和纠纷。
4. 登记合同台账，做好合同统计、归档工作，汇总合同签订、履行以及合同纠纷处理情况。
5. 发现不符合法律规定的合同行为，及时向信用管理机构负责人或公司副总报告。
6. 参加对合同纠纷的协商、调解、仲裁、诉讼。
7. 定期向信用管理负责人汇报信用管理情况。
8. 负责客户档案管理与服务。
9. 参与商账追收。
10. 配合有关部门共同搞好信用管理工作。

三、企业信用管理部门的职责

（一）主要职责

1. 客户资信信息的开发与管理。

信用管理部门首先应进行客户信息的收集，信息包括客户的基本情况、客户分公司及子公司状况、客户经营状况、注册资本状况、往来银行诉讼状况等，然后进行信息的分析，尤其是财务分析，在分析过程中应注意其财务报表的真实性并考虑到客户选择的会计方法等问题，在此基础上形成客户资信调查报告。在交易前所形成细致而客观的客户资信调查报告，使与客户打交道的人员掌握了第一手材料，在与客户进行赊销谈判时做到知己知彼。同时信用管理部门应将客户资信调查报告归入客户档案库进行动态管理，密切跟踪调查客户的未来情况，定期对客户的经营情况进行统计分析，及时将动态化的资料列入客户档案库内，以便销售人员再次销售已发生销售交易和开拓市场未发生交易时充分利用档案库内的资源。

2. 信用政策制订及信用额度审核。

针对销售部门和相关的业务部门在销售管理上缺少规范和控制的状况，信用管理部门在掌握客户信息的基础上，应严格加强对客户的赊销额度和程序的控制，包括“信用申请审核”“信用额度审核”“交易审核”，一般来讲，信用管理分析人员有较小的额度审批权，信用经理有较大的额度审批权，特大额度的则由总经理制定。在信用管理的程序上必须遵守规范科学的步骤，基本程序如下：针对客户提出的赊销申请——业务人员提出申请——信用人员审核信用——批准。通过规范的信用额度的程序控制使应收账款的管理事前化，防患于未然。

3. 应收账款的监控。

在合理确定应收账款平均水平的情况下，要加强应收账款的日常监督，可定期通过账龄分析表的分析随时了解应收账款的回收状况，对于潜在的不良账款可进行技术处理，如目前采用的应收账款让售和抵借业务。

4. 拖欠账款的处理催收。

当客户违反信用条件时，信用部门建立标准的催账程序，包括迅速通知各业务相关部门，停止对客户供货，视客户的情况采取“取消额度”的办法对其施压，下放催款通知，派遣高效率的追账机构委托追账，直到法律诉讼等一系列的方法，使拖欠账款的处理和催收工作程序化、效率化，在追账成本最小的情况下，使拖欠账款回收最大化。

（二）信用管理部门设置的财务效果

信用管理部门的设置，对企业管理会产生相应激励成效，并对企业运营和发展起到不可低估的作用。

1. 减少应收账款的机会成本。

经济学中定义机会成本为某资源得到某种收入时所必须放弃的另一种收入，由于企业资金数量的有限性，如果不能占用应收账款，便可用于其他投资并获得收益，如投资有价证券便会有利息收入，这种因占用应收账款而失去的收入即应收账款的机会成本。

信用管理部门的设置可以使应收账款的赊销期限控制在一个合理水平，使应收账款的占用数额降低，占用天数减少，从而降低机会成本。

2. 减少收账费用和坏账损失。

当前企业应收账款的管理费用支出很大，尤其逾期的应收账款，企业所花费收账费用更是数额巨大，同时当客户违反信用或其经营能力下降导致破产时，应收账款便会成为坏账。信用管理部门的设置，通过有效的追账措施必然会导致收账费用的降低，使坏账损失降低为最小。

3. 减少提前纳税的风险。

目前我国会计核算上采用“权责发生制”的原则，每当有一笔赊销业务发生时，只要企业将货物发出并得到了购货方的验收，会计部门据销售额度开具了工商企业统一发票，企业就要在会计账上记录这笔信用销售产生的应收账款，必然引起企业当期税负的增加。信用管理部门的设置，通过科学而规范的应收账款管理程序使应收账款的周转天数降低，加快现金流入，使企业流入流出相匹配，最终使企业的有限资源实现最佳的配置。

（三）信用管理部门的工作目的

信用管理部门承担着企业管理的关键任务，明确目标有利于企业运营管理，有利于市场良性竞争秩序的稳步建立。

1. 职务分离控制中突出信用部门的制约作用。

目前，许多企业存在着某项业务处理的全过程由某一些业务人同包办的现象，这就使本来属于企业财富的客户和订单大量被个人所拥有，一旦这些业务人员恶性“跳槽”，不仅可能使企业的订单和客户流失，而且会严重影响由其经办但尚未了结有交易的正常进行，从而给企业带来巨大的信用风险。针对这一情况，信用管理部门就会充分发挥在职务分离控制中的制约作用。其要点包括：业务部门或人员所涉及的客户应由信用管理部门统一管理，建立统一的信用档案；未经信用管理部门的审查确认，业务部门不得对外签约；未经信用管理部门审查确认，企业不得采用 D/P、D/A、O/A 等结汇方式；对信用证项下的业务，未经信用管理部门对信用证的审查确认，业务部门不得备货、发货。

2. 在业务程序控制中强化信用风险控制环节，使各部门分工协作。

业务处理程序因企业而异，但从信用风险管理的角度看，以下几个环节应作为业务处理程序中必不可少的环节加以规定，信用管理部门对客户资信情况及与客户相关的情况进行调查、分析，对交易的信用风险进行识别、分析、评估；财会部门对交易事项的成本进行核算；信用管理部门对企业拟与客户签订的合同进行审查确认；高风险的交易事项、重大风险事项的处理方案应经过企业信用风险管理决策机构审查批准；信用证项下的交易，应由业务、财务、信用管理部门对国外来证加以审查；由信用管理部门、财务部门对应收账款情况进行跟踪、监控；信用管理部门对应收账款采用恰当的方式追讨。

3. 实现对客户信用管理的职能化、专业化。

企业信用管理职能的核心职能之一便是进行客户资信管理。在处理与客户的各类业务关系中，企业内部各部门往往是从自身的目标和利益出发的。因此，企业开展客户资信管理工作，如果简单地依赖于某一两个部门的兼职性和非专业性工作，往往达不到设计要求，甚至事与愿违。例如，以销售部门负责客户的资信评估工作，通常会过分强调客户的交易价值而忽视其风险性。另外，如果不是很专业性地对客户的各类信用信息进行深入、综合性分析，决策人员则往往对客户的信用风险做出经验性的或片面的判断，造成交易决策错误。概括来说，企业通过设立专职的信用管理职能部门，可以使其对客户的资信管理达到如下三个基本目标：通过职能化管理信用管理人员独立地开展工作，有助于消除各部门间由于目标和利益不同而造成的对客户风险预测、评价的不良影响，保持风险预测的客观性；通过信用管理部门中专职信用分析人员的专业化工作，科学地测评每个客户的资信状况和信用风险，使企业的风险预测更加准确并符合现代企业信用管理的规范性要求；由专职部门或人员承担客户资信管理工作，将使企业对客户的管理更注重连续性和流程化，从交易的事前、事中和事后各个阶段、各个环节上，全方位地进行客户信息搜集、评估和监控。

4. 信用管理部门能促进有效销售。

在目前市场竞争激烈下，有些企业管理人员认为建立信用管理部门会使公司的销售减少，其实信用管理部门的目的就是促进销售。在市场上存在大量的资信水平不等的客户，谁的信用管理水平高，就能从大量资信水平不等的客户中找出信用水平相对较高的客户，为其提供良好的信用条件，从而将信用水平高的客户吸引过来；反之，信用管理水平不高的企业，对各类企业的资信不能有一个较为准确的判断，从而不能为信用水平高的客户提供好的信用条件，其客户将是鱼龙混杂。

5. 信用管理部门通过对各部门人员的培训，达到企业内部对客户信用风险的共识。

在通常情况下，由于职能和目标的差异，企业内部各个部门对客户信用风险的理解和认识各不相同。而要在企业中建立信用风险预测系统，必须寻找一套共同的语言、标准，统一对客户信用风险的认识。例如，在工作中，销售部门往往倾向于从客户的经营实力来衡量其信用风险大小，而财务部则更倾向于从客户的付款记录、应收账款拖欠状况来衡量其风险。这样，在交易决策中，双方各自依靠自己的衡量标准进行信用判断，就很容易产生矛盾和争执。信用管理部门则可以通过对各部门人员定期的培训，达到企业内部对客户信用风险的统一认识。

第二节　企业信用管理人员素质要求

信用管理是企业管理过程中的关键一环，对于企业经营管理必不可少，企业信用管理人员的素质如何直接关系到企业经营成败。

一、信用管理人员主要工作职责

信用管理人员对于企业的运营与管理至关重要，因而对其做出一定的职责规范要求显得很关键。信用管理人员应具备的主要工作职责包括以下内容。

1. 完善和改进公司信用管理体系和制度流程；

2. 按照公司信用管理办法相关规定开展信用管理工作（包括授信和受信）；

3. 跟踪、反馈客户信用执行情况，定期出具信用执行分析报告；

4. 跟踪、反馈客户各类应收款（含产品销售、提成费）执行情况，定期出具执行分析报告；

5. 组织进行客户应收款函证；

6. 参与财务管理方面的内部控制程序完善和制度制定。

信用管理人员招聘的要求需要注意的是：

一是坚持原则，廉洁奉公，忠于职守；二是有敏锐的洞察力和逻辑分析能力，富有创新意识；三是熟悉信用控制方法、流程；四是熟悉应用各类办公软件；五是良好的沟通与团队协作能力；六是具有较强的自我学习能力和独立开展工作能力；七是积极主动，能在压力下工作。

二、信用管理人员素质要求

信用管理人员对企业运营管理非常关键，因而对其素质进行严格规范很必要，也是提高企业绩效的法宝。

1. 以身作则。

身为一名管理人员首先必须在工作中时刻做好榜样作用，从规章制度到仪容仪表、言行举止、工作态度等方面都应率先垂范，做好下属员工的带头人。应该明白“身教重于言教”的道理，少用语言多用行动和自身形象来影响员工、带动员工、引导员工和教育员工。“没有不好的士兵，只有不好的将军”，员工工作的好坏，犹如一面镜子，可以直接反射出一个管理人员的管理能力。

2. 业务素质。

俗话说“打铁还需自身硬”，一个好的管理人员，首先要熟练掌握整个部门的理论知识和业务操作技能。试想，身为管理人员，如果自己都未掌握这些知识，何来的质量标准，如何去检验和指导员工的工作质量？又怎能让员工对你的管理心服口服？

3. 公平、公正。

在管理工作中最忌讳的不是规章制度如何的严格，而是在执行这个规章制度的过程是否公平、公正的。任何因小团体、私人关系好坏等造成的偏袒都会引发员工的不满导致管理者的信任危机，并直接影响到规章制度的执行与工作的有利开展。

4. 坦诚相待。

在工作中应有“大腹能容，海纳百川”的姿态，能听进不同的声音，不管是持相同意见或是意见相左。“良药苦口，忠言逆耳”，特别对能勇敢向你提出不同看法的员工，应能本着坦诚相待的态度对待问题，有员工向你提出不同的看法，应感到庆幸，说明员工信任你，希望你能做得更好。不能采取置之不理、排斥，甚至打击报复方式，这样的管理人员只会让员工看不起你，从而抵触你。

5. 学习能力。

学无止境，俗语说“活到老，学到老”，一个组织要不断发展、进步，就要求成员应不断学习新的知识。在当今日新月异的信息社会，作为管理人员，更应该千方百计抽出时间，不断学习。只有通过学习才能不断提高自身素质，才能更好地引导和培训你的下属员工不断进步。不学习或凭老一套经验做事是不可取的。

6. 培训能力。

一个部门内成员的工作绩效与所在部门的主管的培训能力有着直接的关系。我们的主管必须具备培训部门员工的能力。作为一名基层管理人员除了做好自身工作外，还应针对员工工作中存在的不足做好培训工作。只有整个部门的大部分员工都是积极上进的，整个团队才能进步。

7. 分析、判断能力。

对工作中出现的问题和员工的工作表现，根据事实能做出客观的分析、判断与评价。有自己的思想与判断能力，不人云亦云，做“学舌鹦鹉”，也不优柔寡断，更不参予传播道听途说的小道消息。

8. 责任心。

工作中勇于负责，对上级、下属、客人，公司抱有高度责任心。特别是工作中出现失误时，能勇于承担责任，不推卸责任，并积极寻找原因，及时改正，防止类似事情的再次发生。员工最看不起也最不喜欢的是他的上司在碰到问题或需要承担责任时，总是千方百计寻找借口，推脱自己的责任。这样的管理人员何来的威信可言。

9. 沟通、协调能力。

这里的沟通包括内部沟通与外部沟通。内部沟通即与上层领导之间的沟通（上级）、与其他横向相关人员之间的协调（平级）和与属下员工之间的沟通（下级）。外部沟通主要指与客人之间的沟通，作为基层管理人员与客人之间的沟通一般主要是服务方面的沟通，如了解客人的需求、征询客人对服务的满意度、处理客人的不满等方面。

10. 语言能力。

这里的语言包括形体语言和口头语言。形体语言主要体现在与上司沟通和下属的交流中能使用正确的形体语言，如目光的接触等方面（如员工在工作繁忙时，投以关注的眼光便可让员工有“累但快乐着”的感觉）。口头语言主要指在管理和服务语言中不能使用生硬的命令、训斥、讥讽、漫骂、威胁或是乞求等之类的语言。很多时候管理人员都在一些管理过程中使用不恰当的语句，给员工造成极大的心理压力，让员工觉得反感，甚至开始抵触。

11. 应变能力。

权宜通达，机动进取，不抱残守缺，不墨守成规，特别是在出现紧急突发事件时，能够兼顾公司与客人的利益，寻求最佳结合点，圆满解决问题。这种应变能力不是一朝一夕造就的，应在平时工作与学习中多积累经验，才能在突发事件时临危不乱。

12. 观察力。

善于察言观色，对客方面，能从客人的着装、言行举止上分析客人心理和想法，以便更好地服务好客人。对内方面，能洞察领导、员工的心思，这里不指刻意去研究上级的心理，讨好、奉承等方面。主要是通过细致观察，更好地了解他人，以便更好地开展工作。

13. 组织能力。

能充分发挥部属的才能，善于组织人力、物力和财力，以最少的投入取得最佳的工作效果。

14. 带领团队的能力。

管理从来不是一个人的事情，富有发展潜质的管理者表现出团队取向的工作风格，乐于协同作战，在实际管理工作中，是“领头雁”，是足球场上的“灵魂人物”；善于营造一种团队协作、平等沟通的文化氛围，善于运用头脑，团结集体的智慧；以开放的心态欢迎批评、面对冲突，从来不放弃寻找最好的问题解决办法；彼此欣赏，鼓舞士气，关注团队成员的共同发展。团队合作对管理者的最终成功起着举足轻重的作用。据统计，管理失败最主要的原因是中层管理者和同事、下级处不好关系。

15. 培养他人的能力。

优秀的管理者更多地关注下属员工的潜能开发，鼓励和帮助下属取得成功。安排各种经历以提高他的能力，帮助他成长。

16. 影响力。

如果说传统意义的领导主要依靠权力，那么现代观点的领导则更多的是靠其内在的影响力。一个成功的领导者不是指身居何等高位，而是指能够凭借自身的威望、才智，把其他成员吸引到自己的周围，取得别人的信任，引导和影响别人来完成组织目标的人。并且使组织群体取得了良好绩效。领导者的影响力日渐成为衡量成功领导的重要标识。一个拥有充分影响力的中层领导者，可以在领导岗位上指挥自如、得心应手，带领队伍取得良好的成绩；相反，一个影响力很弱的领导者，过多地依靠命令和权力的领导者，是不可能在团队中树立真正的威信和取得满意的领导效能的。

17. 关注细节。

任何事情从量变到质变都不是一个短暂的过程，如果管理者没有持之以恒的“举轻若重”，做好每一个细节的务实精神，就达不到“举重若轻”的境界。举轻若重：词义是举轻的东西也像举重东西一样稳重，比喻做简单的事也很认真，或做简单的事也能体现出重要的意义。举重若轻：举起沉重的东西像是在摆弄轻的东西。比喻能力强，能够轻松地胜任繁重的工作或处理困难的问题。

18. 执行力。

很多的企业都面临着执行不到位的问题。好的产品要好的策划，好的策划要好的执行，好的执行要好的团队，好的团队要好的管理者。执行力的强弱，是衡量一个团队战斗力强弱的重要依据，也是管理者胜出的一个要素。个人执行力是团队执行力的基础，而基础的关键是管理者的执行力。中层管理者作为部门决策者、领导者，承上启下，非常重要。

19. 主动性。

主动性是指管理者在工作中不惜投入较多的精力，善于发现和创造新的机会，提前预计到事情发生的可能性，并有计划地采取行动提高工作绩效、避免问题的发生，或创造新的机遇。不能积极主动地前进，不敢为人先，团队的成绩就会受到限制。如果管理者不能对公司的总体绩效产生积极的推动作用，就是在为自己的事业自掘坟墓。衡量管理者工作成效的标准之一就是要看其个人主动发起的行动数量。

20. 创造力。

管理者要有较强的创造力，要勇于引进新的管理思路，新的管理理论和新的管理手段，能为公司的运作效率、流程再造、管理创新、市场拓展、品牌经营和企业的规范化、制度化、现代化管理出谋划策，从基础工作做起，扎扎实实、一步一个脚印向前迈，特别是要注重观察外部形势的发展变化，并不断根据企业的实际情况进行调整创新，以适应市场竞争的需要，跟上时代前进的步伐。

21. 亲和力。

做管理工作，主要是与人打交道，人是有思想意识的，也是最难管、最头痛的，通人性、讲道理，尊重人、关心人、理解人和信任人，看到人才的价值，重视人才的作用，挖掘人才的潜能尤为重要。如何才能给大家一种亲和力，使大家敬重和佩服你是搞好各项工作的前提，这是做管理者的基本功之一。注重培养个人的亲和力，既讲原则性，又富人情味，使大家愿意与你说心里话。只有如此，你才能了解广大员工的心声和真实想法，切实收集到第一手可靠、原汁原味的资料，并经过归纳、整理，把有真实价值的信息如实地反馈给公司决策者，让领导能随时随地掌握基层一线的动态，也便于有的放矢地拟订行之有效的措施策略促使企业发展向好的方面转化。亲和力强的管理者能平易近人、礼貌待人、体察下情，了解员工疾苦和难处，在不违背公司原则和损害企业利益的前提下，统筹为大家办实事，消除大家的后顾之忧，把员工的注意力引导到工作上来。管理者运用自身的亲和力，能掌握管人、用人、留人之主动权，全面统筹规划本单位或部门的人力资源，正确调配使用，科学有效激励，最大限度地发挥每个人的潜力，为企业的发展贡献才智。管理者还应为公司领导与员工建立起一个沟通渠道，积极听取和接收员工的合理化建议，采取民主式的工作作风与方法，改善领导和员工的关系。不以权谋私、不感情用事，明断公案、公平办事，真正为公司的发展营造一个和谐的环境。

22. 果断决策。

作为职业经理人，他们的职责是制订决策并领导执行。而在这个的过程中存在着许多变量，这就要求他们必须能够迅速果断地进行决策，这是奠定计划成功的基础。例如，战略上该让利促销还是稳定营业额？人才要从内部培养还是外部聘任？果断不等于武断，作这些决策时，既要考虑竞争方的变量，也要想到时间与资源等因素的限制，因为他们都会影响到最终决定产生的效果。

决策的技能包含有前提假设、推论能力，以及信息的收集整理、分析、归纳能力，逻辑判断、博弈竞局理论，还有面对压力的心理素质，如何避开心智模式与错误的系统思考等，这些都需要细心揣摩领悟。

23. 解决问题。

没有任何一个企业是没有问题存在的，像出品质量不佳、服务品质差、人力不足、士气不高、财务困窘、市场占有率下滑等，这些问题永远是餐饮企业的头等疾患，谁能妥善解决这些问题，谁的企业就能走得更远。解决这些问题需要的技能是界定问题、收集资料、分析情况、找出问题根源，最后运用创造能力提出解决方案。

因此，一个称职的餐饮职业经理人必须拥有这些知识，以及各种处理技巧，才能在竞争中协助企业走出自己的路。过去，这些技能都被认为是天生的资质，但今日的培训工具已长足进步，已经可以将这些技能变成可以被复制的内容，所以有心成为职业经理者，都应尽早培养这些技能。

24. 制订标准。

没有规矩不成方圆，面对目前标准化程度还很低的餐饮企业来说，制订切实可行的体系标准就显得尤为重要。餐饮企业中的事情，可以分成两大类，一种是周期性、经常性、例行性的，如菜品质量管理、新品开发、成本管理等；另一种是特殊性、非例行性的，如客人投诉、意外事件等。

职业经理人必须先把前一种任务尽快标准化，以便于企业的正常运作，之后集中精力处理特殊性的任务。许多企业未能将例行性任务进行规范化、标准化，于是日常运作中产生的变化占用了管理人员大量的精力，这会让部属无所适从，大小事情都要向上报告，影响工作效率。

第三节　企业信用管理制度

企业信用管理过程中由于主客观因素的影响（信用管理人员的失责、环境的剧烈变化等）产生对企业的不利走势，通过相应制度来整合信用管理的成效，有利于企业信用管理对于企业的经营与发展。

一、法律法规学习制度

法律法规制度的制定与实施是企业信用管理制度中最重要的一个方面，更是其他各方面的基础和前提。

1. 定期组织合同法律法规的系统学习，制订学法的内容、时间安排计划表，组织人员学习，并做好每次学习记录。

2. 厂长、经理、各部门负责人必须带头参加合同法律法规的学习。信用管理人员、销售、供应、财务等部门业务人员必须经过合同法规的系统培训和考核，取得合格证书；专、兼职信用管理员还必须取得信用管理员培训合格证书。

3. 公司分管信用工作的负责人，部门分管信用负责人及信用管理员定期组织活动，结合信用管理中碰到的实际问题，学习新法规，解决新问题。组织研讨会、案例分析会等，并做好书面记录。

二、信用评审管理制度

合同签订前实行评审制度。合同评审机构设在信用管理机构内部，组成人员包括主管副总、信用（合同）管理机构负责人、信用管理员、合同承办人、供销、财务部门负责人等。

（一）合同评审程序

1. 合同承办人将合同草本及相关资料交信用管理员初审；

2. 信用（合同）管理员填写合同评审表中初审记录交信用管理机构负责人审批，签署审批意见；

3. 特殊重大合同，由信用（合同）管理机构负责人组织有关部门进行会审，信用管理员汇总各部门会审意见后交信用管理机构负责人签署意见，并报主管副总批准实施；

4. 信用管理员将合同评审表归入该合同档案。

（二）评审内容

1. 严格审查对方当事人的主体资格。

对法人必须审查原件或者盖有工商行政管理局复印专用章的公司法人营业执照或营业执照的副本复印件。

对非法人经济组织，应当审查其是否按法律规定登记并领取营业执照。

对分支机构或是事业单位和社会团体设立的经营单位，除审查其经营范围外，还应同时审查其所从属的法人主体资格。

对外方当事人的资格审查，应调查清楚其地位和性质、公司或组织是否合法存在、法定名称、地址、法定代表人姓名、国籍及公司或组织注册地。

2. 严格审查代理人的代理身份和代理资格。

一是代理人职务资格证明及个人身份证；二是被代理人签发的授权委托书；三是代理行为是否超越了代理权限或代理权是否超出了代理期限。

3. 严格审查对方当事人的履约能力。对方当事人在合同中负有提供专业性较强的劳务、工程项目或限制经营项目等义务时，应当要求对方当事人提供由政府法定机构颁发的经营许可证或资质等级证书等证明。

4. 仔细审查对方当事人提供的有关证明资料，必要时应到签发部门进行验证或进行实地考察，以防对方当事人伪造或变造证明材料。对方当事人提供的各种证明资料中所使用的当事人名称、印章等内容必须完全一致。

5. 下列资料不能作为主体资格和履约能力的证明资料，但可归入合同档案保存，以备考查：

一是名片；二是厂家介绍、产品介绍等资料；三是各类广告、宣传资料；四是各类电话、手机等通信工具号码；五是对方当事人提供的未经我方合同承办人见证而复制的或未与原件核对无异的复印。

（三）特殊重大合同的适用范围

签订的下列合同，视为重大合同：

订立价款在100万元以上（建筑安装工程承包合同价款在1000万元以上）的合同；投资、联营的合同；涉外合同；合同承办人认为需可行性审查的其他合同。

（四）特殊重大合同评审的附加程序

规定特殊重大合同评审的附加程序，有利于信用管理顺畅进行，更是企业经营管理中的关键环节。

1. 签订特殊重大合同，应当及时进行可行性审查。

合同的可行性审查由信用管理机构负责人组织有关部门以会签的形式进行，也可以通过召开有关部门负责人会议的形式进行。

2. 签订特殊重大合同，应当进行合法性审查。

合同的合法性审查，由合同承办人按其隶属关系，送交信用管理机构进行合法性审查。

三、企业授信评价管理制度

企业经营过程中由于信用不均衡容易导致利益失衡，从而影响企业对于社会的产品输出的质量。因此，加强企业授信评价管理制度的制定与实施迫在眉睫。

1. 信用管理机构加强与各业务部门的联系沟通，及时掌握客户的信用信息，对客户实行分级管理，将客户的信用等级分为A、B、C、D四级，分别制订不同信用等级所对应的信用额度、信用期限、信用折扣。

2. 信用管理机构负责建立每位客户包括名称、住所、法定代表人、注册资金、电话、信用标准（对客户资信情况进行要求的最低标准）、信用等级内容的表单，并及时进行动态更新。

3. 信用管理机构负责制订客户信用申请表、客户调查表、客户信用审批表、回复客户的标准信函等表格；受理客户信用申请；采用对客户进行走访、调查，向有关部门收集客户资信状况资料等方式掌握客户信息，填写客户调查表，对客户进行信用评级，报主管副总审批后，确定信用等级，并及时回复客户。

4. 对客户实行跟踪管理，补充客户信用信息，每年末对客户的信用状况进行汇总分析，形成书面的年审评价报告，并根据年审报告及时调整客户信用等级与授信额度。

5. 对延迟付清款物的客户，视情节轻重给予信用等级的降级处理；对恶意拖欠款物的客户授信额度为零，要求采用即时清结的方式或列入黑名单，拒绝业务往来。

6. 各业务人员应及时收集客户信息并向信用管理机构反馈，信用管理机构应定期将客户信用状况评价结果反馈公司各相关部门。

四、企业信用档案建立与管理制度

企业信用管理会产生各种资料，尤其是生产和交易中的争议问题，需要企业建立信用档案并进行严格管理，从而做到有据可查。

1. 建立完整的合同档案。档案资料包括以下内容：谈判记录、可行性研究报告和报审及批准文件；对方当事人的法人营业执照、营业执照、事业法人执照的副本复印件；对方当事人履约能力证明资料复印件；对方当事人的法定代表人或合同承办人的职务资格证明、个人身份证明、介绍信、授权委托书的原件或复印件；我方当事人的法定代表人的授权委托书的原件和复印件；对方当事人的担保人的担保能力和主体资格证明资料的复印件；双方签订或履行合同的往来电报、电传、信函、电话记录等书面材料和视听材料；登记、见证、鉴证、公证等文书资料；合同正本、副本及变更、解除合同的书面协议；标的验收记录；交接、收付标的、款项的原始凭证复印件。

2. 公司所有合同都必须按部门编号。信用管理员负责建立和保存合同管理台账。

3. 合同承办人办理完毕签订、变更、履行及解除合同的各项手续后一个月内，应将合同档案资料移交信用管理员。信用管理员对合同档案资料核实后一个月内移交档案室归档。

4. 各公司及部门应于每年的 1 月 10 日和 7 月 10 日前将本公司管辖范围内上年度和本年度上半年的合同统计报表报送集团公司信用管理机构。各公司及部门应于每年的 1 月 10 日前将管辖范围内上一年度信用管理情况分析报告报送集团公司信用管理机构。

5. 建立完整的客户信用资料，包括客户信用申请表、客户调查表、客户信用审批表、回复客户的标准函、客户信用表单、授信资料、年审评价报告等，并附客户概况、付款习惯、财务状况、商账追讨记录、往来银行、经营状况等调查原始资料。

6. 客户信用档案的查阅须填写查阅申请单标明查阅人、查阅客户名称、查阅用途，由档案管理员填写借阅时间、归还日期。信用档案的缺失以及涉及商业秘密内容的泄露要追究相关当事人的责任。

7. 配备大专以上学历，具有数据库检索服务的能力和经验的人员专（兼）职档案管理员。

8. 档案管理员必须经过企业信用管理专业知识培训，考核合格后方可上岗。

五、应收账款与商账追收管理制度

企业的上下游均有可能存在应收未收款项，为了完善对应收未收款项的清收管理，防止在此过程中的各种人为因素产生的利益外流或损失，应该制订并实施相关的管理制度。

1. 建立应收账款账目，明确应收货款、分期应收账款和应收票据的数额、期限、应付款人等内容。

2. 建立应收账款账龄分析分级表，将应收账款按账龄分为合同期内、进入预警期内、到期、逾期、进入最后通牒期，进入专业追账期、付诸法律期和坏账期八级，制订相应的催收措施。

3. 对应收账款加强日常监督，根据实际情况每周或每月打印出会计账上全部接近到期的应收账款记录进行分析和诊断，对每笔账款作出处理意见。

4. 制订商账（逾期应收账款）追收办法，培训催收、追收人员。

5. 设计商账追收工作流程，包括内勤提示、外勤催收、委托专业信用管理公司追收、法律诉讼。商账追收程序一般包括的步骤如表 2.1 所示。

表 2.1　　商账追收程序的一般步骤

步骤	阶段	时间段	联系方法	催账形式
1	提醒客户	逾期第一天	传真	礼貌提示
2	提醒客户	以后第 4 天	传真	再度提示
3	了解问题	以后第 4 天	电话	了解客户发生了什么问题
4	第一次正式催账	以后第 4 天	传真	显示证据
5	严肃通知	以后第 4 天	传真	严肃通知
6	第二次正式催账	以后第 4 天	传真	显示证据
7	压迫客户式谈话	以后第 4 天	通话/拜访	表达不满
8	第一次经理对话	以后第 3 天	电话	催账级别升高
9	第二次经理对话	以后第 3 天	电话	最后一次谈话
10	最后通知	以后第 3 天	挂号信	最后通牒
11	送专业追账公司	一周以后	委托追账	与追账代理签约
12	提出法律诉讼	半年以后	委托律师	法律行动

六、失信违法行为责任追究制度

企业信用管理过程中的失信行为会造成市场主体多方受损，并冲击市场经济秩序，对失信违法行为进行责任追究相当必要。

对方发生失信违法行为，可酌情采取下列措施：取消赊销条件；停止供货；取消供货资格；诉诸法律。本企业发生失信违法行为的可能表现形式有个人擅自以公司名义对外签订合同并违约或骗取款物；产品合格率未达标；拖欠货款；其他。纠正措施包括：及时书面告知对方，说明理由；依法赔偿对方损失；撤销过错当事人的职务、开除直至依法追究其法律责任。

发生合同纠纷，合同承办部门、人员应立即报告分管领导或法定代表人，并通报信用管理机构，提供材料。为解决合同纠纷所采取的各项措施，必须在法定的诉讼时效和期间内进行。

合同纠纷发生后，可以通过协商、调解、仲裁、诉讼等方式解决。合同承办部门、人员应配合好公司信用管理机构参加仲裁或诉讼。发现对方当事人利用合同进行诈骗等犯罪活动时，应当立即向单位负责人报告并向公安机关报案。

合同发生纠纷后，需要委托代理人参加仲裁或诉讼活动的，应当及时委托有资质的代理人参与处理纠纷。解决合同纠纷的申请书、起诉书、答辩书、协议书、调解书、仲裁书、裁定书、判决书的副本或正本复印件，自发出或收到之日起 10 日内，由承办人送交信用管理机构备案。在处理合同纠纷过程中，对于可能因对方当事人的行为或者其他原因，使判决不能执行或者难以执行的案件，应当及时向法院申请财产保全。

合同纠纷发生后，应当依法采取一切措施，积极收集、整理有关证据。在证据可能灭失或者难以取得的情况下，应当向法院申请保全证据。向法院提供原始证据时，必须先行复制，并请求法院的承办人员出具证据收执。在涉及合同纠纷的诉讼或非诉讼活动中，行使可能引起国有资产流失的处分权时，应当报请有关部门公司批准。

第四节　企业信用管理体系的建立

形成一个以道德为支撑、产权为基础、法律为保障的社会信用制度，是完善社会主义市场经济体制的重要保证。企业作为市场经济的主体，其信用体系建设在整个社会信用体系的构建中无疑占有极为重要的位置。因此，如何建立一套科学、系统的企业信用风险管理体系，对不断增强企业盈利能力、降低企业经营风险和对企业可持续发展具有重要的战略意义。

一、明确建立企业信用管理体系的意义

企业信用管理的重要性得以确定，构建起信用管理体系，才能对企业管理实施精准管理和把控，完成企业预订的各种目标。

首先，企业信用管理体系的建设是现代市场经济正常运行的必要条件，有助于企业规避信用交易的风险。为在扩大销售与控制风险之间求得最佳平衡，从而实现盈利最大化时不能单单将信用交易风险的防范寄希望于客户的甄别，而是应将“商业信用管理”理念引入其中，在企业中建立起具有规范性以及制度化的赊销程序，对交易进行中存在的信用风险进行控制，以便提高企业防御风险的能力。此外还应该加大对应收账款的管理力度，从而有效降低企业持有的应收账款所带来的现金占用量以及管理成本。

其次，完善的企业信用体系可以提高经济活动效率，减少交易费用和机会成本有助于增强企业竞争力。在买方市场条件下，企业要想在市场竞争中占据一席之地，不但要加强产品的质量以及优化价格，还要相应地提高企业的信用交易能力。西方发达国家大部分企业的信用交易比率高达 90%，而我国企业的信用交易则仅占总交易额的 20%，相同规模的企业，外企的销售能力能够达到我国 4 倍以上。

因此，我国要想在销售上与国外企业进行竞争，则需要大幅度地提高赊销的比例，而要想提高赊销的比例，最关键的前提就是在企业内建立起有效的商业信用管理体系，使企业商业信用管理能力得到进一步的加强。

二、明确企业的信用管理体系构建的制约因素

目前，我国企业管理使用的都是比较积极的管理手段和方法，且企业发展体系得到了相应的建立，对社会资源也起到了一定的优化作用。同时，为了确保企业能够在良好的监督机制下更快更好地发展，全国范围内已逐渐建立了更为透明高效的管理监督机制，然而，企业在信用管理体系建设过程中还存在着一些制约因素，对企业稳定的发展产生了一定的消极影响。

1. 存在多重部门协作的问题。

企业的信用管理涉及环节以及部门较多，不同的部门在信用管理方法都存在一定程度的特征差异，而其整体又呈现统筹化和协作化特征。基于此，一旦各个环节和部门在协作上出现矛盾，整个信用管理体系的运作效率就会下降。

通常情况下，这类矛盾来源于不同部门之间的交流障碍和协调性的欠缺，由此导致的信息准确性与完整性的下降会对企业管理层的决策造成严重的负面影响。

2. 法律规章管理的缺失，法律约束力不足。

企业信用管理是一个庞大而复杂的系统管理体系，因此，在该体系发展过程中，为了确保所有行为与措施都能够有法可依、有法必依，就需要建立相对比较完善的法律法规制度，只有这样，才能够保证各项措施有效实施。

然而，目前整个企业信用管理体系的发展还处于起步阶段，信用法律与法规体系也渐渐从政府、金融和民间等各层级有意识地建立起来；在实施的过程中，还存在着诸多不足。

为此，在这一背景下，建立一套与企业社会信用体系息息相关的法律法规体系是非常必要的。也只有这样，才能够明确企业中各个部门的职责，弥补企业管理过程中在信用建设方面存在的不足，为企业完善发展权利与义务奠定一定的基础。

3. 信用管理体系的评价机制的不足。

统一且有效的信用评价机制以及信用管理模式，是企业在信用管理体系建设过程中的一个重要前提。然而现阶段，较多企业在建立信用管理时，通常都缺少有效的评价以及评估机制，这必将给企业的发展带来一定的制约。

如果在信用管理体系建设过程中，缺少能够系统参考的标准体系，就会影响企业管理的科学性以及可操作性。并且，如果缺少具体数据与信息，那么在信息收集与使用的过程中，就会导致企业各个方面的信息出现不健全和不统一的现象，在企业的综合管理中，这种现象带来一定的障碍，从而对整个管理系统的发展造成极大的负面影响。

三、坚持遵守建设的原则

遵循一定的标准和原则构建企业信用管理体系。

1. 市场化原则。

企业信用体系建设，要坚持“政府推动、市场运作”的原则，主要依靠市场的力量来形成信用产品的生产、交换和消费过程。

2. 法治化原则。

市场经济是法治经济。企业信用体系建设必须坚持法治化原则，要在国家有关法律的规范之下进行。

3. 系统性原则。

企业信用体系建设是一项复杂的系统工程。需要调动各个部门、各个地方的积极性，形成合力，共同推进，并且从信用标准、信用评价、信用信息交换、信用信息消费以及信用市场管理等方面进行综合治理，整体推进。

4. “三公”原则。

企业信用体系建设必须坚持公平、公正、公开原则，尤其是信用评价环节一定要贯彻公正原则，防止由于某种经济利益而扭曲评价结果；在信用市场监管和对失信行为的处罚方面要坚定贯彻公平、公开原则，以推动企业信用水平的整体提高。

四、了解企业信用政策及其决定因素

企业信用政策大体分为：保守型、温和型和开放型。企业应该采用哪种政策取决于很多因素，包括宏观经济状况、产品利润率、产品更新周期、企业风险和发展战略等。

建立企业信用管理制度有两大难点：一是在国内信用环境不利的情况下，如何获得真实的信用信息；二是如何建立一个既能适于企业传统又能体现独立性的信用管理部门，既有原则又灵活地执行信用政策。

在法律框架内，按照规范有序和不搞重复建设的原则，充分发挥银行系统信贷评价登记系统、企业信用担保体系、工商登记年检等系统的作用，培育以企业为主体、服务全社会的社会化信用体系，有计划、有步骤地建立企业信用标准体系、企业信用状况评价体系、企业信用风险防范体系、企业信用信息披露体系、企业信用监督管理体系，并不断转变政府职能，制订和完善相应的法律法规，为提升企业整体信用水平创造有利的条件。

为做到按照流程化管理并结合企业内部控制原理，信用部门除应建立严谨的、科学的内部工作流程之外，还应从事前、事中、事后实施不同的信用控制策略，企业信用管理框架如图 2.6 所示。

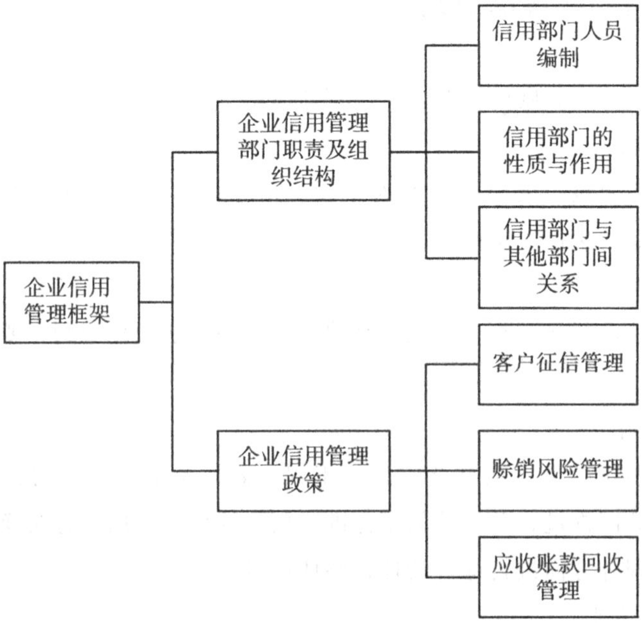

图 2.6　企业信用管理框架

首先，在企业组织上建立一个由财务总监或相关副总经理直接领导下的独立的信用管理部门，该部门主要职能是负责建立企业全程信用管理和评估体系，充分协调企业销售与财务目标，在企业内部形成一个科学的风险制约机制，防止任何部门管理人员片面追求本部门利益最大化而损害企业利益的决策机制。

在这个阶段，需要公司管理团队进行必要的人员招聘、培训和职位描述、职位设计、组织功能界定、薪酬设计和激励机制来建立完善的人员编制。

在组织设计过程中，需要该信用部门的主管是在公司中比较有地位和能够获得其他部门支持的人员，因为信用部门的运作需要联系财务部门、销售部门、公司战略部门等比较敏感的部门，得到各部门的支持对信用部门来说非常重要，信用部门在平衡财务部门和销售部门的矛盾时也可以起到微妙的作用。

其次，制订企业信用管理政策。有了专门负责信用管理的人员，企业还要制订企业的信用政策，通过制订完善的信用政策来达到控制信用风险，降低应收账款比率，促进销售的目的。制定出信用政策的条条框框相对容易，难就难在执行。因此，在执行的过程中，要考虑公司的销售策略、客户的实际情况等。

各个企业的信用政策会根据企业的实际情况有所变化，但大体内容基本相仿。一般包括：不同信用等级的客户进行不同信用额度的分配、货款支付方式和账款的追收等内容。

最后，将信用管理部门的各项职责与销售部、财务部、采购部等各部门的信用管理工作，按照不同的管理目标和特点进行合理的分工，并将已成立的专职应收账款管理部门划归信用部门统一领导，以便信用部门更加专业化地开展各项工作。

五、遵循事前、事中、事后管理三个阶段管理

（一）事前控制——做好客户资信调查及评级工作

在确定授信和交易达成之前，信用部门应充分收集与客户信用相关信息并做出合理的风险评估。为此，信用部门应做好如下几个方面工作。

1. 客户信用信息的收集。这方面的资料包括：财务信息和非财务信息；定性资料和定量资料；企业经营、战略及高层领导者个人信誉方面情况；企业获得的各种荣誉或评级证书，如企业银行信用等级、工商管理部门评定的合同履行等级及财政税务部门评定的各种财务会计和纳税等级证书等。

资料的取得途径有：客户、资信中介机构、有关企业的报道资料、工商、税务、会计师事务所等部门及企业自身历史交易的数据。

2. 对客户资信评级分类管理。建立客户资信评级模型，将考核指标体系分为定性和定量指标，对每一指标根据其与企业信用的相关程度赋予不同的权重，同时对不同的指标给定不同的指标区段或等级，并对对应的区段和等级给予标准分数，据此计算客户的加权平均分数。最后，根据标准分数区段划分不同的信用等级。

3. 建立客户信用政策。根据企业能够承担经营风险的大小和竞争对手的信用政策，并考虑企业领导人对信用风险的好恶，对不同的信用等级制订不同的信用政策，如对不同等级的客户享受不同的信用期、信用额度、现金折扣等。

4. 客户资信档案的建立和维护。信用部门应重视对客户资信资料的分类、归档和保管，并定期对老客户的资信材料进行更新和补充。

（二）事中控制——审批授信标准及发货控制

在信用执行阶段，应建立如下控制点。

1. 建立企业审批授信流程、各部门职责和权限，以防止个别部门或人员借管理上的控制薄弱环节牟取私利，对特殊情况或客户实行高层领导特批制。

2. 对销售部门的业绩考核不局限于签单等单项指标，同时应将应收账款、销售费用等指标纳入考核体系，以便在销售前即减少应收账款风险。

3. 在发货时对没有收到的货款延长发票开具时间，开票按实际收款金额开具发票。特别是分期收款发出商品业务必须实施此项控制。

（三）事后控制——应收账款资金回笼监控

前两个阶段主要是为提高应收账款质量而做出的努力，应收账款形成后还应做好下列工作。

1. 从人员上，配备一定数量的专职应收账款专员，建立应收账款催收、管理绩效考核制度，引进报酬与工作绩效挂钩的奖惩激励机制。

2. 从工作方法上，建立一套应收账款管理系统，如编写应收账款催收技巧手册并对收款专员进行培训；定期的账龄分析；定期与客户对账，确保双方账面无误并动摇客户拖账的信心；对应收账款金额进行分类管理，不同区段金额的应收账款和账龄长短不同的应收账款实施不同的催账、监控及处置策略。

最后，对信用系统制度的制定、授信标准的审批及应收账款的催收、管理均应按照成本与效益原则进行决策。

信用管理的三个阶段如图 2.7 所示。

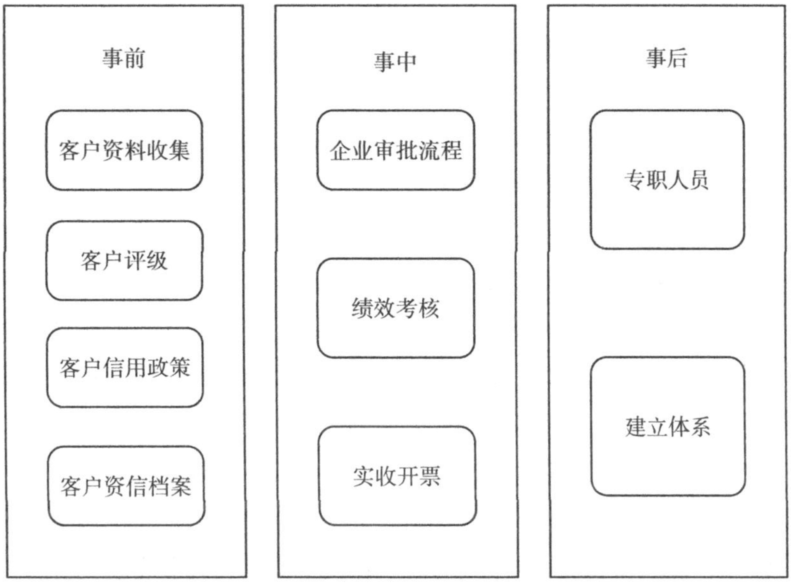

图 2.7　信用管理的三个阶段

案例 2.1　s 公司内部信用风险管理体系建设

s 公司是我国机械制造行业的一家大型企业，多年来深受账款被拖欠之苦。2000 年该公司销售收入 13 亿元人民币，应收账款就高达 8 亿元，其中一年以上的欠款达 4 亿元之多。

我们调查发现，造成该公司应收账款的表面原因是客户的惯性拖欠。公司业务部门为了拉到客户订单，大量采取赊销方式订货，造成账款不能及时回收。公司几乎在每次会议上，都将应收账款问题为一个主要议题。然而，尽管几年来公司采取了各种各样的措施，均收效甚微。

我们经过深入地诊断发现，上述问题产生的根源在于公司的营销风险管理机制的不合理，缺少有效的风险控制措施。其中较为关键的问题是以下几种。

(1) 销售承包制和销售提成方式造成了销售部门权力过大，业务人员自行其是，盲目赊销。

(2) 业务员垄断客户信息，管理人员缺少真实准确的信息，主观决策的成分过多。

(3) 公司缺少一套科学分析、评定客户资信状况的有效方法，造成业务决策标准不统一，结算方式混乱。

(4) 财务部门在应收账款上的管理过于滞后，公司大量的人力、财力花在追收长期欠款上面，但效果并不理想，前清后欠。

这些问题暴露了该公司在整个经营管理机制以及销售与回款业务流程上的落后和不合理，不仅出现问题难以分清责任，而且引起销售与财务在风险管理上的矛盾，降低了企业的营销能力和货款回收效率。

那么，究竟怎样在该公司建立一个合理的信用风险管理体系？我们帮助该公司从四个方面解决问题，取得了显著的效果。

(1) 理清公司信用管理和风险控制的授权关系。究竟谁对企业的赊销行为负责？企业以往陷入信用风险管理误区的一个主要原因是忽视了信用决策权力的合理运用和控制。因此，我们建议该公司增加了专门的信用管理职能，兼顾信用营销和风险控制的双重管理目标，使销售业务按照利润最大化的原则进行管理。

(2) 合理分工业务部门的风险管理职责。信用风险产生于销售与回款业务流程中的许多环节，各业务职能部门应各负其责。信用风险是一个综合性的风险，它与其他风险密切相关，如信息风险、市场风险、客户风险、管理风险、决策风险、财务风险等，因此，只有各相关职能部门分工明确、合理，才能达到有效的风险预测和控制的目的。

(3) 彻底改变销售信用风险的控制方式。单纯地依靠业务部门管理或单纯的外部控制都不能很好地满足赊销的风险控制的要求，应采取内部管理与外部控制相结合的方式。我们在该公司的销售系统内部以信用政策的制定和执行为主防范风险，同时在全公司实行一套严格的授信管理制度，从销售系统外部控制风险。

(4) 改进风险管理的绩效考核。事实证明，单纯考核资金回笼率或坏账率会使风险管理的重点发生偏差。我们在合理分工明确的基础上，制定了一套科学的考核指标体系，真正地起到了激励和惩罚的目的。

上述管理方案的制定和实施，使该公司的经营管理状况迅速发生了明显的变化。方案实施一年后，公司的应收账款降低了50%，销售额增长了20%，而且收回了2.2亿元多年的陈年欠款。

本章小结

1. 财务主导型是以财务部门作为主要的信用风险控制责任方的企业信用管理模式，是一种传统的信用管理模式。这种模式以减少客户应收账款为主要目标，主要侧重于事后控制。它的优点是很容易控制应收账款；缺点是很可能影响销售业绩，造成财务部门与销售部门的强烈冲突。

2. 销售主导型模式是指把销售代表需要做的判断独立出来，但由销售经理管理，主要侧重于事前控制。其具有的优点是对销售业绩影响程度不大，往往执行比较宽松的信用政策；缺点也很明显，即对于客户的回款监控往往比较薄弱，与财务部门沟通的减少容易造成信息掌握不完全。

3. 独立型信用管理部门设置模式作为一个单独的管理机构，其优点是实现了信用管理的真正协调作用，不再像以前的模式有所侧重，而是从公司的利益最大化角度去处理销售与财务的关系，统一财务与销售的目标；缺点是造成了各部门信用管理的功能分割，信用部门往往成为众矢之的，其他部门容易把自身的责任向信用管理部门来推诿，要求信用管理部门的工作人员沟通能力比较强，不断和其他部门的员工进行沟通，随时掌握最新的信息，否则很容易出现信息失真和滞后的情况。

4. 企业信用管理部门包括授信科、商账科、外勤科、商情科、专审科等五个部门。

5. 企业信用管理部门的主要职责包括客户资信信息的开发与管理、信用政策制定及信用额度审核、应收账款的监控、拖欠账款的处理催收。

6. 信用管理人员对于企业的运营与管理至关重要，因而对其做出一定的职责规范要求显得很关键。信用管理人员应具备的主要工作职责包括：完善和改进公司信用管理体系和制度流程；按照公司信用管理办法相关规定开展信用管理工作（包括授信和获信）；跟踪、反馈客户信用执行情况，定期出具信用执行分析报告；跟踪、反馈客户各类应收款（含产品销售、提成费）执行情况，定期出具执行分析报告；组织进行客户应收款函证；参与财务管理方面的内部控制程序完善和制度制定。

7. 企业信用管理制度主要包括法律法规学习制度、信用评审管理制度、企业授信评价管理制度、企业信用档案建立与管理制度、应收账款与商账追收管理制度、失信违法行为责任追究制度。

思考与练习

问答题

1. 财务主导型、销售主导型和独立型信用管理部门的设置模式比较。
2. 简述企业信用管理部门的类别。
3. 简述企业信用管理部门的职责。
4. 试述信用管理人员的主要工作职责。
5. 简述企业信用管理制度包含的具体制度。
6. 简述事前、事中、事后三阶段管理的重点。

Chapter 3 第三章

企业信用管理内容和模式

本章导言

企业经营的最终目标是盈利，否则企业将无法生存。从采购、生产和销售，到财务控制，企业的每一个环节都是围绕着这个最终目标有序进行的。但实际上，很多企业忽视了一个十分重要的环节——信用管理。信用管理作为企业的一种管理手段，贯穿于整个业务的始终。信用管理的作用和目标是十分明确的，即，增加有效销售、扩大市场份额、提高企业盈利水平。

本章教学重点与难点

1. 企业信用管理的内容
2. 全程信用管理模式
3. 全面信用管理模式
4. 双链条全过程管理模式

第一节 企业信用管理的内容

只要从事商业活动的企业，就有可能出现逾期应收账款。企业必须认真分析每笔应收账款逾期的原因，找到最佳处理对策，并马上实施追收。处理逾期应收账款最忌讳的就是拖延，很多本来能够收回的账款，随着时间的流逝变为坏账。

信用是社会经济发展的必然产物，是市场竞争中最宝贵的无形资产。因此，以资信、产品质量、服务为主体的企业信用体系，越来越成为现代企业生存和发展的必要条件。美国科学家富兰克林在《给一个年轻商人的忠告》中有一句话："切记，信用就是金钱"。前世界银行首席经济学家斯蒂格里茨认为，在市场经济运作中，资源配置并非完全取决于价格因素，有时更多地取决于企业信誉。

企业信用管理是企业对于可能产生的风险进行科学管理的专业技术，主要目的在于规避因赊销产生的风险，增加赊销的成功率。企业信用管理主要包括收集客户资料、企业信用管理评估和授信、企业信用管理保障债权、企业信用管理账款追收等四项内容。

一、收集客户资料

"知己知彼，百战不殆"，军事斗争中的成功经验同样适用于现代商业社会。买方市场形成后，由于客户资源有限，企业销售已经转变为一种竞争性的销售，赊销方式普遍流行。在这样的情况下，了解客户、合作伙伴和竞争对手的信用状况对于企业防范风险、扩大交易、提高利润、减少损失尤为重要。信息收集已经成为信用社会经济繁荣与稳定的重要基础。客户资料包括以下几点内容。

1. 基本资料：主要包括法人、股东、注册资金、主营范围、经营年限、职工人数、与本企业合作的年限。

2. 组织机构：主要包括该公司的股东构成，是否有母、子公司或总、分公司，企业的内部部门设置，员工的学历结构，年龄结构等。

3. 经营情况：主要包括该公司的资产规模、主营收入、主营利润、还款能力、主要销售地区、常用的付款方式、库存采购方式和厂家等。

4. 信用记录：主要包括坏账情况、在我企业的逾期率（如能得到在别家企业的逾期率更好）、准备向我企业提供的担保财产的情况、是否已经向外提供担保、有无诉讼记录、在银行或其他金融机构有无借贷情况等。

5. 业务方面：主要包括业务部门对该公司印象、对该公司主要负责人本人的了解情况及其管理能力、该公司在市场上的占有率或渠道地位等方面。

这些材料可通过客户提供、业务实地调查、相关银行调查等方式获得，为节约公司费用，建议可在洽谈业务的同时进行。

信用调查是个动态的过程，因为客户的信用是变化的，一般来讲，客户的信用变化会出现一些征兆，如付款日期开始经常变更，现金支付突然变成了票据支付，大额付款出现拖延，并会找到诸多的借口，如催账时老板不在、银行的账号换了、支票填错了等。此外，还有一些情况，也会导致信用变化，如不断有员工辞职、库存量激增或者锐减等。对于这些可能带来信用能力改变的变化，信用人员尤其是第一线的销售人员应该随时注意，及时调整客户的信用等级，避免造成坏账损失。风控人员应该用更多的时间去接触客户，更好地了解客户的情况，去现场看是非常有效的方式。

二、企业信用管理评估和授信

评估客户的信用，决定给予客户怎么样的信用额度和结算方式，是企业控制信用风险的重要手段。传统的信用评估是建立在经验基础上的，很难保证评估的准确性和科学性。科学的信用评估应该建立在经验和对信用要素进行科学分析的基础上，首先要求对信用要素进行详细分析，然后综合本企业的经验以及不同行业、不同企业的经验，经过比较权重、量化指标，最终达到一个统一的评价标准。

收集到了客户的资料，下一步就是由信用部门进行综合分析和评价这些信息，判断客户的支付能力。一般的做法是按照支付能力综合评分，将现有的客户分成若干个等级，分别给予不同的信用额度、信用期限和支付方式。

评估客户的信用，决定给予客户怎么样的信用额度和结算方式，是企业控制信用风险的重要手段。传统的信用评估是建立在经验基础上的，很难保证评估的准确性和科学性。科学的信用评估应该建立在经验和对信用要素进行科学分析的基础上。它首先要求对信用要素进行详细分析，然后综合本企业的经验以及不同行业、不同企业的经验，经过比较权重、量化指标，最终达到一个统一的评价标准。

对客户的信用评级将直接影响到对客户风险的防范和客户关系的维护，也是进行授信的前提。其中包括：客户的品质与经营作风，以往交易中履行债务的情况、偿债能力、资金与获利能力等。将收集到的有关客户的信用资料进行综合分析评价，以判断信用风险。在信用分析中，常用的方法有数字分析法和“6C”分析法。数字分析法是把影响企业信用水平的各个有关因素分项，对各个项目采取打分的方法计分，然后对其各个项目的小分进行总评分，以评分的多少作为应否赊销的标准，决定赊销的最高限额。“6C”分析法是通过对品质、能力、资本、抵押、条件和连续性 6 个因素进行的综合性评估。具体采用哪种方法评估，可根据企业的实际需要采用。企业再根据信用评估的结果，结合本企业的信用政策，对经销商进行信用等级的划分。

企业内部可按要求将客户进行等级划分，如可分为 A+、A、B、C 各个级别，再为各级别制订相应的条件和优惠措施，以促进各经销商为获得更好的优惠条件而提高信用度和忠诚度。例如，A+级客户可给予最高的信用额度，可在信用额度到期后申请一定时间的延期等；A 级客户的信用额度一般比照 A+级客户小，信用期限也较 A+级短；B 级客户的信用额度一般最小，信用要求也更高；C 级客户一般不给予信用额度。信用等级的划分是建立在信用评估的基础上，信用部门根据资料和相关评估标准做出《信用额度评分表》，再根据得分结合企业内部的评级标准划分等级，经企业内部讨论后确定信用额度。

三、企业信用管理保障债权

债权保障的工作主要有：信用管理人员和法律专业审核合同条款，排除可能造成损失的漏洞；严格审查单证票据，防止各种结算方式的欺诈；提出债权保障建议，包括保理、信用保险、福费廷、银行担保、商业担保、个人担保等手段转嫁信用风险，减少信用损失。

从企业外部来看，包括企业产品的售后服务和规避债权的风险。

企业产品售后的诚信服务，是建立企业声誉、赢得市场竞争的一个极为重要、不可或缺的条件。企业声誉可以说是向消费者传达的最具价值的信息，这种声誉一旦建立起来，它将产生极大的价值增值。中国家电第一品牌——海尔集团有一句名言叫“服务到永远”。海尔集团创立于 1984 年，从一个濒临倒闭的集体小厂发展壮大为国内外享有较高声誉的跨国企业。2003 年海尔集团全球营业实现 806 亿元，年均增长速度为 70%。在国内市场，海尔冰箱、冰柜、空调、洗衣机四大主导产品的市场份额均达 30% 左右。三钢集团公司为了做好售后服务，设立用户服务科，专门受理顾客投诉，并向客户郑重承诺，只要是三钢产品质量问题，保证接到报案后 24 小时内到现场处理，并承担因质量问题所造成的一切责任。据该公司每年客户满意度调查资料显示：三钢产品质量满意度、售前售中服务满意度、质量服务与计量服务满意度均达 95% 以上。几年来，三钢注册商标产品产销率达 100%，在福建钢材市场占有率达 40%，在省外市场素有“用好钢、找三钢”之称。

加强企业信用管理，规避企业债权风险，是企业生存发展的关键。对于企业来说，产品销售之后采取何种结账方式无可厚非，关键是要建立一种有效的风险控制机制，一旦发现异常，就要及时采取措施，将损失降到最低。随着我国加入世贸组织（WTO），许多国内企业获得对外经营权。由于国内市场竞争激烈，越来越多的企业利用我国低劳动力成本和资源的优势，通过产品出口扩大市场份额，参与到国际市场的竞争，获取更多利润成为发展的必然选择，但各种风险比在国内要大得多。因此，很有必要加强我国企业的信用管理，提高发现风险、识别风险的能力，使出口销售成为拓展市场和真正增加企业盈利能力的有效途径。在这方面，四川长虹的海外销售、引爆巨亏的前车之鉴应引起重视。对于经历过中国牛市的股民来说，四川长虹一飞冲天的传奇至今仍会记忆犹新。然而，盛极而衰，随着中国股市步入漫漫熊途，四川长虹也已风光不再，成为股民挥之不去之痛。长虹被骗敲响了中国企业在国际化道路上的警钟，国际化既不能无所作为，也绝对不能急躁冒进。加强企业自身的信用管理已到了刻不容缓的时候，任何急躁冒进和失去信用风险的控制都将会为此付出沉重的代价。也就是说，企业如何构建起国际贸易风险体系，已经成为中国企业国际化之路的当务之急。

案例 3.1　四川长虹 APEX 事件

2004 年 12 月 28 日，长虹发布《年度预亏提示性公告》，拟对 APEX 公司拖欠长虹公司货款 46750 万美元进行坏账计提，预计最大计提金额 3.1 亿美元左右，公司 2004 年度将会出现巨大亏损。一时间，长虹公司与 APEX 公司成为媒体和投资者关注的焦点。人们纷纷质问，曾经的民族工业旗帜、国内股市龙头股与风向标的四川长虹，是如何短短数年间坠落到巨额亏损的地步呢?

四川长虹电子集团始建于 1958 年，“长虹牌”彩电也曾一度是中国彩电第一品牌，1994 年 3 月四川长虹在上海证券交易所上市。1994 ~ 1997 年四川长虹的品牌市场占有率连续数年排名全国第一。

进入 1998 年以后，一方面各彩电厂商产量大幅增长；另一方面市场的需求开始放缓，国内彩电市场趋于饱和。为了缓解盈利能力下降、库存上升的困局，四川长虹在倪润峰的带领下实施国际化道路。很快四川长虹就与美国 APEX 公司签订协议，将长虹产品贴上 APEX 的牌子打入美国市场。同年，长虹的国内销量和出口量两项指标均列中国彩电行业第一名。

然而，此时的长虹并不轻松，华丽的外表遮挡不住内部的尴尬。一车车的彩电运出去却没能换回大把的美元。长虹一方面提出对账的要求；另一方面却继续发货，APEX 方面总是故意搪塞或少量付款，欠款仍继续增加。这样，一方面彩电出口销量迅速增长；另一方面，长虹的应收账款显著增加。

一波未平一波又起，2004 年 5 月 14 日，美国国际贸易委员会在对华彩电反倾销调查中终审裁决中国彩电损害成立。根据裁决，美国将对其征收 24.40% 的反倾销税，为国内企业之最。

2004 年 7 月，四川省政府、省国资局撤销了四川长虹电子集团有限公司董事局，建立四川长虹电子集团有限公司董事会；倪润峰不再担任长虹电子集团有限公司党委常委、书记职务。8 月 12 日，赵勇当选为四川长虹董事长，开始着手处理长虹对 APEX 的 40 亿元巨额应收账款问题。由于对 APEX 追账不利，12 月底，长虹发布公告，拟对 APEX 公司拖欠长虹货款 46750 万美元进行坏账计提，预计最大计提金额为 3.1 亿美元左右。

从民族工业的旗帜坠落到2004年的巨额亏损，长虹的失败令人心痛，痛定思源，造成此次事件的主要原因有：

第一，急于走上国际化道路，客户选择不慎。

在国内市场供过于求的情况下，出口无疑是长虹扭转困局的最佳战略选择。然而，急于转向国际化发展战略，让长虹不顾其他公司的前车之鉴，错误地选择了APEX公司。再加之过于重视销售额指标而忽视利润指标，更让长虹面对长期的拖欠账款却未能有效治理。

第二，企业缺乏有效的信用风险管理措施。

在APEX与国内厂商的合作中，一般都是先交货再付款，这种交易方式对卖方而言存在极大的收款风险，但长虹在这一环节未能及时建立相应的风险管理措施。此外，在“长虹事件”中，长虹的美国代理商——APEX自2001~2003年获得邓白氏国际信息咨询公司的信用评级多为3A4。3A是该公司的净资产排位，该排位的最高级别为5A，而4则是风险评级中最高的一级（1到4级表示信用风险由低到高）。APEX的资产净值最高不过600万美元左右，这一评级代表着非常高的信用风险。同时，企业没有设立止损额，导致应收账款不断增加。如果长虹提前设立了信用风险的承受水平，那么长虹的损失或许不会如此巨大。

第三，忽略了低价策略可能引发的反倾销诉讼。

美国的电视机生产商本来就对中国的竞争对手意见很大，指责它们为扩大海外市场销量不计后果、不择手段，长虹彩电在美国不断增加的销售额给人以“中国家电低价倾销”嫌疑。美国对长虹的反倾销裁决无疑是给岌岌可危的长虹又一重击。

从“长虹事件”可以看出，长虹在走向世界的过程中由于急于求成而忽略了风险控制，而在WTO的背景下，我国企业越来越多地参与到国际市场的竞争，为避免“长虹事件”的再次发生，企业有必要建立海外风险防御体系，如通过国内出口信用保险、通过第三方对国际市场进行调研等，从而避免在国际市场遭受重大损失。

四、企业信用管理账款追收

（一）企业追收账款的方法

一是如果有买卖合同，那么债权方有证据可以证明与客户公司之间存在销售或者供货等法律关系。如果没有买卖合同，客户下的订单、债权方的发货单等证据也可以证明存在事实的买卖合同关系。

二是如果有签收的书面凭证，那么债权方有证据可以证明实际发生多少笔交易，仅凭签收凭证或者结合买卖合同，可进一步证明实际交易的应付货款数额。如果没有签收凭证，但有对账单的，也可以证明应付货款数额。

三是如果债权方的公司已经向客户公司提供增值税发票，且客户公司已经签收或者已经认证抵扣，那么债权方的公司可提供增值税发票作为补强证据，以增加案件胜诉的把握。

四是货款纠纷的诉讼时效为 2 年，如果超过诉讼时效起诉，客户公司一旦就诉讼时效提出异议，那么债权方将丧失胜诉权。因此，债权方首先要确认是否有证据可以证明债权方与客户公司之间约定过的付款期限。如果没有约定，按照交易习惯一般认为是货到付款，那么诉讼时效从签收货物之日起算。如果有约定，那么诉讼时效则从约定的付款期限届满之日起算。

（二）企业应怎样进行账款追收

若是企业发现有应收账款但得不到及时回收，企业一方面应当积极催讨款项；另一方面，应注意证据收集工作，以防对方拒绝支付时通过诉讼解决问题。

一是积极催讨。在催款函内简单确认整个交易，并以正式的挂号信函的形式发出。如有必要，可对信件内容进行公证或律师见证。

二是证据收集。在催讨过程中，注意证据的收集工作，充分运用信函、电子邮件、电话录音、会谈录音等方式收集对己方有利的证据。

三是初步的催讨工作可由企业自行进行，在对方没有明确的付款意向或者进一步拖欠款项的情形下，可以委托律师或者专业催收公司介入。若非情况紧急，可暂时不必采取法律手段，由第三方出面斡旋要求对方付款即可。当然，采取的手段必须合法。

四是律师在接案后，一方面要仔细听取客人的陈述；另一方面，必须仔细阅读已有证据，并积极收集其他证据。并对对方公司的资产状况、业务状况、对方公司的主要负责人的情况进行调查，以获取进一步信息。在获取如上信息的前提下，根据具体情况制订追讨策略。

案例 3.2　如何开展企业信用管理工作

某一包装纸业公司发展速度较快，有一定的市场占有率，客户绝大多数是外商投资生产性企业。但该公司的盈利水平较低。为了提高盈利水平，该公司建立了一个独立的信用管理部门。公司要求信用部门扮演一个控制的角色，重点任务是最大限度地帮助公司控制坏账，缩短应收账款回收期。针对当时公司的实际状况，信用管理专家为公司制定了一套信用管理办法，包括：

1. 适合公司现状的较为保守的信用政策。确保公司的低风险要求。

2. 自行开发的电脑支持系统。易于系统控制，提高工作效率。

3. 严格的催账程序。控制应收账款的延期及坏账发生，缩短 DSO，减少坏账损失。

4. 每周一次收款会议制度。检讨逾期货款的原因，商定逾期账款催收方案。

5. 明确的坏账界定及坏账考核规定。促使销售人员重视收款工作。

在这一系列信用管理措施中，最重要的是信用政策。一个好的信用政策能够帮助公司获得最大的利益，但一个不好的信用政策也可能导致公司亏损甚至倒闭。为了能恰当地制定公司的信用政策，信用管理人员需要参加咨询公司的信用管理专业培训。在专家的协助下，制定了一套信用等级评估方法。利用这一方法，为每一个客户计算风险系数，并以此为依据，从高到低对客户进行分类管理，分别给予不同的信用等级，再根据信用等级给予不同的信用额度和信用期限。上述对客户进行风险等级评定的基础是详实的客户信用资料。为此，公司需要挑选资深的信用咨询公司对客户进行信用调查。在此基础上，重点客户每半年评估一次，并及时调整信用额度和信用期。这些措施的实施，使公司可以保留好客户，淘汰不良客户，确保了客户群的高质量。

此外，应收账款的日常监控是非常重要的，而且它有一定的规律和技巧。为此，建立了每周一次的收款例会制度。事实证明，这是控制应收账款逾期的非常行之有效的办法，它能督促销售人员及时去客户那里收款。

通过这一系列切实可行的信用管理方式，做到在销售增长率符合公司要求的前提下，缩短了应收账款周转天数，减少了坏账损失率，提高了资金使用效率，降低了资金成本，基本达到了公司利润最大化的要求。

第二节　企业信用管理模式的选择

广义的信用管理是指企业为获得他人提供的信用或授予他人信用而进行的管理活动，其主要目的是为筹资或投资服务。狭义的信用管理是指信用销售管理，其主要目的是提高竞争力、扩大市场占有份额。传统的企业信用管理具有客户的档案管理、客户授信以及应收账款管理三大基本功能。通过制订信用管理政策，指导和协调内部各部门的业务活动，对客户信息进行收集和评估，对信用额度的授予、债权保障、应收账款回收等各交易环节进行全面监督，以保障应收账款安全和及时收回的管理。

在新经济以后，随着现代通信技术的发展，企业的信用管理部门又多了一项新的功能，即“利用征信数据库开拓市场”的功能。各大企业的征信数据库开始具备数据快速分类检索的能力，而且可以向客户提供及时的数据库检索服务。

企业信用管理的目标可以用一句话概括，就是力求企业在实现销售最大化的同时，将信用风险降低至最低，使企业的效益和价值得到最大程度的提高。因此，企业应收账款的最终管理目标是实现销售最大化，同时保持信用风险特别是坏账损失最低。

有效的企业信用管理管理，必须具备与企业具体特点适应的企业信用管理组织方式、合适的岗位设计、明确分工的职能设计、与企业管理规模相配的人员配置模式、建设预算。科学合理的企业信用管理流程应包括对新客户授予信用的决策、应收账款的跟踪管理、客户信用风险的中期监控、催收和信用风险转嫁的整体管理。但是目前我国信用缺失严重，当前我国很多企业存在短视行为，片面追求销售收入指标和市场占有率，缺乏风险意识，忽视了企业信用管理的重要性，没有形成有效的企业信用管理体系。而且，企业信用管理制度不完善，企业专业信用管理机构缺失，缺乏专业人才。现代企业管理的核心是企业的信用管理，这是企业在现代的市场经济下赖以生存发展的必要条件之一。而且，企业的信用管理水平的提升将促进在社会上建设良好的信用环境。

我国的企业必须要注重企业的信用管理，采取有效的措施来建立完整的信用管理体系，以加强企业竞争力。良好的信用环境是市场经济运行的基础，就信用涉及主体来讲主要有政府、企业和个人，市场经济条件下企业信用在信用体系中有着举足轻重的地位，但目前我国企业信用状况令人担忧，严重危害市场秩序和经济运行，因此治理信用环境、强化信用管理、树立企业信用已成为促进经济发展、降低经济增长成本的一件大事。因此，必须刻不容缓地选择一套适合自己的企业信用管理模式。企业信用管理模式一般有全程信用管理模式、全面信用管理模式、“3 +1”信用管理模式和双链条全过程管理模式四种。

一、全程信用管理模式

1. 基本内涵。

全程信用管理模式是指以信用和风险为核心的一套新型企业经营管理方式，以质量为根本，以信用管理为支柱，在企业内部建立信用管理体系，从业务的各个环节入手，对事前、事中、事后进行风险管理，规范化、制度化地处理各项业务程序，针对国内企业目前内部管理机制上的严重缺陷以及在销售、财务及信息管理上的落后状态提出的综合性解决方案，实现全程信用管理。全程信用管理的目标是强化客户资信管理，防范销售中的信用风险，控制逾期应收账款，加强欠账追收，减少呆账、坏账损失，提高企业盈利能力；规范赊销业务，增强企业市场竞争力，建立企业内部信用风险管理制度，全面提高企业管理素质。

事前控制——指在正式交易之前对客户的审查及信用条件的选择。

事中控制——指发货之后直到货款到期之前，对客户及应收账款的监督、管理。

事后控制——指发生拖欠之后，对应收账款的有效处理。

2. 管理对象。

全程信用管理虽然涉及企业管理的各个方面，但其管理的对象却始终围绕着客户和应收账款这两个主题。对象一：客户的信用风险。企业必须对客户的信息、资信情况认真了解和掌握，并能做出准确的信用条件选择。对象二：应收账款回收率。及时回收应收账款，是每个企业管理者时刻关注的问题。

该模式具体管理流程如图 3.1 所示。

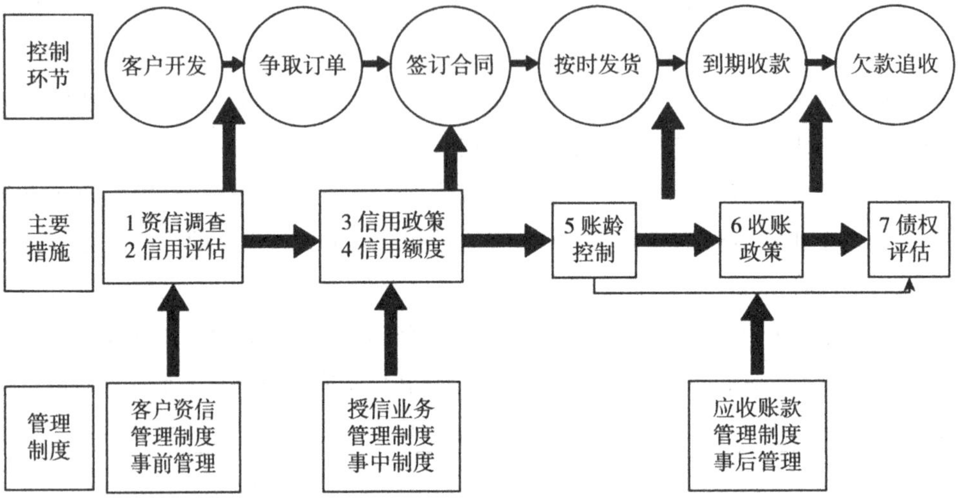

图 3.1　全程信用管理模式

二、全面信用管理模式

信用管理是企业管理的“心脏”，加强全面信用管理影响企业经营与发展大局，要对企业进行全方位信用施控，保障企业能够遵循市场经济运行基本规律。

1. 全面信用管理模式的概念。

全面信用管理模式是指包括员工忠诚度管理、信用文化管理、授信管理、受信管理以及协调管理的一种企业信用管理方式。它既包括定性因素也包括定量因素；从另外一个角度来说，包括有形因素和无形因素。全面信用管理涉及企业运营管理的方方面面，是连接企业运营结构的每个节点，保障各部门顺利推进的有效武器。

2. 企业全面信用管理体系的框架。

构建全面信用管理体系，有利于企业按照相关流程或结构进行运营管理，防止出现断裂情况的发生，也有利于职责清晰、任务明确，保证生产过程正常有序进行，是企业管理必备的运营结构，可以把企业管理推进更高的水平，如图 3.2 所示。

三、“3+1”信用管理模式

1. “3+1”信用管理模式的内涵。

“3+1”科学信用管理模式是我国著名企业信用管理专家韩家平和蒲小雷经过多年研究和实践后提出的一套结合西方管理技术、中国市场信用现状和中国企业管理特点的

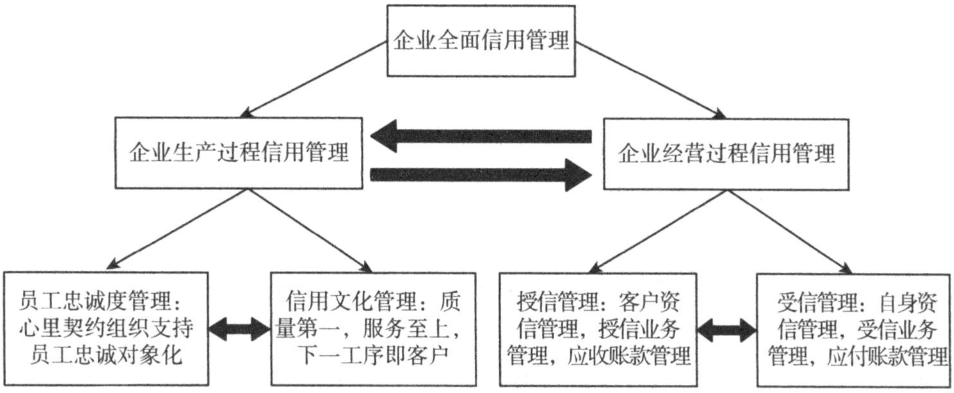

图 3.2 企业全面信用管理

管理模式，简单地说就是3个信用管理机制和1个信用管理机构（部门）。“3”代表在企业信用管理过程中，要建立三个不可分割的信用管理机制。这三个机制包括交易前期的资信调查与评估机制、中期的债权保障机制和后期的应收账款管理和追收机制。“1”代表一个独立的信用管理部门或人员，也就是说，企业要建立一个独立的信用管理机构或人员执行信用管理制度。即要求从企业组织结构进行相关的安排，与前面提到的“3”机制相配合，在最大限度地扩大销售的同时将账款逾期和发生坏账的风险控制在企业可接受的范围内。

2. “3 +1”信用管理模式的步骤。

使用“3 +1”企业信用管理模式的步骤如下：

第一，建立前期信用管理阶段的资信调查和评估机制，在交易前调查和评估客户的信用状况，需要收集的资料包括：业务部门掌管的信用获取方基础信息、原始文件、法律文件，也包括信用获取方每一次交易的情况、付款情况、DSO分析、坏账情况等。

第二，建立中期信用管理阶段的债权保障机制，企业采用的债权保障技术包括：抵押（包括质押和物权抵押）、担保（包括法人担保和自然人担保）、信用保险、出口信贷、信用证、承兑汇票和其他保障手段。

第三，建立后期信用管理的应收账款管理和追收机制，包括三个阶段的工作：在应收账款发生后，通过一系列管理措施监控账款，保障账款按时回收，当货物销售出去后，应该对销售的货物和客户实时监控，保证货物和销售的安全，在账款过期后，要根据程序不断施加压力，争取早日回收账款。

第四，在企业内部应建立一个独立的信用管理机构（人员），全面管理企业信用赊销的各个环节。

通过对24家建立“3 +1”科学信用管理模式的中国企业的调查显示，管理后的第一年，企业管理费用、财务费用和销售费用销售收入比重就从14%下降到9%，赊销额平均上升13%，坏账率平均下降3.6个百分点，销售未清账期平均缩短37天，市场占有率不度上升，企业现金流量适当，综合经济效益指标平均上升21%。同时，客户信用数据完整，客户服务质量改善，企业各项财务指标全面高于行业平均水平，企业综合竞争力显著提高。以联想为例子，联想集团是使用“3+1”企业信用管理模式的受益企业之一。联想的信用管理机制是全员参与的信用管理体系，不同的岗位各司其职，共同来管理联想的信用。

通过企业信用管理，联想培养了一批合作良好、非常重视在联想的信誉状况的客户，公司内部形成一套运行良好、适合联想业务特点的信用管理机制，应收周转和坏账等信用管理指标表现良性，提升了公司的竞争力。用联想创始人柳传志的话来说，联想的赊销和信用管理对联想的二次腾飞起到了居功至伟的作用。可见，拥有一个科学的信用管理制度对在买方市场中竞争的企业具有多么大的作用。

3. “3+1”信用管理模式示意图。

“3+1”信用管理模式如图3.3所示。

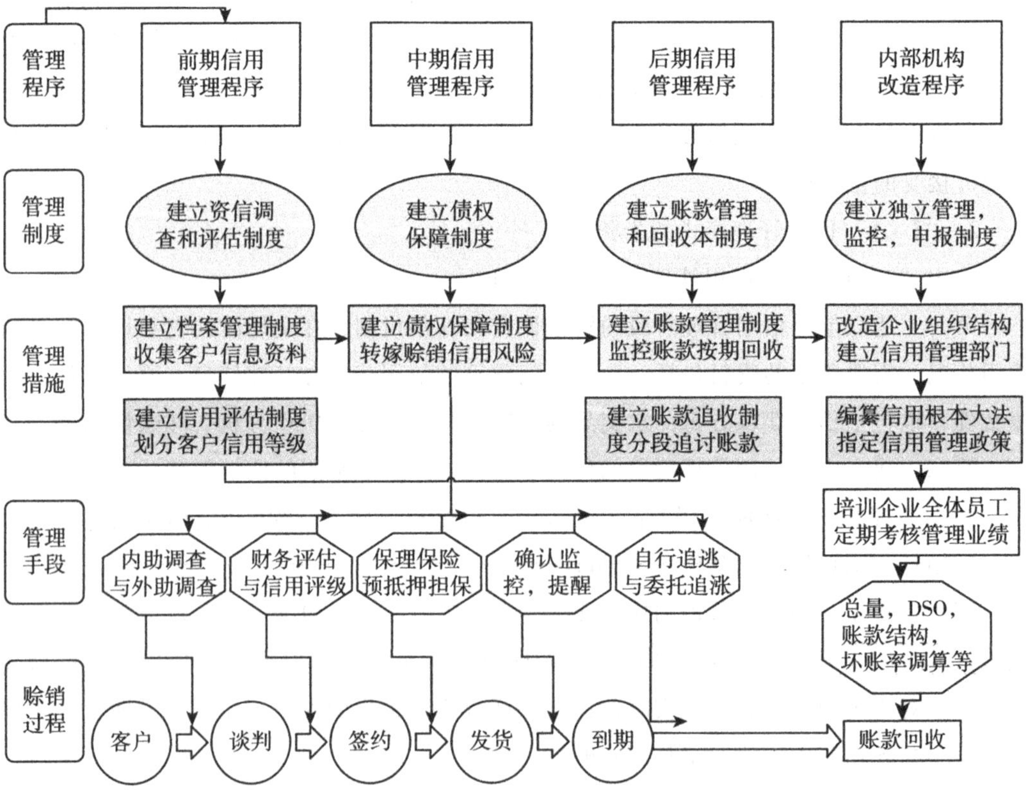

图3.3 “3+1”信用管理模式

四、双链条全过程管理模式

1. 双链条全过程管理模式的内涵。

双链条全过程模式是一种包括内外两条控制链，即客户风险控制链和内部风险控制链，三个过程控制制度（事前预防制度、事中监控制度和事后处理制度），以及四大技术支持（数据库和信用管理软件、信用分析模型、监控指标系统和债务分析模型），并通过信息化和组织设计整合的整体解决方案。核心思想是把信用风险分为签约前风险、签约风险和履约风险，用流程控制的方法，全过程、全面地控制交易风险。

该模式的关键环节是：第一，签约前风险的控制应侧重于客户选择；第二，签约风险的控制应侧重于科学决策；第三，履约风险的控制应侧重于加强监控力度。整个方案里每一个流程都要有具体的管理方法和控制措施，并形成企业管理制度体系和组织体系以确保实现。

2. 双链条控制方案。

（1）内部控制链——控制内部管理风险。

第一，制订合理的信用政策。信用政策就是指企业对应收账款管理所采取的原则性规定，包括三个方面的内容。首先，制订正确的信用标准，使企业对于可接受风险提供的一个基本判别标准，使企业遭受坏账损失的可能性降低。其次，采用正确的信用条件。适当延长信用期限可扩大销售，但会造成应收账款的机会成本增加，加大坏账损失的风险。为使客户早日付款往往附有现金折扣条件，提供的折扣应以取得的收益大于现金折扣的成本为标准。最后，建立适当的信用额度。根据客户的信用状况以及其付款能力给予客户一定的赊销额度。

第二，建立应收账款核销制度。按照应收账款发生的时间顺序，以及贷款回收的时间顺序逐笔核销，以准确确认应收账款的账龄；对于因质量、数量合同纠纷等没有处理的应收账款单独设账管理，并计提坏账准备。

第三，建立应收账款账龄表。根据企业所在行业的特点，每月、每两个月或每个季节把滞期超过30天、60天和90天的应收账款列出明细，制成表格转给销售负责人，留一栏给销售负责人对应收账款滞期发生的原因进行解释，并提供相应的催款计划，定期使用账龄表可以提前发现坏账趋势，以便采取适当的行动。使用账龄表是一个简单实用的方法。

第四，应收账款融资。利用应收账款融资，主要有两种方法：第一是抵押，即用企业的应收账款作为贷款的抵押品，从客户那里得到付款后再到价款机构还贷款；第二是保理，即企业把应收账款打包卖给商业银行、财务公司和其他金融机构。通过应收账款融资，可直接向缺少资金的企业提供现金，不会因销售额和应收账款的增加而遭受现金流危机。但是这种融资方式成本较高，削弱企业从银行获得贷款的能力。

（2）外部控制链——控制客户风险。

第一，认真做好客户资信调查。通过与客户的交易接触、对客户进行实地走访、公共信息渠道、银行提供的信用信息以及与该客户的其他往来单位交换有关信息等获得客户的资信情况，为客户的资信评价做好准备。

第二，做好客户的信用评价。基于业务人收集到的信息和销售建议，由专门的部门或人员对客户信用进行分析。得出评价结论和信用销售决策意见，交给主管部门或经理审批。企业应有明确的客户信用审批程序，针对不同类型客户提供不同的信用政策。

第三，做好应收账款的催收。若在贷款到期日，企业还没有收到客户的付款，应该立即着手进行催收。通过电话、传真、信函、面访等方式进行，在催收账款的过程中获取客户对债务的书面确认，要求对方提供书面内容的付款计划，以使企业的坏账损失降到最低，必要时采取法律手段。

综上所述，企业一定要根据自己的实际情况选择适合自己的信用管理模式，这样才能实现收益最大化风险最小化。

案例 3.3　双汇集团的企业信用管理

双汇集团是中国最大的肉类加工基地，以肉类加工为主，在全国 18 个省市建设了加工基地，集团旗下子公司有：肉制品加工、生物工程、化工包装、双汇物流、双汇养殖、双汇药业、双汇软件等，总资产 200 多亿元，员工 65000 人。双汇集团 2010 年中国企业 500 强排序中列 160 位，在 2010 年中国最有价值品牌评价中，双汇品牌价值 196.52 亿元。2014 年双汇凭借一部《双汇大森林》荣获福布斯 2014 全球最具创新力企业排行榜 22 名，居大陆企业榜首。

双汇企业 2016 年 6 月末信用规模余额为 4.78 亿元，其中信用输入（信用需求）余额 3.7 亿元，信用输出（信用供给）余额 1.04 亿元；2013～2016 年上半年累计实现信用输入 31.8 亿元，实现信用输出 15.21 亿元。从动态看，信用总量呈逐年扩大的趋势，2014～2016 年（折合年率）环比增长率分别为 7.53%、83.07% 和 146.54%，其中，信用输入分别增长 -1.97%、89.36% 和 144.48%，信用输出分别增长 53.98%、63.51% 和 153.62%。

据调查，账面数字大主要是由于企业集团内部往来账务处理不妥因素影响所致，并不是采用信用销售的结果。

近年来，虽然市场由“卖方市场”转向“买方市场”，竞争日益激烈，但由于该企业多年来在产品定位、技术、质量以及信誉积累等方面较好，竞争中基本处于相对有利的地位，加上送货上门、优质服务（一般 24 小时之内为其解决），所以现金销售、款到发货的策略得以长期实施。只有极少量的延期付款，由销售人员直接掌握，财务上也没有进行账务处理。

企业信用管理存在以下问题。

1. 信用管理意识不强，管理体系不健全。

调查发现，双汇企业虽然对信用管理有了一定的认识，但认识程度还不够。在信用标准和信用额度方面，企业没有统一、规范的标准和控制额度，全凭销售部经理随机掌握。在信用调查与风险控制方面，对客户选择没有规范的制度和流程。

2. 信用需求大于供给，结构失衡问题突出。

双汇企业信用供需结构具有明显的不平衡性。信用需求（信用输入）始终大于信用供给（信用输出）。尽管从年均增速看，43%的信用输入增长率低于59%的信用输出增长率，但由于前者基数大、后者基数小，从存量看前者对后者的比率始终保持在2.1倍以上，并且不论是存量还是流量，其差额近三年均呈逐渐扩大的趋势。

3. 信用销售规模较小，对企业成长贡献度低。

4. 对客户信息掌握不及时、不全面，内外部信用风险偏高。

企业信用风险具有双向性，即包括企业面临的信用风险和企业对其客户（或银行）的信用风险两方面。

通过以上案例分析，可以得出以下结论。

1. 企业信用管理水平偏低，属于朴素的信用管理阶段。企业受计划经济之累较重，约束较多，对市场经济下的信用管理认识不足，在信用销售方面采取了相对保守的策略，信用政策不够清晰、完善，缺乏有效的制度和措施，没有运用好信用政策为企业的整体战略服务，不利于企业长远利益的实现。尽管如此，公司的现金销售策略总体上与其过去的发展环境基本适应——这也说明企业信用管理没有固定的模式可循，主要取决于企业的偏好、市场地位和竞争环境。

2. 企业信用管理中存在的问题较多，信用风险较大。一方面由于信息不对称，企业又没有建立科学的信用管理体系，对客户的状况不能及时观测和防范，面临的风险较大；另一方面，由于风险的双向性，企业的高资产负债率及其他变动因素，对于其信用输入客户来讲，也存在一定的风险。

【思考】结合以上案例，你觉得可以从哪些方面加强我国企业信用建设？

本章小结

1. 企业信用管理是企业对于可能产生的风险进行科学管理的专业技术，主要目的在于规避因赊销产生的风险，增加赊销的成功率。企业信用管理主要包括收集客户资料、企业信用管理评估和授信、企业信用管理保障债权、账款追收等四项内容。

2. 科学的信用评估应该建立在经验和对信用要素进行科学分析的基础上，首先要求对信用要素进行详细分析，然后综合本企业的经验以及不同行业、不同企业的经验，经过比较权重、量化指标，最终达到一个统一的评价标准。

3. 债权保障的工作主要有：信用管理人员和法律专业审核合同条款，排除可能造成损失的漏洞；严格审查单证票据，防止各种结算方式的欺诈；提出债权保障建议、包括保理、信用保险、福费廷、银行担保、商业担保、个人担保等手段转嫁信用风险，减少信用损失。

4. 企业信用管理模式一般有全程信用管理模式、全面信用管理模式、“3+1”信用管理模式和双链条全过程管理模式四种。

5. 有效的企业信用管理管理，必须具备与企业具体特点适应的企业信用管理组织方式、合适的岗位设计、明确分工的职能设计、与企业管理规模相配的人员配置模式、建设预算。科学合理的企业信用管理流程应包括对新客户授予信用的决策、应收账款的跟踪管理、客户信用风险的中期监控、催收和信用风险转嫁的整体管理。

6. 全程信用管理模式是指以信用和风险为核心的一套新型企业经营管理方式，以质量为根本，以信用管理为支柱，在企业内部建立信用管理体系，从业务的各个环节入手，对事前、事中、事后进行风险管理，规范化、制度化地处理各项业务程序，针对国内企业目前内部管理机制上的严重缺陷以及在销售、财务及信息管理上的落后状态提出的综合性解决方案，实现全程信用管理。全程信用管理的目标是强化客户资信管理，防范销售中的信用风险，控制逾期应收账款，加强欠账追收，减少呆账、坏账损失，提高企业盈利能力；规范赊销业务，增强企业市场竞争力，建立企业内部信用风险管理制度，全面提高企业管理素质。

7. 全面信用管理模式是指包括员工忠诚度管理、信用文化管理、授信管理、受信管理以及协调管理的一种企业信用管理方式。它既包括定性因素也包括定量因素；从另一个角度来说，包括有形因素和无形因素。全面信用管理涉及企业运营管理的方方面面，是连接企业运营结构的每个节点，保障各部门顺利推进的有效武器。

8. “3+1”科学信用管理模式是我国著名企业信用管理专家韩家平和蒲小雷经过多年研究和实践后提出的一套结合西方管理技术、中国市场信用现状和中国企业管理特点的管理模式，简单地说就是3个信用管理机制和1个信用管理机构（部门）。“3”代表在企业信用管理过程中，要建立三个不可分割的信用管理机制。这三个机制包括交易前期的资信调查与评估机制、中期的债权保障机制和后期的应收账款管理和追收机制。“1”代表一个独立的信用管理部门或人员，也就是说，企业要建立一个独立的信用管理机构或人员执行信用管理制度。即要求从企业组织结构进行相关的安排，与前面提到的“3”机制相配合，在最大限度地扩大销售的同时将账款逾期和发生坏账的风险控制在企业可接受的范围内。

9. 双链条全过程模式是一种包括内外两条控制链，即客户风险控制链和内部风险控制链，三个过程控制制度（事前预防制度、事中监控制度和事后处理制度），以及四大技术支持（数据库和信用管理软件、信用分析模型、监控指标系统和债务分析模型），并通过信息化和组织设计整合的整体解决方案。核心思想是把信用风险分为签约前风险、签约风险和履约风险，用流程控制的方法，全过程、全面地控制交易风险。该模式的关键环节是：第一，签约前风险的控制应侧重于客户选择；第二，签约风险的控制应侧重于科学决策；第三，履约风险的控制应侧重于加强监控力度。整个方案里每一个流程都要有具体的管理方法和控制措施，并形成企业管理制度体系和组织体系以确保实现。

思考与练习

一、名词

全程信用管理模式；全面信用管理模式

二、问答题

1. 简述企业信用管理的内容。
2. 试述全程信用管理模式的流程。
3. 试述全面信用管理模式的框架。
4. 简述“3 + 1”信用管理模式的步骤。
5. 试述双链条全过程管理的控制方案。

Chapter 4 第四章

客户关系管理及资信调查

本章导言

客户既是企业利润的来源，也是产生企业信用风险的来源。因此，企业在做出信用赊销决策前，首先要了解客户的资信情况，做好客户资信管理工作。在企业信用管理流程中，客户资信调查是接触并建立客户关系的事先管理，是减少企业在授信决策过程中失误的先决条件。资信调查要把握好时机、控制好过程、遵循一定的原则、全面地获得信用信息，同时需要做好后续的数据信息处理工作。

本章教学重点与难点

1. 客户关系管理的重要性
2. 客户信息的来源与渠道
3. 资信调查的时机
4. 资信调查的内容

第一节　客户关系管理的内涵及作用

客户关系管理是企业信用管理的前提。客户既是企业最大的利润来源，也是企业最大的风险来源。企业从生产开始到销售结束，要接触各种各样的“客户”和“潜在客户”。这些客户为企业带来订单，但信用风险也伴随着与客户签订的赊销合同而来，只有管理好了客户资源，才有可能控制客户风险。

韦伯斯特（Webster）和温德（Wind）对“客户”这一概念的定义是：所有本着共同的决策目标参与决策制定并共同承担决策风险的个人和团体，包括使用者、影响者、决策者、准批者、购买者和把关者。客户通过购买产品或服务，或者通过满足其某种需求与企业形成各类经济利益关系。客户是需求的载体或代表，离不开需求这个深层的影响，企业满足客户是经营的表面现象，满足需求才是满足客户的本质。

一、客户关系

企业是客户关系的经营主体。不同的客户群体需要建立不同类型的客户关系。著名的市场学营销大师菲利普科·特勒将企业建立的客户关系概括为五种类型。

1. 基本型。

销售人员把产品销售出去后就不再与客户接触。

2. 被动型。

销售人员把产品销售出去后，同意或鼓励客户在遇到问题或有意见时与企业联系。

3. 负责型。

产品销售完成后，企业及时联系客户，检查产品是否符合客户的要求。向客户询问有关产品改进的各种建议，以及产品的缺陷和不足，以帮助企业不断改进产品，使之更加符合客户需求。

4. 能动型。

产品销售完成后，企业不断联系客户，提供有关改进产品的建议和新产品的信息。

5. 伙伴型。

企业不断地与客户共同努力，帮助客户解决问题，支持客户的成功，共同发展。

对于企业而言，这五种不同程度的客户关系类型之间并不存在着简单的优劣对比。不同企业甚至同一企业在面对不同客户时，都有可能建立不同的客户关系类型。

在实际的经营管理活动汇总，企业应该建立何种类型的客户关系往往取决于它的产品和客户特征。科特勒认为，企业可以根据其客户规模和产品的边际利润水平来选择合适的客户关系类型。大多数企业在客户规模很大但产品边际利润很低时，基本上采用“基本型”客户关系，否则，它可能会因为售后服务成本过高而导致亏损。但如果企业面对的是少量客户，而且产品的边际利润很高时，那么它就应该采用“伙伴型”的客户关系，支持客户的成功，同时获得丰厚的回报。除了这两种极端的情况外，其余类型的关系也同样可以根据企业的客户和产品特性进行选择和组合。

二、客户关系管理

客户关系管理的发展经历了一个从以产品为中心到以客户为中心的经营模式的转变，如表 4.1 所示。

表 4.1　企业战略发展阶段

阶段	时间	特点	管理者	营销观念	管理属性	经营导向
以市场经营为中心	20 世纪 50 年代初到 60 年代中期	以市场经营为中心，强调以市场需求进行生产，以利润为目标	市场经营专家	市场观念	经营性企业管理	以市场为导向
以战略为中心	20 世纪 60 年代中期以来	以战略管理为中心，谋求企业长期生存和稳定发展	战略家、现代企业家	社会市场观念	战略性企业管理	以市场为导向
以客户为中心	20 世纪 80 年代以来	以客户为中心，以客户关系为目标，满足客户个性化需求	战略家、知识发现专家	关系营销	客户导向型企业管理	以客户为导向

传统经营模式是以产品为竞争基础。企业更多关心的是企业内部运作效率和产品质量的提高，以此提高企业的竞争力。随着全球经济一体化和竞争的加剧，产品同质化的趋势越来越明显，产品的质量和价格的区别不再是企业获利的主要手段，客户资源无疑已经成为企业最重要的战略资源之一。

因此，以客户为中心、倾听客户的需求，对不断变化的客户期望迅速做出反应的能力成为企业成功的关键。因此，企业的生产运作开始转到完全围绕以“客户”为中心进行，从而满足客户的个性化需求。

“以客户为中心”的经营理念的特征包括：（1）企业将关注的中心由产品转向客户；（2）企业将仅注重内部业务的管理转向外部业务——客户关系的管理；（3）在处

理客户关系方面，企业从重视如何吸引新的客户转向全客户生命周期的关系管理，其中很重要的一部分工作放在对现有关系的维护上；（4）企业开始将客户价值作为绩效平衡和评价的标准；（5）企业需要通过吸引更多的客户来扩大市场份额，获得更大的利润。客户价值概念的提出是市场营销理论的一次飞跃，其理论意义在于它能概括一般性的现实情况并能够用于指导实践。

三、客户关系管理的内涵

客户关系管理（customer relationship management，CRM）起源于20世纪80年代提出的“接触管理”，经过30多年的不断发展，客户关系管理演变发展并趋向成熟，最终形成了一套完整的管理理论体系。客户关系管理是通过选择和管理客户达到企业长期价值的最大化，目前，关于客户关系管理还没有一个统一的定义，一般来说，被人们接受的定义有三个：

1. 战略角度的“客户关系管理”。即遵守客户导向的战略，对客户进行系统化的研究，通过改进服务水平、提高客户的忠诚度，不断争取新客户和商机，同时以强大的信息处理能力和技术力量确保企业业务行为的进行，力争为企业带来长期、稳定的利润。

2. 管理角度的“客户关系管理”。即一种旨在改善企业和客户之间关系的新型管理机制，它实施于企业市场营销、销售、服务和技术支持等与客户相关的领域。一方面，通过对业务流程的全面管理来优化资源的配置，降低成本；另一方面，通过提供优质的服务吸引和保持更多的客户，增加市场份额。

3. 技术角度的“客户关系管理”。即企业通过技术投资，建立能收集、跟踪和分析客户信息的系统，或可以增加客户联系渠道和企业后台的各功能模块的集成。

这几个定义从不同的侧面揭示了客户关系管理的内涵，主要包括三个主要方面，即顾客价值、关系价值和信息技术。

四、客户关系管理的作用

客户关系管理的作用可以概括为以下几个方面。

1. 客户管理统一化。

在企业内部，客户管理通常是分散的，没有一个部门可以掌握客户信息的全貌，也无法提供该企业与客户之间的完整视图。各部门信息不通，关系不协调，实际上给企业自身与客户带来了许多不便，客户关系管理的首要任务就是打破各部门信息封锁的壁垒，整合原本属于各部门分散管理的客户信息，将它们通过现代信息技术和客户关系管理系统统一成为一个信息中心。这个信息中心能够为一线员工的客户服务提供业务指导，协调各部门行为，为企业合作伙伴提供信息支持，保证供应、生产、销售、服务的良性运作。

2. 识别企业的客户。

任何企业都可以将其客户按照价值划分为“铅质客户”“铁质客户”“黄金客户”和“白金客户”四种。在实际运作中，很多企业不能够准确识别企业的客户，从而使企业的资源投入和经营战略没有明确的目标。而客户关系管理能够有效地支持企业的客户商业价值分析，根据对不同客户的成本/利润分析来识别企业的重要客户，并为企业对待这些不同的客户定制不同的策略。

3. 提高客户的满意度。

客户关系管理为客户提供了一个完整的商务平台，客户可以随时访问企业，购买相关产品，获取相关信息，得到相关的服务。同时，它也为企业提供了一个互动的信息平台，企业能够对各种销售活动、营销活动、服务活动进行跟踪，通过决策支持系统对客户的需求动向和潜在需求进行挖掘，进而向客户提供定制化的产品或服务。因此，在客户关系管理的支持下，企业能够向客户提供个性化的产品或服务，使客户的让渡价值最大化，从而最大限度地提高客户满意度。

4. 实现企业目标。

从直接的目标层面看，企业通过实施客户关系管理，一方面可以降低自身的运作成本，提高运作效率；另一方面可以给予客户更多的关怀，提高客户的满意度，维持老客户，并且在发展新客户的过程中发挥老客户的口碑作用，使企业的客户群体日益扩大，从而相对降低企业的营销成本，最终实现利润最大化。

从深层次的内在动力看，客户关系管理的作用绝不是多发展几个新客户、多留住几个老客户。它的独特之处在于，通过实现前端的供应商伙伴关系管理和后端的客户服务，使企业与其上游供应商和下游客户之间能够形成多方面的良性互动：在发展和维持客户的同时，与业务伙伴和供应商建立良好的关系，最大限度地挖掘和利用企业资源，包括信息资源、客户资源、生产资源和人力资源，拓展企业的生存和发展空间，提升企业的核心竞争力。

案例 4.1　老客户也会发生信用风险

浙江某服装进出口公司和澳洲一家著名的女装进口批发商 7 年来一直保持着良好的贸易合作关系。该澳洲公司在澳洲纺织行业中具有较面的声誉，几年来与中国的贸易一直处于稳定的发展状态。在最近几年中，由于澳洲公司信誉良好、付款及时，浙江公司对于金额大的订单仍旧坚持即期信用证方式付款，对于小金额订单则采用 20% 货前预付、80% 货后 90 天分期方式。由于浙江公司长期对小金额订单放松监督，截至 2005 年 3 月，澳洲公司累计有 60 万美元没有按时支付，有些欠款虽然金额只有几千美元，但拖欠时间达3年之久。对于这些逾期账款，浙江公司的领导很为难，一方面，公司还想保持与客户的贸易关系；另一方面，公司又面临资金周转困难。

为此，浙江公司马上委托资信调查机构对其展开深入的资信调查。通过国际资信调查和深入了解，浙江公司信用调查人员发现澳洲公司正在全力变卖固定资产，近期有被收购的迹象，公司已经处于破产的边缘。浙江公司领导得到报告后，立即决定委托律师对澳洲公司进行追讨。律师协同澳洲追账代理制定了严密的追讨计划：首先，在澳洲法院提出债权清偿申请；其次，对业务负责人展开强大的追讨攻势；最后，律师要求浙江公司派人员直接去澳洲当地协调处理。由于浙江公司追讨及时，同时掌握了澳洲公司存货的所在地，因此挽回了60万美元的经济损失。浙江公司事后了解到，如果晚追讨1个月，追回欠款的可能性几乎为零。

【分析与启示】

此案例给予我们许多启示，其中最有价值的是处理老客户拖欠的方法。浙江公司的做法是非常值得借鉴的，通过债务专项资信调查，可以较为准确地判断客户的真实拖欠原因。如果客户不是故意拖欠，根据客户经营发展趋势，企业可以给予合理的延迟期限。如果发现客户经营状况恶化，正在转移资产，企业必须立即追讨，挽回极有可能产生的坏账损失。

（选自谢旭：《企业遭遇客户信用风险的两个案例》，载《公共商务信息导报》，2006－07－21。）

第二节　客户信息的来源与资信调查的过程

任何授信决策都是建立在一定的信息基础之上的。客户信用评价必须以一定的、高质量的信息为基础，只有获得了足够的、高质量的信息后，决策才会成为有源之水、有本之木，即对客户进行信用评价的信息质量对于客户的信用评价至关重要。

企业资信调查是指征信机构接收委托对企业法人进行征信活动的调查。企业信用信息则是反映和描述信用主体信用状况的相关数据和资料等。取得真实、可靠的客户信息，即所谓的企业征信数据，是企业信用管理的基础。进行信用管理工作必须清晰什么是征信数据，从何处采集征信数据，如何将原始数据处理成标准的授信决策参数等。

一、客户信息的来源

企业收集信息的途径多种多样，企业信用管理人员要懂得利用一切市场机会收集具有一定使用价值的信息。

根据企业自身的经济实力以及客户的重要程度不同，企业的信用管理部门对于不同的客户资料的收集方式会有所侧重，不尽相同。

按照企业获得的客户信息的途径不同，企业收集的信息分为一手资料和二手资料。这些资料和信息的来源可以被区分为“内部”和“外部”来源。所谓“内部”来源，即指企业在自己的经营活动中，通过企业本身在与客户进行交易的过程中和与客户的商业往来活动中，所收集的各种信息；所谓“外部”来源，则指企业从独立于本企业及客户外部，即所谓的“第三方”，具体包括一些专业的中介机构或组织、咨询公司处收集、购买和获取的各种信息，这部分信息主要来自官方机构（如海关、税务、工商等）的信息、银行的信息、公众媒体的信息、由第三方的征信公司所提供的信息和委托第三方调查取得的信息等。一般来说，一手资料通过企业的内部信息来源获得，而二手资料则通过企业的外部信息来源获得。图 4.1 描述客户信息的来源。

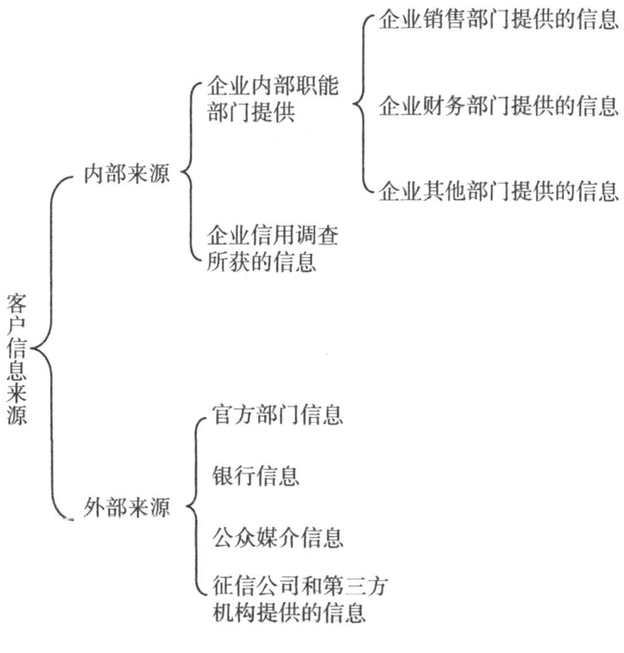

图 4.1　客户信息来源

（一）内部来源

1. 企业内部职能部门提供。

企业内部的信息是获取客户信息最直接的方式，其来源包括信用管理部门直接获取的客户信息、销售部门的客户信息、生产部门的客户信息、财务部门的客户信息等。

（1）信用管理部门提供的信息。

获得客户信息的主要方式是通过客户的《信用申请表》和客户提供的各项资料，由信用管理部门按照分类信用信息的规格和要求填写各项信息，而销售、财务和生产部门的信息是客户信用信息的主要补充和证实资料。

通过客户递交的《信用申请表》可以为信用部门全面调查提供窗口，应当尽量要求客户填写真实、完整，对于丢失的信息可以通过销售部门尽量补充。通过《信用申请表》，可以了解客户财务部门的基本信息和实力的概况。

各公司的《信用申请表》在格式上可能会有不同，但是使用时有一些共有的项目和注意事项：

①表格应由客户而不是销售人员来填写；

②申请表中的项目应能完全反映开具发票、信函往来和强行收款所需的信息资料；

③由客户负责付款的财务联系人姓名；

④最好具备客户银行开户的详细情况；

⑤有关负责人保证及时付款的签字。

需要说明的是，《信用申请表》是客户的最基本资料，一般初次与客户交往时就要填写；要有选择地调查部分客户，避免调查资源的浪费，例如，对于一次性使用现金结算的小客户，可以只记录基本联络信息；另外，如果是进出口业务，应查明客户的英文名称，避免国际贸易纠纷。如果客户为小型私营企业，应查明老板个人的家庭住址。除此之外，为了满足客户信用信息的真实性、完整性和及时性的要求，通常需要通过业务人员评价、实地考察和追踪评价等方式，对客户提供的信息进行核对和补充，以掌握客户的最新信用动态。

除此之外，对于企业的信用管理部门，收集客户信息的根本目的是制作客户档案，最终形成企业的客户档案数据库。各种不同来源的信息特点不同，企业信用管理人员必须对收集的信息进行科学的分析和处理，将其中的有关部分转变为量化的征信数据，才能将其对应地输入标准格式的客户档案。一般而言，可以按照信息的市场重要性程度划分企业信用管理部门所需的信息。可分为企业资信调查报告所要求的信息、各类深层次的客户背景调查信息、动态跟踪客户财务和经营状况变动的信息、行业发展状况信息、产品所在市场的市场调查信息、筛选代理商和供应商所需要的信息、国家有关政策及国际同行信息等，信用管理部门据此制作客户档案。

（2）企业销售部门提供的信息。

企业的销售部门或业务部门，是企业直接对外活动、与客户交往的部门，它们与客户保持着密切的联系。因为工作的性质，使它们一般具有可以深入了解客户内部情况和信息的机会。

通过对客户的实地访问、电话、信函联络和实际交易活动，销售部门可以获得许多客户信息。这些信息有相当的使用价值，应该通过销售人员记录在客户资料登记情况表、合同、交易报告中。

通过与固定客户的长期商业往来和频繁发生的商业交易，销售部门和人员对于每位客户的交易环节、操作习惯和偿付商业信用的态度等各类做法会有一定的了解，从企业与客户的重复交易中积累下来的经验和心得，往往也能了解客户的一些有用信息。这部分信息需要在企业内各个部门和管理层中实现信息共享。企业有必要建立一种记录客户信息的系统，并对此信息进行信用分析。

（3）企业财务部门提供的信息。

企业的财务部门，是企业能够直接看到客户交易的现金流情况、结账情况的部门，它们在后台通过货币化的计量方式了解客户具体的信息情况及最新变化。由于工作的性质，因而使它们一般具有销售部门所无法掌握和了解的关于客户资质变化、业务能力、财务状况等深层信息。

通过基于客户实际交易活动平台下进行各类信息的收集、加工传输和报告方法，财务部门可以向企业提供大量的客户信息，这些信息有一定的动态使用价值。企业的财务部门和人员在对每位客户的交易活动进行长期、动态、常规分析的过程中，会有一定的机会了解客户的市场状况、经营能力、高层管理人员等方面信息的现状及变化，并能够通过一定的技术手段做出预测。同样，这部分信息也需要在企业内各部门和管理层中实现信息共享。企业也有必要通过记载客户信息的系统，对此信息予以存储、加工和分析。

这里需要注意，企业内部的信息并非简单地分布于企业各个职能部门内部，有些信息会来自企业内部职能部门的沟通和联系。例如，企业的计划和总结，企业的各种数字记录，包括会议记录、统计记录、业务记录等。

此外，企业的其他内部部门，包括法务部门、管理部门、公关部门等也均能够在自己工作中发现和获取一定有用的信息。企业部门在收集信息的过程中，其信息获得的成本相对较低，甚至可以忽略不计。企业必须利用这部分信息，为企业信用管理服务。对于已经使用企业信用管理系统的企业，可以直接输入系统中对客户信息统一管理；尚未建立企业信用管理系统的企业，可以先筛选重点客户，再对这些客户采用手工操作的方式归纳信用信息。

2. 企业信用调查所获得的信息。

企业内部的信用管理部门和人员可以通过对客户进行实地访问和信用调查。这种与客户直接接触、面对面交流的调查方式，得到客户许多细节性的信息，了解并掌握一定的一手信息。这类信息来源能够弥补其他渠道获得的信息空白。同时，信用部门人员亲自上门访问客户，还可能有机会直接接触客户，凭借自己的感性认识，直观判断和访谈中的信息，调查、了解到诸如客户的背景、管理层构成、经营理念和发展前景，客户的市场、销售额和利润的大小，客户的资本结构、负债资金的来源和偿还情况，以及客户所处的竞争环境、客户对产品开发和营销的计划等。此外，还可以借参观厂区的机会，观察厂区的规则布置、生产秩序及固定资产的价值和利用效率等。这种直观得到的结论一般比较准确，并对信用决策起非常大的作用。

对客户进行实地访问和信用调查，虽然应当成为信用部门的一项日常职责，但是利用实地访问及调查这一途径收集信息的成本相对比较高昂，不太适合在企业全部客户间展开。同时，由于实地访问和调查后的结果，也许会与企业销售部门、财务部门等职能部门得出的结论有所出入，因而引发无法准确决策的矛盾。

（二）外部来源

通过外部渠道获得的客户信息是第二手资料。虽然这些信息和资料有时准确性不高，但是调查成本会相对低一些，尤其当与客户刚接触，或者需要核实某些信息，或者无法从客户那里直接获得信息时，通常可以通过一些外部渠道调查客户的信息。

1. 官方部门信息。

一般来说，官方部门信息中除了政府政策类信息，国家统计局的数据，海关、央行等提供的公开信息以外，政府部门如工商、税务、司法等一般不能随意向企业提供其客户或所管辖单位的信息。

对于确属不良企业的处分信息和公告等，通常会通过电视、网络、报纸和广播等新闻媒体对外发布。这类发布需要企业及时总结、积累和收集该信息。

但需要注意的是，这部分信息全面性不足，无特定针对性，较少能够拿来即用。因此，企业在使用的过程中，还需要进一步地进行筛选、整理和归类，即便如此，此类信息也不能够和专业机构所收集的信息相提并论，只能够用作辅助分析，这是企业所需信息中的补充。

2. 银行信息。

商业银行有储户现金余额和借贷活动的长期、动态信息，同时银行对一些大客户会设置专门的风险控制机制，因此商业银行拥有的信息量对于企业有非常大的参考价值。但是，商业银行未经授权是不能够随意对外开放的，虽然在整个央行系统下拥有数十万企业的贷款申请、付款记录和其他信息，但是，由于这个数据库不对外开放，只在商业银行内部经授权后使用，如果企业需要从银行处获得客户的信息资源，就必须遵循信息合法使用的规则，了解如何能够合法地获取此类信息。

3. 公众媒介信息。

在当今的信息社会里，除了传统的四大媒介及报纸、杂志、广播、电视以外，网络、短信、宣传单等其他较为新颖的公众媒介都在传递着各类信息。这个信息来源对信息总量的贡献度非常高，对企业的作用绝对不能忽视。企业信用部门可以长期订阅权威性强、发行量大的传统报纸、杂志和现代的电子资源，从中感知市场、资金、行业等的变化，最快地了解动态信息。

毫无疑问，公众媒介信息是企业了解当前宏观经济形势和信息重要的窗口之一，同时还可以据此了解特定客户的财务状况、经营业绩、发展前景和投资机会等。这部分来源于公众媒介的宏观经济和客户信息，甚至比客户自己提供的，企业自行调查的信息更为客观、全面。但是，需要注意的是，在信息爆炸的社会里，有相当一部分的信息存在一定的偏差和偏见，同时，也很难确认这部分信息是否是最及时的动态信息。因此，企业在获取了公众媒介信息后，需要进行长期的积累，特殊的加工和筛选，并经过一定的统计处理后才能够使用。这部分公共媒介的信息因其加工过程复杂，导致其成本相当高，企业使用时代价过大。

4. 同行提供的信息。

企业除了依靠自身力量收集客户的信息之外，还应当加强与同行企业的交流，获取自己所需要的信息，最大限度地开拓信息渠道，避免那些信用不良的客户给企业自身以及整个行业带来损失。

很多行业有自己的行业协会，有一些还拥有行业信息中心专门收集本行业企事业单位和产品从业人员变化的种种信息。一个行业信息中心数据库的信息会反映该行业的实际情况和发展趋势，是信用信息的一个来源。

5. 征信公司和第三方机构提供的信息。

按照国际惯例，许多大型公司、银行、政府以及机构的信息获取都会通过服务外包的方式，委托给征信公司和第三方机构来完成。征信公司和第三方机构在提供信息的过程中，由于其长期的专业领域经验，长期积累的信息数据库的数据量、信息提供人员的专业程度等优势，使其提供的信息使用效率高、价格相对较为合理、信息提供较为准确。

专业机构除了能够提供包括客户经营时间的长短、客户经营业务的种类、市场状况及其所处的行业、客户的财务信息、客户的付款表现、客户涉及法律纠纷的详情等各类信息以外，还能够提供信用信息的后期专业服务，如信用评级、信用分析、信用风险管理甚至信用培训等。总体而言，信用调查和征信机构会根据企业的需要提供多种报告，一般分为简单报告、标准信用报告和深度研究报告等，可以对主要经营者、行业状况、资产调查和大客户跟踪调查等提出建议，以满足企业的不同调查需要。现有的穆迪、标准普尔和惠誉即国际三大知名的专业评级机构。其所提供的信用信息及评级结果等各类信用产品能够为企业制定信用政策、开展信用管理提供较高使用价值的参考。

专业机构除了以征信报告、信用评级报告方式提供信息外，信用管理公司还经常编写信用评级手册和一些有价值的出版物，如《主要商业比率》《行业业绩分析》等。对于部分无须量身定制信用报告的中小企业、新企业，在获得所需要的信息时可以购买信用评级手册。

总体而言，通过第三方专业信用机构所提供的企业信用信息是比较完善的，是经过专业打分系统整理和分析的动态信息。但是，在同等信息量的前提下，通过专业机构获得信用信息和信用报告，即使比企业自己获取信息的成本低，也不能保证所有的企业都能够承受。这笔开支，一般只适用于大型企业或者盈利能力较强的机构和部门。

在借助专业机构调查客户信用状况时，需要注意以下事项：首先，征信机构不承担因使用其信用报告而造成的损失，所有的信用调查和征信机构的报告都会在显著位置注明："本报告内容仅供参考，不负任何法律责任"；其次，信用调查报告不是百分之百的准确，除了使用信用调查报告之外，还应该积极利用其他途径收集客户信息，相互印证，避免决策失误。

在信息主渠道之外，还有一些获取信息的辅助渠道，这些渠道也非常重要，可以成为第三方资料。所谓第三方，指的是主渠道以外的信息提供者，可以是机构，也可以是个人，常见的第三方包括客户的供应商、客户的债权人、追债机构、保险机构、客户的竞争对手、业务专家、退休的领导等。

不同信息来源的客户信用信息质量对比如表 4.2 所示。

表 4.2　　不同信息来源的客户信用信息质量对比

分类 / 质量特点 / 渠道	信息的客观性	信息的真实性	信息的完整性	信息的时效性
企业各职能部门提供的资料	较差	较强	一般	不确定
企业信用管理部门提供的资料	较强	一般	强	强
外部提供的公共信息或调查资料	较强	一般	不确定	较差

二、资信调查的时机与过程

（一）客户资信调查的时机

对客户进行征信调查，一般可以选择以下时机：

（1）与客户首次进行交易时；

（2）定期调查；

（3）扩大交易额度与改变交易方式时；

（4）订单出现异常现象时；

（5）客户状态异常如经营者健康欠佳时；

（6）企业改组、经营者易人。

（二）客户资信调查的过程

进行资信调查应当注意个人隐私权保护与企业商业机密保护问题，在调查时最好能够取得适当的授权，如客户填写《信用申请表》，并在《信用申请表》上签名。客户填好《信用申请表》并由法定代表人或其授权店里人签名，意味着客户已经授权，获得客户授权后，才能开展资信调查。企业资信调查的一般过程可以分为以下几个步骤。

1. 确定目标和范围。

调查的第一步是根据客户申请信用额度的大小、客户的大小、是否为新客户以及企业所选用的信用政策，认真确定调查的目标和范围。

2. 制订调查计划。

分析调查的第二阶段是要求制订一个最有效的计划，一份调查计划应该包括调查的目标、调查应收集的资料、所用的调查方法与工具、调查所花费的时间与经费预算等。

3. 选择调查方法并实施。

调查收集方法大致有以下几种：客户填写《信用申请表》、实地考察、访谈法、问卷调查以及通过社会公共信息渠道获取客户信息等。

客户填写申请表则是指客户提出信用额度要求时，企业要求客户填写已设计好的客户基本信息表，以初步获取客户的信息以及客户资信调查的授权。

实地考察主要是通过派调查人员对客户的主营业务、客户的生产规模、客户的主要供应商或经销商等进行实地考察和访问，以获取客户的第一手资料。

访谈法是调查人员通过与被访对象进行口头交谈的方式来收集对方有关还款策略与信用史等数据的一种调查方法。

4. 分析数据。

分析数据是征信调查的关键步骤，指从数据中提炼恰当的调查结果。调查人员把数据列成表格，进行初步整理，选择一定的方法进行客户信用分析，形成客户信用状况的结论。

5. 撰写调查报告。

资信调查的最后一步是撰写调查报告，陈述对客户的调查发现。企业客户与个人客户资信报告有所不同，根据客户信用风险种类的不同，资信报告的内容也有多种格式备份。

案例 4.2 邓白氏资信调查机构及其服务方式

美国的信用评级机构主要有三种业务模式：第一种是资本市场信用评级机构，其评估对象为股票、债券和大型基建项目；第二种是商业市场评估机构，也称企业征信服务公司，其评估对象为各类大中小企业；第三种是个人消费市场评估机构，其征信对象为消费者个人。邓白氏（Dun & Brandstreet）是美国从事上述第二种信用评估的评级机构，即商业市场信用评估的公司。邓白氏公司历史悠久，公司规模大，业务领域广，评估方法独特，在美国乃至全球的信用评估业都占有重要地位。

自 1994 年以来，邓白氏中国公司已经为众多快速成长的中国企业提供了专业的风险管理、市场开拓和商业培训的解决方案，帮助企业通过专业渠道达到国际商业标准，熟悉国际商业实务。目前邓白氏中国公司总部设在上海，同时在北京和广州设有办事处。邓白氏中国公司已经为境内众多的外资公司、上市公司、进出口公司和私营企业提供了信用管理解决方案。目前，在该公司拥有并维护着的数据库内超过 130 多万家中国企业的信息。除此之外，邓白氏中国公司更引入了先进的风险管理工具，包括邓白氏风险指数和风险评估管理系统，旨在使公司成为企业的商业战略伙伴而不仅是商业信息供应商。

邓白氏的商业资信报告是以数据库中的信息为基础撰写的，报告的组成部分：公司的概况和综合概要，邓白氏信用风险指数、付款信息、财务信息、法院公告、往来银行、公司历史及营运状况、家族链接、媒体信息、行业概述。邓白氏报告能帮助客户：了解目标公司的基本信息，评估目标公司的财务状况，了解客户的付款习惯，获得对目标公司的信用风险等级的评价，获悉目标公司是否有诉讼或法律纠纷。

邓白氏专项调研报告是邓白氏提供的专项调研服务之一，是指按照客户的要求、设计、制作报告的服务。专项调研报告提供较详细的企业信息及行业信息，为客户的重要商业决策，如新客户的审核、重要客户的评定、合资合作项目的考察、同行业公司的研究及其他商业机会，提供有用的参考资料。

案例解析：在本案例中，邓白氏公司是美国从事企业征信服务的公司，该公司是商业市场评估机构，其评估对象为各类大中小企业。通过本案例我们可以了解到邓白氏公司服务方式和邓白氏企业信用管理咨询服务的情况，这些都是企业征信过程中必须要有的环节。邓白氏的征信报告、专项调研报告有其特色和规范的内容，所以在我国企业征信的建设过程中，邓白氏公司的征信管理经验值得我们借鉴。

综合分析邓白氏公司的信用报告样本，总结出信用报告具体包括以下内容：

(1) 公司概况，包括公司名称、编码、地址、电话、注册资金及到位情况、经营范围、经营方式、历史沿革等。

(2) 人员情况，包括高级管理人员（主要董事、总经理、关键部门主管）姓名、性别、职务、出生年月、学历、履历、本行业从业时间、诉讼记录、财产状况等，雇佣人数，管理人员和技术人员所占比重等。

（3）关联公司情况，包括母公司、子公司的名称、经营范围、盈利情况等。

（4）无形资产，包括商标和专利等。

（5）质量认证，是否通过ISO质量认证体系。

（6）业务往来情况，主要供货商的名称、集中程度和原料地理来源、主要客户集中度、产品销售的地理方向。

（7）付款记录，即主要供货商提供的公司一年以内的付款情况，包括付款方式、所获信用额度、信用期限、拖欠付款情况及供货商对其的评语。

（8）银行往来情况，包括主要的往来银行名称、地址、电话、贷款额度、欠息欠贷记录及银行对其的信用评语。

（9）法院记录，包括原、被告名称，受理法院，纠纷事由，标的价值，卷宗编号等。

（10）资产抵押未偿付资金情况，包括抵押资产、抵押日期、估价、受抵押方。

（11）征信公司商债催收数据库关于该企业的记录。

（12）财务状况，包括近三年的资产负债表、损益表、现金流量表，最近月份的财务报表；主要有财务比率，包括流动比率、速动比率、资产负债率、债权人权益比率、存货周转率、应收账款周转率、销售毛利率、投资报酬率和权益资本报酬率等。

（13）现场调查记录，即信用调查人员实地调查所获得的信用资料、调查问题及回答情况，并加以评述。

（14）征信报告完成之后就会进入资信公司的数据库中，计算机网络技术的发展极大地方便了征信报告的对外提供。

请思考：企业征信公司的征信服务是如何进行的？

第三节　资信调查的原则、内容及核查处理

一、客户资信调查的基本原则

客户资信调查的采集应该遵循以下基本原则：

1. 合法性原则。

应以符合国家法律、法规的途径进行客户资信调查，不应以欺诈、窃取、贿赂、利诱、胁迫、侵入计算机等非法手段获取企业的信用信息，并应保护国家、社会公共利益及企业的合法权益。

2. 一致性原则。

客户资信调查的信息应与信息源提供的信息完全一致，不应有选择地进行取舍、分割、随意修改或删除，应保持被采集信息的原始完整性。

3. 独立性原则。

客户资信调查的过程中不应受到调查对象及其他因素的影响。

4. 保密性原则。

对不同保密级别的企业进行资信调查时应采取对应的管理措施，并应保证信息在保存及运输过程中的安全。

5. 目的性原则。

客户资信的收集必须有明确的目的，必须根据具体任务和实际需要，有的放矢的收集，过多量的信息和过少量的信息都将直接导致信用分析的准确度发生改变。

6. 时效性原则。

时效性是资信调查所具有的一个极重要的属性，影响被评估对象信用的相关信息具有明显的时效性，如果过时，则会失去或减弱信息使用价值，甚至导致信用评估结果错误。这是资信调查中最难把握的一个原则，作为世界三大评级机构的标准普尔等也经常因为其信息的时滞而被社会所诟病。

二、企业资信调查的内容

对客户进行资信调查，在遵循基本原则的前提下，还需要考虑信息调查的内容，确定调查的范围。企业主要的信用信息可以简要概括为三大方面：经营管理信息、财务信息和宏观经济信息。其中，经营管理信息和财务信息是确定企业信用状况的主要因素，重在了解企业的经营管理能力，财务信息重在了解企业偿还债务的能力及债权的保证程度，而宏观经济信息则包括一切可能影响企业经营的外部因素。

具体来说，企业资信调查的内容和范围包括以下内容。

（一）企业的基本状况

基本状况信息，应包括企业注册信息和组织机构代码登记信息。通过了解企业的基本状况，可以考察企业发展的全过程、变迁和前景。需要采集的内容和信息包括以下内容。

1. 成立日期。

一般来讲，历史悠久、品牌知名度高的企业较之刚成立的新企业更值得的信任；它经历过各种波折，久经市场，获得较好的品牌声誉，说明该企业在组织能力、管理经验、资金调度、人员配置、生产销售的市场占有和计划安排等方面都已趋于成熟和完善，一般在没有巨大冲击的情况下，其经营理念和企业根基不会轻易被撼动。与此同时，我们还需要看到，现在正处于技术革新变化巨大的时代，新兴行业、产业和企业如雨后春笋层出不穷，有些新兴企业也许今天名不见经传，明天就会成为领导社会进步和科技发展的市场宠儿。

2. 企业名称。

企业名称维护的越久，其知名度越高，价值也越高。在通常情况下，除非发生重大变故和资产并购重组，企业一般不会轻易变更其名称。如果遇到客户企业更新名称，就必须探明其原因，是由于经营不善，还是业务拓展，抑或是强弱重组、战略联盟。

3. 企业设立目的。

企业设立目的的信息，可用来判断该企业能否顺利发展。

4. 经营范围。

公司登记的经营范围和其实际经营项目可能不同，通常实际经营项目对企业的现状有较大影响。这部分信息内容首先需要注意目前其业务内容是否预约注册登记范围，其次要注意实际经营项目的发展前景和演变等。如果一家企业经常改变其经营项目，说明这个企业的经营者没有长期一贯的经营思想，易受外界干扰，急功近利，这样的企业持续经营的能力较弱。还有一种企业，其经营范围大而全，包罗万象，无所不能，由于没有特长和没有竞争优势的项目，没有稳定业务收入和盈利作为保障，这样的经营风险通常较大。

5. 经营方针。

不同企业有不同的经营方针，关键要考察其经营方针是否适合当前的经济形势和行业特点，是否有一定的竞争力。当收集和考察这部分信息时，应与其他同业企业的方针、政策进行比较，再分析该企业的经营方针和经营态度是否与时代潮流、市场发展前景和宏观经济情况相适应。

6. 注册资本金到位情况。

注册资本用来说明和表现企业的规模。资本额规模较大，表示企业的资金实力较强，企业今后发展的资金保障就越强，资金量对企业至关重要。目前，我国注册部门存在漏洞，很多企业会在注册后抽逃注册资金，造成注册资本名存实亡，不足以反映企业的真实资本状况。

7. 注册资本的变化。

注册资本的变化以增资现象最为普遍，注册资本的增资，表示客户企业的业务正趋于扩大，企业加速发展。同时，客户企业增资也有可能是因为新股东的加入，使原股东体系发生变化，因此，要详细分析股东和股份额变化后对企业今后发展产生的影响。

8. 企业的性质。

企业主要的组织形态大致有股份有限公司、有限责任公司、合伙企业、个人独资企业等。考察企业性质，主要分析其资金来源及对外界所负权责范围。例如，股份有限公司、有限责任公司、外商投资企业等均以企业全部资产承担有限责任，而合伙企业、个人独资企业的所有者则承担无限责任。

9. 外在条件。

除了以上几项内容外，还要考察、收集有关企业外在条件的信息。外在条件具体包括自然条件和社会条件两种。自然条件主要考察营业场所所在地的自然环境对生产成本和产品品质的影响程度，如气候因素、地质因素、地形因素、水利因素等；社会条件主要考察能源供应情况、交通因素、能源因素、原料因素等。

（二）公司治理情况

1. 股东信息。

股东信息，主要是了解企业的股份构成情况，即该企业的股东是谁，其背景是什么。特别是对于独资企业和合伙企业，更应该了解背景、股份持有率多少、股东各方对企业支配权的强弱、股东之间的关系等。具体来说，一个股东持有的股份决定了他对公司的控制权大小。在中小企业中，大股东往往也是企业的经营者和企业的决策人；主要股东之间的关系是否融洽则对企业资本的安全性、稳定性和经营方针影响很大，若股东之间派系林立、纠纷不断，势必会影响公司的正常经营。另外，还要注意企业的主要股东是否还有其他的投资项目、这些投资企业的经营状况如何、与客户企业之间的额关联度如何等。

2. 经营管理者信息。

经营管理者对企业兴衰成败往往起到决定性作用。部分具有卓越才能的经营者，可以使企业从零做起，扭亏为盈，逐步发展，成为行业内甚至国际知名的跨国公司，如青岛海尔的张瑞敏、美国苹果公司的乔布斯就是这样的例子；反之，平庸无能的经营者，即使接过优良的、盈利丰厚、高速成长的企业，也会渐丧优势、业务萎缩，甚至破产倒闭。在考察企业当前的管理者信息时，主要通过资历调查、业内评价、社会评价等方式，对其进行全面的考察，具体包括：

（1）教育背景。经营者的教育背景反映个人的知识水平。

（2）资历，即经营者的职业经历以及人生阅历。经营者的经历对其经营思想有很大的影响，往往能成为判断其经营能力的一个重要参考信息。若经营者是技术开发出身，则可能侧重于产品的研发工作；若经营者是销售出身，则可能侧重于市场拓展；若经营者是财务出身，则可能侧重于财务管理和资本运作。

（3）健康状况。若经营者年岁渐高，则要注意其是否已培养接班人，接班人自治能力的强弱，是否有能力贯彻企业的经营理念，否则容易造成经营断层，甚至内部分裂。

（4）社会事务。参加如行业协会、公益型社会事务可以扩大经营者的人际关系，对业务的拓展将有益处。但需要注意的是，若社会事务和主要经营事物之间的关系处理不当，不仅对社会事业分心，更将影响企业的生存和发展。

3. 与子公司的关系。

主要从以下四个方面考察客户企业的子公司在财务、认识以及公司日常的经营活动方面能否保持独立性：母公司对子公司的控制手段，母公司的控制是否有效；子公司核心人员的委派机制，母公司对委派人员的评价与考核标准以及这个标准的执行情况；主要子公司其他股东概况，子公司的决策形成机制，子公司的决策是否会受到母公司的影响；母公司的日常监管包括监管手段以及监管是否有效等，这类信息对于企业控制风险尤为重要。

4. 关联企业相关信息。

关联企业的形式主要有：

（1）母子公司之间，同一母公司下的各个子公司之间；

（2）不存在投资关系，但存在控制和被控制关系的企业之间；

（3）合营企业和联营企业；

（4）主要投资者个人、关键管理人员或与其关系密切的家庭成员以及受其直接控制的其他企业。

设立关联企业通常是为了进行更专业化的分工，中小型企业常为了分散业绩而减少税收，所以在信用销售或信用活动之前，要了解它们彼此之间的关系及业务往来，以避免风险。

5. 人力资源状况。

主要调查下列情况：

（1）公司以及主要子公司从业人员总数及从业人员的年龄结构、公司的用工性质以及来源情况等。

（2）收购以及重组过程中的人员分流、资金安排和分流计划的执行情况以及效果。如果客户企业被收购或者重组，就要考虑在重组或者收购过程中人员的安排情况、富余人员的安置情况，这可以研判公司是否能够保持稳定的重要信息。

（3）高管、专业人员的流动性。公司的高级管理人员、专业技术人员和专业的管理人员是公司的核心，他们的稳定性对公司的发展是至关重要的。当前，很多企业的高管、专业人员更替频繁，长期处于流动状态，这将导致短期行为和急功近利的现象。部分经营者好大喜功，将成绩作为升迁的资本，而对于各种问题和隐患却留给继位者解决，很不利企业的长期发展。

（4）从业人员的薪金待遇。企业奖惩机制是否合理，薪金报酬是否与其劳动付出直接挂钩，直接影响员工的工作积极性和稳定性，关系企业的生存和发展。

（5）对员工的培训。要提高企业的竞争力和持续发展能力，对员工进行培训尤为重要，培训的内容、培训期的长短决定一个企业的技术升级能力，反映企业文化氛围。

6. 经营状况。

经营状况包括：

（1）供应环节。供应环节包括主要原料耗用量、主要原料产地、供应商以及运输的服务提供商；主要原材料的供应、运输保障程度；主要原材料近3年的价格波动以及必要的影响；备料（最低库存的决定）与资金占用；采购验收机制即采购价格形成机制。

（2）生产环节。生产环节包括主导产品的品种、设计产能和实际产能、生产周期、主要技术以及质量风险控制应急方案、产品质量控制机制、成品率以及残次品的回收与利用、产品的研发部门以及研发投入、研发投入资金的来源以及使用情况。

（3）销售环节。销售环节包括销售管理模式、主要销售渠道和客户、销售合同管理、赊销与客户信用管理能力、近3年来的坏账率、销售人员业绩考核机制、市场风险与应付机制、单位产品销售成本。企业销售是企业生存发展的基础，也是关系企业资信状况的重要经济条件，虽然企业经营的每一个环节都很重要，但是销售仍然是企业经营的重中之重；无论是从国内经济形势还是国际贸易环境来看，各行业大部分都已经发展为卖方市场，销售已经超越生产，成为企业经营活动的主导，销售状况比生产状况更容易受到市场和外部因素的影响，在考察销售状况时，应该注意企业的销售趋势、销售价格、销售对象、账款回收状况和推销能力等综合因素。

（三）财务信息

财务信息的调查内容主要是基于客户企业的财务报表和财务信息附注。具体财务报表包括资产负债表、利润表和现金流量表。经过各类指标和方法的应用，可以了解企业的偿债能力、运营能力和盈利能力等状况。

1. 偿债能力。

偿债能力一般可以从长期偿债能力和短期偿债能力两个角度展开分析。其中，短期偿债能力的主要指标包括流动比率、速动比率和现金比率等，长期偿债能力的主要指标包括资产负债率、权益负债率、利息保障倍数等。流动比率通常以2为佳，速动比率通常以1为佳，资产负债率则通常以不超过50%为佳。

当然，需要注意的是，对于这里用于分析偿债能力的财务指标而言，需要区分行业，在不同的行业、企业的不同发展阶段，是不可以简单比较的，否则评价结果将会出现错误。例如，一家企业在运营初期其资产负债率应该明显低于其高速成长期，才能充分享有正向的财力杠杆作用，如果简单地将两者进行比较，则势必会得出企业在运营初期的信用状况优于其高速成长期的错误结论。

2. 运营能力。

经常选取存货周转率、应收账款周转率、流动资产周转率、总资产周转率四项指标作为客户企业运营能力的分析基础。一般认为，如果四类指标值越大，则说明企业的周转速度越快，企业的营运能力越强。

3. 盈利能力。

盈利能力是指企业获取利润的能力。利润是企业内外有关各方都关心的中心问题，是投资者取得投资收益、债权人收取本金的资金来源，是经营者经营业绩和管理效能的集中表现，也是职工集体福利设施不断完善的重要保障。因此，企业进行盈利能力分析十分重要。对于债权人来讲，利润是企业偿债的重要来源，特别是对长期债务而言，盈利能力的强弱直接影响企业的偿债能力。当企业举债时，作为商业信用的债权人，势必需要审查企业的偿债能力，而偿债能力的强弱最终取决于企业的盈利能力。因此，分析企业的盈利能力对债权人也是非常重要的。

由于反映一般客户企业盈利能力的指标主要有销售利润率、成本费用利润率、资产总额利用率、资本金利润率、股东权益利润率等。通常我们认为，在其他条件一定的情况下，这几类指标的值均越大越好，用于反映上市公司盈利能力的指标还有每股利润、每股股利和市盈率。

（四）与银行间的往来信息

金融机构与企业之间有密切的资金往来，我们可以将商业银行等金融机构提供的如下信用资料作为重要的参考依据。

1. 开户时间。

开户时间的长短可以显示客户企业与银行往来的程度。

2. 平均存款余额。

正常经营企业在存取款后余额的起伏一般不会太大，若有大幅变动，则要追究其原因。同时，此数字可看出客户企业能调动的现金流是否充裕。

3. 有无票据不良记录。

具体包括退票记录，涉及金额多少、张数多少、是否被列为拒付户，这都是财务和现金周转是否恶化的前兆。

4. 银行的评价。

银行会根据以往的交易记录来判断，如新客户、老客户、优良客户、客户的近期往来等。

5. 改变主要往来银行。

任何金融机构都不愿贷款给财务状况不佳的公司，若客户企业融资请求被原主要银行拒绝后，转而求助于以前不曾往来的金融机构或干脆暂时无法调拨到头寸时，需要特别注意的是，商业信用的提供则可能会遭受比较大的违约风险。

6. 借款情况。

企业对外借款应适度，过高的借款数额会给企业带来很大的风险。在调查时，要观察借款总额占资产总额的比例、长期借款与短期借款的比例，还需要调查其往来银行名称、贷款种类、期限、担保品和主要借款银行名称、贷款种类、期限、担保品及与主要借款银行的往来关系、借款还本付息履约情况等，以明确借款内容和品质。

（五）宏观经济信息

企业的发展和整体经济发展密切相关，在分析、调查和收集信息时，除了着重经营管理要素和财务要素之外，对于非其本身所能控制的各种外在经济状况的变动，也需要作深入的分析，了解对个别企业所属产业的影响，以及该产业与其他产业的相互关联影响。具体信息包括：

1. 经济周期。

现代经济呈现周期性运行，且目前世界各国的经济周期有越来越明显的趋同性特征。一个社会整体经济形势的繁荣或衰退，对各行各业的影响各不相同。

2. 产业因素。

产业发展与经济的整体发展水平密切相关。目前中国的工业化进程在推进的同时将刺激、加速服务业的繁荣，农业也将出现产业化经营的趋势。

3. 公共政策。

新的政策、法令的制定，原有政策的调整，使得客户企业未来的发展将受其影响。

4. 国际经济环境。

全球经济一体化将促使竞争加剧，全球经济的变化也将影响本国越来越多的企业。

三、客户信息的核查

客户信息是从诸多来源的原始客户信息中筛选出来的，客户信用信息质量的好坏，与以此为基础的客户信息源质量好坏呈正比例关系。信息风险就是企业信用管理部门使用有缺陷信息而产生的风险。所谓信息的缺陷，分为外部缺陷和内部缺陷。外部缺陷是指信息源中的原始性信息渠道不畅通造成的信息不完整、有偏见、有误导、不够及时等；内部缺陷主要指的是企业信用管理部门对信息进行技术处理的深度不够、解读不正确、分析结论输入客户风险管理数据库不够及时、向企业业务部门传递信息的提示工作做得不好等。因此，在使用客户信息之前，需要对客户信用信息进行核查。

一般而言，在接到一项来自销售部门的客户调查请求后，企业信用管理部门首先会在自己的客户档案库中查找被调查的对象。即使该被调查的客户在档案中有记录，信用管理部门也不应该立刻将客户记录提供给销售部门，而是将客户记录送入核查程序，并在有条件的情况下实地考察被调查客户，负责核查工作的调查人员使用一种被称为“工作底稿”的表格，根据表格内容逐项或重点查询客户现状。一般而言，考察包括“参观”客户的厂区、了解公司的秩序、布置、员工的精神面貌、办公条件、使用的办公用品等。如果可能，还应该设法接触被调查客户的供应商，以了解该客户在近期的付款行为和资金使用规律。

在欧美，一些大公司的销售人员经过信用管理部门的培训，在拜访客户时也按照信用管理“工作底稿”的内容收集客户和潜在客户的信息。这样做，不仅对于信用管理部门有很大帮助，而且对于销售部门自身也极有帮助。根据西方的信用管理工作经验，只有对一个客户的前一次调查不超过3个月时，才可以不必再次核实。如果企业的客户档案完全由信用管理公司提供的企业资信调查报告组成，企业信用管理部门可以请求资信调查报告供应商提供“后续报告”，或者委托供应商对报告立即更新。

四、客户信用信息的处理

由于不同来源的信息特点不同，信用管理人员必须对所采集的信息进行科学的分析和处理，将其中的有关部分转变为量化的征信数据，才能将其输入客户信用档案管理。

企业信用信息处理时应满足以下基本要求：

（1）建立完善的内部（审核/控制）制度和从业人员职业规范；

（2）实现信用信息的可追溯管理，保证信息的可追溯性，不得篡改原始信息；

（3）采取必要的措施，保证信息的安全性；

（4）采取必要的措施对信息进行核实，保证信息处理的合法性；

（5）对处理结果进行客观和主观标示；

（6）信用信息的保管期限一般不少于7年。

作为日常工作的一部分，信用管理人员要对散乱无序的原始客户信息进行筛选、分类、比较、核实、计算、判断、分析、编排等加工处理。信用管理人员必须对信用信息进行加工，目的是将信用信息加工制作成客户信用档案的征信数据。

在处理过程中，信用管理人员需要根据不同类型的信用产品采用不同的处理方法。对征信类信用产品，可按照机构内部标准和程序进行处理，须注明信息来源和信息采集时间；对评级类信用产品，除注明信息来源和信息采集时间外，还须提出分析结论，并列明分析依据、分析方法和工作程序。

经过信息加工处理的客户信息，应该达到信用档案模板的要求，模板通常是在国际流行的企业资信调查报告版式基础上设计出来的。"标准"的客户信用档案模板的主要特征包括：满足信用信息的深度、广度和动态指标，检索点设计合乎国家标准和国际标准，有英文译本，建立资信评级标准，版式有利于计算机化管理等。如果企业使用信用管理软件，则一般都会提供客户信用档案模板。

相关信息采集如表4.3～表4.6所示。

表4.3　　基本信息采集表

类别	子类
企业注册信息	企业名称
	企业注册号
	企业住所
	成立日期
	执照发照机关
	法定代表人
	法定代表人证件名称
	法定代表人证件号码
	注册资本
	注册资本币种
	实收资本
	经济性质
	经营范围
	经营期限
	邮政编码
	联系电话
	传真电话
	企业类型
	最新年检日期
	企业变更登记信息
	企业注销日期
组织机构代码登记信息	组织机构代码
	登记号码
	登记日期
	最新年检日期

表 4.4　　经营管理信息采集表

类别	子类
综合信息	历史改革
	资质信息
	员工总数
	联系人姓名
	营业面积
	企业网址
	企业邮箱
股权结构信息	股东（投资人）名称
	股权比例
	股东（投资人）变更事项
	股东（投资人）变更日期
	出资方式
主要经营管理者（董事、监事、经理等）信息	姓名
	证件名称
	证件号码
	履历
经营状况信息	所属行业
	主营业务
	主要产品
	其他
商业往来（供应商）信息	供应商基本信息
	付款状况
	信用额度
	目前欠款
	过期账款
分支机构信息	分支机构名称
	分支机构注册地点
	分支机构联系人电话
	分支机构传真号码
	分支机构邮政编码

续表

类别	子类
进出口信息	注册海关
	海关注册信息
	进出口企业代码
	进出口经营权
	年检状况
	最新年检日期

表 4.5　银行往来信息采集表

类别	子类
开户行信息	基本账户开户行日期
	基本账户开户行账号
	基本账户开户行名称
	一般账户开户行日期
	一般账户开户行账号
	一般账户开户行名称
	专项账户开户行日期
	专项账户开户行账号
	专项账户开户行名称
贷款证（卡）信息	贷款证（卡）号
	贷款证（卡）登记日期
	贷款证（卡）年审日期
偿贷信息	首次贷款日期
	授信总额
	已用授信额度
	剩余授信额度
	累计贷款总笔数
	目前贷款余额
	累计拖欠贷款总额
	目前拖欠贷款金额
	累计拖欠贷款总笔数
	目前拖欠贷款笔数

表 4.6　　财务信息采集表

类别	子类
资产信息	货币资金
	短期投资
	应收票据
	应收账款
	应收账款净额
	预付账款
	应收出口退税
	应收补贴款
	应弥补亏损
	其他应收款
	存货
	待转其他业务支出
	待摊费用
	待处理流动资产净损失
	一年内到期的长期债券投资
	其他流动资产
	流动资产合计
	长期投资
	改转租企业占用资金
	固定资产原价
	固定资产净值
	固定资产清理
	在建工程
	待处理固定资产净损失
	固定资产合计
	无形资产
	递延资产
	无形资产及递延资产合计
	其他长期资产
	递延税款借项
	资产总计

续表

类别	子类
负债及所有者权益信息	短期借款
	应付票据
	应付账款
	预收账款
	其他应付款
	应付工资
	应付福利费
	未交税金
	未付利润
	其他未交款
	预提费用
	一年内到期的长期负债
	其他流动负债
	流动负债合计
	长期借款
	应付债券
	长期应付款
	其他长期负债
	长期负债合计
	递延税款贷项
	负债合计
	实收资本
	资本公积（金）
	盈余公积（金）
	未分配利润
	所有者权益合计
	负债及所有者权益合计

续表

类别	子类
损益信息	主营业务收入
	主营业务成本
	营业费用
	主营业务税金及附加
	商品销售收入
	销售折扣与折让
	商品销售收入净额
	商品销售成本
	商品销售毛利
	经营费用
	商品销售税金及附加
	商品销售利润
	代购代销收入
	主营业务利润
	其他业务利润
	管理费用
	财务费用
	汇兑损失
	营业利润
	投资收益
	营业外收入
	以前年度损益调整
	利润总额
	盈利企业利润总额
	亏损企业亏损总额
	所得税
	净利润

续表

类别	子类
补充信息	全体职工工资总额
	缴纳税利总额
	商品购金总额
	独立核算单位个数
	汇编企业户数
	亏损企业户数
	期末职工人数
	离、退休职工人数

案例 4.3　企业客户信用档案内部使用案例

美国洛杉矶的某饲料经销公司，在公司内部一直执行一种信用管理制度。每当业务部门中层以上的经理人员接待一名新客户或来访者以后，接待来访者的业务部门有责任判断该客户有无与公司有深等级生意往来的可能性，或者有信用交易的可能性。如果有上述两种可能性，业务部门有责任联系信用管理部门的外联人员共同研究是否有必要对来访者进行资信调查。当信用管理部门确定该来访者应该被调查时，业务部门会立即将来访者的名片提供给公司的信用管理外联人员，并填写调查申请单，最后汇总到客户信用档案管理部门。相距公司信用管理部门较远的部门和分公司，调查请求可以通过网络传递给信用管理部门，该公司只为部门副经理级别以上的管理人员特别设置了密码，传递过来的请求一定是经过业务部门经理批准的。在收到调查请求后，客户信用档案人员会立即根据该来访者名片所提供的信息，将这个潜在客户的记录从档案库中调出，或立即从征信机构订购。如果公司的档案库中有该潜在客户的档案且该潜在客户属于本地客户范围，则档案管理人员会按照工作程序填写外勤场地调查任务请求，由信用管理经理安排外勤人员按照“工作底稿”的项目对记录的有关部分进行核实。待调查或场地核实工作完成后，档案管理人员开始分析报告的记录，重点放在考察该来访者所代表的公司是否有任何不良信用记录，并按照有关规定的要求，在报告上作出提示性重点和短评。

在被调查的潜在客户再次到公司拜访前的几小时，信用管理外联人员会将经过分析和标注的来访者资信调查报告，包括信用管理人员对该来访者的评语返给业务部门。当业务部门与该客户再次进行商业接触时，公司所有相关经理、业务员和参加谈判的人员对于该潜在客户的背景已经有了比较充分的了解，可谓知己知彼。至于资信调查的费用管理，常采用信用管理部门记账，年终向财务部门报告各部门信用调查请求的数量和成本的方式。

信用管理部门提供的潜在客户的调查报告会影响参加会谈人员的谈判姿态。对有不良信用记录或陷于经济纠纷的客户，因为与其进行信用交易的风险太大，企业应该婉拒客户的信用请求，只与其进行现金交易。对于信用记录优秀、母公司强大、销售渠道广泛的客户，企业销售人员应该对其加倍热情招待。必要时，可以安排高层经理同客户企业的高层经理建立经常性直接联系。

（案例来源：江苏省企业信用管理协会，上海万事达商业征信服务有限公司．企业信用管理操作实务．北京：中国方正出版社，2005。）

本章小结

1. 客户关系管理是企业信用管理的前提。客户既是企业最大的利润来源，也是企业最大的风险来源。客户关系管理的作用可以概括为客户管理统一化、识别企业的客户、提高客户的满意度、实现企业目标。

2. 企业资信调查是指征信机构接收委托对企业法人进行征信活动的调查。企业信用信息则是反映和描述信用主体信用状况的相关数据和资料等。取得真实、可靠的客户信息，即所谓的企业征信数据，是企业信用管理的基础。

3. 对客户进行征信调查，一般可以选择以下时机：（1）与客户首次进行交易时；（2）定期调查；（3）扩大交易额度与改变交易方式时；（4）订单出现异常现象时；（5）客户状态异常如经营者健康欠佳时；（6）企业改组、经营者易人。

4. 企业资信调查的一般过程可以分为以下几个步骤：确定目标和范围，制订调查计划，选择调查方法并实施，分析数据，撰写调查报告。

5. 客户资信调查的采集应该遵循合法性、一致性、独立性、保密性、目的性、时效性等基本原则。

6. 企业资信调查的内容包括企业的基本状况、公司治理情况、财务信息、与银行间的往来信息、宏观经济信息等。

思考与练习

一、名词

资信调查；客户；客户价值；客户信息采集

二、问答题

1. 简述客户关系管理的内容。

2. 试述客户信息的来源。

3. 客户资信调查的时机都有哪些?
4. 简述客户资信调查的过程。
5. 试述客户资信调查的基本原则。
6. 简述企业资信调查的内容。

Chapter 5 第五章

客户档案管理的信息化

本章导言

在计算机、网络等IT技术广泛应用、信息化高度发达的现代社会，信用管理工作应该适合时代发展的需要，将现代信息技术成果运用于信用管理实践中，突破传统的业务操作模式的束缚，用信息化的交流、管理方式，建立企业信用信息管理系统，实现信用管理工作的信息化、科学化、流程化、规范化，并结合现代信用风险管理技术，提高信用风险管理的准确性和量化程度，全面提高工作效率，降低企业因为信用风险所带来的不必要的损失。

本章教学重点与难点

1. 客户信用档案的建立
2. 客户信用档案的管理
3. 客户信用档案的更新
4. 客户信用档案的利用
5. 客户信用档案的检索

第一节　客户信用档案的建立

客户信用档案是指在客户信用调查过程中对信用评估和决策有参考价值的原始记录和原始资料。制作、保存、更新、利用、检索客户信用档案的程序和方法，是企业信用管理过程中必要的工作环节。

管理客户信用信息就是对客户信用记录的管理，也是企业信用管理的基础工作之一。管理客户信用信息，目的是及时、准确、全面地掌握关系到客户信用状况的信用信息，建立、健全对客户信用信息进行调查、收集和更新处理的信用档案动态管理系统，便于对客户信用信息进行查询、分析，以便提供高质量的使用效果。

客户信息收集、处理、评价的成果最终都可以通过标准版式的企业资信调查报告予以具体、详实的记录。反过来说，实质上在对客户的信息进行收集、处理、评价时，需要以完成企业资信调查报告作为目标，并以此调查报告所需的信息作为标准。因此，企业在构建合格的客户档案时可以选择以企业资信调查报告的核心内容为范本。

简单地说，对于企业信用管理的客户档案管理工作，一份合格的、简单的、一目了然的客户档案就是一份日常版的客户企业资信调查报告。换句话说，客户档案库的数据平台就是普通版本的企业资信调查报告的汇集，客户档案是在资信调查报告所需内容的基础上建立的。

一份合格的普通版本企业资信调查报告所应采取的版式，必须是国际大型信用管理公司流行使用的普通版资信调查报告所采用的版式。例如，美国邓白氏公司报告的模板、欧洲格瑞顿国际公司的信用报告版本等。

一、管理客户信用档案的目的

（一）使客户的信息资料清晰、有序，便于增补、使用

有序地管理客户资料，为信用管理工作人员查询信用信息、进行信用决策提供极大的方便。由于零散、不完整的信息简单堆积，难免会造成重复、遗漏、错误，以及无法检索等一系列问题，这会对信用管理工作的准确决策产生障碍。

（二）防止优质客户流失

随着时间和环境的变化，信用信息将不断产生，信用档案管理人员必须坚持动态管理的原则，及时、准确、全面地采集和补充客户信用信息。通过这种科学、高效、规范

的信用管理原则，建立客户信用档案，以严谨的信用档案管理态度去分析每个客户，才能集中管理客户，准确处理不同客户、不同时期的信息，并得到具有科学可比性的分析结论，使客户资源的价值发挥到最大。

二、建立客户基本账户

企业一般应制订建立客户基本账户的相关流程，明确规定应该由谁提出申请，需要哪些基本客户信息，须经过哪个部门、哪个级别的机构批准，由谁负责建立和维护等具体操作要求，而在流程中，授予信用管理人员的审批授权和地位决定了企业在建立客户基本账户这一环节上的信用风险监控的力度。

建立客户基本账户的操作步骤如下所示。

（一）编制客户账户代码

建立客户代码的目的是便于在所有客户数据档案中快捷查询以及调用该客户的信息和业务记录内容。企业在编制客户代码时，通常按照先后顺序法选用一组数字，也有的企业会选择按照客户名称的缩写，或者根据企业对数码的自定义来编排。

（二）输入客户基本账户的主要数据

客户基本账户的主要数据包括以下内容。

1. 客户基本信息。

客户完整且无误的法定名称（包括是否有固定的外文称谓）、企业工商注册号码、注册地址、办公地址、发货地址（如不同于办公地址）、联系人姓名、联系电话和传真号码。

2. 财务信息。

客户的税务登记号码，客户的开户银行名称、地址、账户号码、支付方式（支票、电汇或者其他），有无开发票的特殊要求等。

3. 客户类型或分组。

根据业务的特征或根据客户本身的性质明确定义客户的类别或编组，便于企业实施有效的客户管理、统计和分析各种客户业务的数据。

4. 交易条件信息。

采购产品类别和范围、价格定义（计价单位、是否包含运费等）、有无价格折扣系数、结算条件（有无信用和账期期限）、货品包装要求、通知发货要求及联系方式、指定的运输方式、保险条件等。

（三）审核客户基本信息

审核客户基本信息包括以下内容。

1. 审核外部信息。

客户的上述相关基本信息应该由客户方有授权的部门和人员正式书面提供，包括附上企业工商管理登记的营业执照复印件、企业税务登记证复印件，以及某些特许经营许可证明文件的复印件，以便核实。必要时，信用管理部门还可以对客户所提供文件的真实性加以复核。

2. 审核内部信息。

审核内部信息主要是对成交的产品类别、价格定义或者价格折扣系数水平以及价格有效期限、品种数量、发货要求（包括发货计划要求、包装要求、运输方式、有无保险等）、结算条件等事项的审核。需要特别注意的是，应该根据双方交易合同所达到的约定，严格执行所有相关成交条件以及具体有效起止期间等细节。

（四）明确客户账户创建的批准流程和责任人

一般而言，企业根据内部职能划分，将批准商务成交条件的职责分别划分给销售部门、法律部门、财务部门和后勤部门。

1. 销售部门。

销售部门对产品的种类、数量和销售价格以及同类产品竞争者等负责。

2. 法律部门。

法律部门对合同条款的审核和批准等负责。

3. 财务部门。

财务部门对开立发票、是否接受信用赊销、如何确定账期等规定负责。

4. 后勤部门。

后勤部门对负责落实交货期、发货安排及后续辅助服务等负责。

（五）复核客户信用账户

当系统维护人员将客户账户建好以后，信用管理人员应该立即将具体批准给客户的信用额度和信用结算期限准确录入该客户账户，做好相关的复核工作。并应该通知负责该业务活动的业务人员、订单操作人员等关于该客户的代码及建立情况，以便及时开展交易。

三、客户信用档案的内容

建立客户信用档案，是客户信用管理的一个重要组成部分。在具体建立之前，首先有必要了解客户信用信息中涉及的主要内容。

（一）客户信用信息管理的内容

1. 客户的合法身份。

企业的销售业务部门应当与信用管理部门配合，识别客户的身份证明材料的真实性，确认新客户的合法身份，这是与客户进行交易活动的必要前提。

在信用管理工作中，识别客户身份信息是首要内容。这项工作主要集中在对新客户的筛选过程中，通常可以分为两个部分：一是要核实新客户的企业法人身份是否合法；二是避免有人假冒他人的合法身份，核实客户的身份最重要的就是客户是否具有有效、合法的营业执照。营业执照是由政府主管企业登记注册的，工商行政管理部门颁发给企业的合法身份证明，这也是识别客户真伪的最重要凭证。具体来说，企业法人营业执照的内容包括名称、住所、法定代表人、注册资本、注册号、成立日期和注册日期以及企业类型、经营范围、登记机关、营业期限等项目。

2. 管理客户信用档案。

企业信用管理部门要为每个发生赊销来往的客户和潜在客户建立信用档案，客户信用档案是客户信用记录的集合，是对客户信用状况准确、及时、全面、系统、连续和动态的综合记录。

3. 收集并处理客户信用信息。

企业信用管理部门根据管理客户信用档案的需要，针对客户信用信息的内容和来源不同，通过多种方式和渠道进行信用信息的收集，运用多种方法和技术对信息的真实性进行审核确认和对数据进行综合处理。

4. 建立客户信用管理系统。

客户信用信息的收集和处理需要建立客户信用管理系统，包括建立客户信息数据库，通过建立客户信用管理信息系统，能够方便存储、分析和使用大量的客户信息；使信用管理人员脱离繁重的手工劳动，使部门间的信息沟通和管理流程更加顺畅，随时监控客户信用风险和业务的进展情况，有效地提高企业信用管理的质量和效率。

建立合格的客户档案库作为企业信用信息管理工作的重点。在第一次与客户接触之后，就应当着手建立客户的信用档案，并在随后的交往中不断积累、增加新的信息资料。

（二）客户信用档案的设计基础

客户信用档案的设计可以采用通用版本的企业资信调查报告模板为基础，包括在调查报告格式的表格中填写记录、对客户进行特殊观察得到的资料、本企业对客户的评价、应用提示和查询记录等。

这里提及的企业资信调查报告，不是将“征信调查工作底稿”所载信息简单地罗列起来，而是需要将经过核实及统计处理、筛选的信息，通过一套标准化符号、数据元或检索系统进行逻辑排列，以国际认可和接受的企业资信调查报告版式编排的档案。

档案中需要给出对于被调查对象的企业资信评级或者风险指数分析。对于不真实的原始数据，一般可以通过对积累数年的历史数据进行统计处理，并比较收入水平或工业发展水平相当的另一个国家的行业平均值指数，挤出部分真实的企业财务报表内的“水分”，使数据的真实性指标大大提高。

合格的普通版本企业资信调查报告所应该采用的版式以美国邓白氏公司报告的版式、欧洲格瑞顿国际公司的信用报告版式等为权威和代表。目前，常见的普通版本企业资信调查报告的版式大同小异（包括中资信用管理公司的企业资信调查报告），且各类主流公司目前的风险评估技术也如出一辙。

根据上海市企业标准《商业征信准则》的规定，标准征信报告应由首页、报告摘要、报告正文及重要说明等内容构成。具体如下所示。

1. 首页。

首页主要包括报告名称、被征信对象名称、报告提供机构名称、报告完成时间、报告编码等内容，征信机构备案证号等均须予以列出，并应对报告法律责任进行表述。

2. 报告摘要。

报告摘要主要包括对被征信对象的注册信息、联系信息、信用等级及其他关键信息进行概要反映。

3. 报告正文。

报告正文应较为全面地反映被征信对象的信用状况，报告主要包括下列内容。

（1）基本情况信息。

基本情况信息主要包括被征信对象的注册信息、组织机构及关联信息、股东信息、附属机构信息、管理层及员工信息、办公设施信息等相关变更信息。

（2）经营业务信息。

经营业务信息主要包括主营业务及业务往来情况等，即经营信息，采购、生产、销售信息及主要供应商、主要客户对被征信对象的评价等。

（3）财务信息。

财务信息主要包括被征信对象的资产负债表、损益表及主要财务比率。对于财务数据异常的，应进行备注说明。

（4）往来金融机构信息。

往来金融机构信息主要包括企业开户账号、开户银行名称等。

（5）公共记录信息。

公共记录信息主要包括法院、工商、税务、海关等行政司法部门、其他承担行政管理职能的组织机构、社团组织以及媒体、电子交易平台等记录的关于被征信对象正面和负面的信息。被征信对象近两年内有涉及诉讼事项的，应列明涉诉有关情况。

4. 综合评述。

综合评述主要包括被征信对象的发展计划、发展前景、行业发展状况等内容进行的综合评述。当分析时，除了被征信对象进行行业内比较外，也应与被征信对象自身纵向发展历史进行对比。征信机构可在等级评定与分析的基础上对被征信对象的信用风险和信用额度等给予参考性建议。

5. 重要说明。

重要说明主要包括信用等级评定方法或主要依据、等级符号与释义及其他需要说明的事项。

（三）客户信用档案的内容

客户信用档案的主要内容有以下几点。

1. 基本资料。

基本资料包括营业执照复印件、税务登记证复印件、各种资质证书复印件、各种许可证书的复印件、各种荣誉证书复印件等。

2. 反映客户信用申请和相关调查的资料。

反映客户信用申请和相关调查的资料包括信用申请表、现场调查表、客户相关方调查表、资信调查报告或信用分析报告和结论。

3. 财务报表。

财务报表包括资产负债表、利润表和现金流量表。在授予信用额度审查时，采集的档案资料一般是客户前一年或者连续三年的财务报表。但是，在赊销活动发生后的管理阶段中，信用档案收集的报表更多，甚至可能包括客户的季报、半年报表和纳税申报表等。

4. 批准材料。

批准材料包括每次授予额度后的授信额度及通知函。

5. 赊销后的管理材料。

赊销后的管理材料包括验货记录、业务往来信函、客户通话记录、催账电话记录簿、对账单、付款承诺等。

6. 客户其他相关资料。

客户其他相关资料包括企业宣传资料、网站资料、名片等公开信息。

（四）客户信用档案库的作用

信用管理部门建立客户信用档案库，主要目的是支持企业的赊销和授信工作，预防和降低出现坏账的违约风险。因此，信用管理人员有必要让企业内部所有与客户打交道的业务人员和工作人员都能够得到客户尽可能翔实的信用信息和评价。

一个良好的客户信用档案库的建立，能够做到以下几点。

（1）提供企业与客户交易事前、事中和事后的及时、准确、简明易懂的信用档案信息服务；

（2）评价企业信用管理服务是否合格的重要标准；

（3）作为授信额度批准的重要数据来源；

（4）提供有的放矢的客户服务。

四、客户信用档案的类型

（一）书面档案

书面档案即对客户信息进行收集并加工整理后所形成的书面资料，一般包括交易过程中的合同、谈判记录、交易备忘录，项目可行性研究报告和报审及批准文件，客户的营业执照，客户履约能力证明资料，客户的法定代表人或合同承办人的职务证明、个人身份证明、介绍信，授权委托书、我方企业的法定代表人的授权委托书，客户的担保人的担保能力和主体资格证明资料，双方签订或履行合同的往来电报、电邮、信函和电话记录等书面材料，合同正本和副本及变更，解除合同的书面协议，标的物的验收记录，交接、收付标的物及款项的凭证。

在对客户档案资料进行保管和分析的过程中，客户书面档案资料的保管和整理是最基本的工作。因为在交易过程中逐渐形成的客户档案资料、信息是非常多的，为了避免今后的合同纠纷，防范合同风险、法律风险、信用风险，这些书面的交易资料应该被完整地保存起来。

（二）电子档案

1. 电子档案的建立。

由于电子化、无纸化管理的不断深化以及电子计算机和通信技术的发展，过去用笔墨、照相和扫描等方式形成和传递的公文、图书、图纸、图形图像、文献资料、商业信息等，都可以用计算机进行存储、加工和整理，由此而产生了电子公文、电子图书、电子图形图像和电子文献资料等。这些与书面档案一样具有档案保存价值的电子文档，同样能够作为客户信用档案，即电子档案。这样，企业对客户资信的有关记录就以电子档案的形式存在了。电子档案相比书面档案最大的好处在于，其存储数据信息量之巨大及对信用信息的收集、加工、整理和传输的高效率，因此，大部分企业目前都愿意选择电子档案作为客户信用档案存储的主要形式，而以书面档案作为辅助。

企业客户档案资料的收集、处理、评价的成果最后都具体地体现在标准版式的企业资信调查报告中，它构成客户档案中最为核心的内容。

2. 电子档案的类型。

（1）简单的客户档案资料。

这种类型比较适合大多数处于初级阶段的小规模企业。由于企业的营业额总体比较小，而且企业的客户量不是很大，因此，就是将一些客户的档案资料形成电子化文档资料，通过 Word、Excel 等办公自动化的软件进行简单归类、编辑、统计等。这种档案管理方式的特点是成本比较低，甚至不需要专门的职位和员工，而仅由企业的办公室或财务部门员工兼任完成即可。但是，这种方式对于客户信息资料的分析效果不是很详细、全面，准确度有待商榷，现有资料的整合和再利用的可能性也不是很大。

（2）客户档案数据库的建设。

如果企业规模发展到一定程度，客户的数量有了一定的规模，就必须通过建立客户档案库来更好地对客户进行管理。在实际操作中，客户档案库的建设采用两种模式：一种是单独的客户信用档案数据库的建设；另一种是融合在企业的信息化管理系统中，其中的某一部分是客户信用档案数据库。

企业数据库建设的前提是由一位训练有素的信用管理经理主持工作和做出合理的预算：在预算允许的前提下，也可以聘用信用管理专家到公司帮助建档和对档案管理人员进行专门培训。与企业的客户档案建设预算相关的因素很多，主要包括企业的总客户数、核心客户数、中外客户比例、计算机管理系统水平、企业市场扩张速度、并购计划、海外发展计划等。它们都与客户档案库的预算额呈正比例关系。在国内，根据目前征信产品的价格和经验，可以预算客户信用档案库建设所需的投资规模。

电子文件和电子档案管理需要技术和设备进行管理和保存，电子档案的生命周期是由电子档案内容而定，而保证电子档案生命周期的存在，取决于载体的寿命，电子计算机软硬件的贮存周期和载体、所载档案与电子计算机软硬件平台的异质性。因此，电子档案管理是一项极其复杂的技术工程，从这个意义上说，电子档案管理完全就是一项电子档案技术工程。

五、客户信用档案的建立

企业需要将在从事生产、经营及管理活动中形成的对企业考察客户信用具有保存价值的信息归档。企业需要遵循以下步骤，方能高效、完整地建立客户信用档案。

（一）客户信用档案的建立步骤

企业在建立客户信用档案库时，可以根据自身的实际情况和预算设计一个合理的筹建工作计划，并以此开展工作。在实际工作中，两类信用档案的监理工作要完成：其一是新建客户档案库：其二是改变、修正企业原有的客户档案库。

从客户信用档案库建立的工作进度区分，企业可以根据自己的预算、成本接受程度、需要信息量的大小、对信用档案库的依赖程度等选择进行“一次到位”型建设或者逐步到位型建设。

制作客户信用档案通常包括以下三个步骤。

1. 整理客户信用档案资料。

企业采集的客户信用信息，大多数比较零散和不规范，信用档案管理人员首先需要将各种信用资料加以整理，在检验其完整性的基础上，根据企业客户信用档案的制作要求，分门别类地归集信息，做好制作客户信用档案的准备工作。

2. 编制客户信用档案的档号。

信用档案管理人员将客户的信用资料整理确认以后，需要给每一个客户的信用档案编制一个档案号，以便在日常管理中检索、使用和修正。

档案号也称为档号，是指在管理和整理档案的过程中以字符、数字等形式赋予档案的一组代码的总称。档案号是存取档案的关键标记，它具有统计和监督的作用。

档号应该填写全宗号、分类号（项目代号和目录号）、案卷目录号。

（1）编制全宗号、分类号。

全宗号是整个信用档案的代码，可以按照客户的行业进行分类，用汉语拼音字母表示行业属性，用阿拉伯数字标识某一属类全宗的顺序号，如 jindian001；也可以由各单位根据本单位的具体情况自行设定，一般习惯采用四位代码识别标示。需要向信用档案管理以外的部门移交的档案，其全宗号可以另定。

分类号是指按统一的分类规则划分某客户全部信用信息档案后所给定的类别号，项目代号是指信用档案所反映的产品、工程、资金和其他项目的代字、代符或代号。

（2）编制案卷目录号。

目录内案卷的顺序编号，在同一个案卷目录（或分类体系的最低一级类目）内不允许出现重复。目录号一般指分类目录号，通常用三位阿拉伯数字表示，案卷目录号应该根据全宗内档案整理情况来设置。

3. 归集客户信用档案原始资料，制作档案文件夹。

客户信用档案夹包括以下内容：

（1）客户基本账户；

（2）客户基本账户修改表；

（3）授信额度通知函、授信额度表；

（4）催收记录或催收情况报告；

（5）客户应收账款分析报告；

（6）信用申请表；

（7）财务报表；

（8）现场调查表；

（9）信用相关方调查表；

（10）客户资信调查报告；

（11）订单或赊销合同复印件；

（12）货物验收凭证复印件；

（13）其他反映客户身份和资质的证明文件。

信用管理部门的日常工作是维护客户信用档案，保证信用档案中的信用信息日益完整和定期更新。维护客户信用档案的工作包括不断积累客户信用信息、动态管理、主动提示和统计分析等。一份客户信用档案的有效期通常在3个月到1年。合格的客户信用档案要求其客户信息是动态的，这是一项很重要的考核指标。所谓信息的动态，指的是对客户信用档案信息不断更新，可以是定期更新，也可以是实时更新。

（二）客户信用档案建设中的预算

企业在客户档案库建设中需要解决一个关键问题，即对客户信用档案的建立做出合理的预算。在企业的客户档案库建设中，影响预算额高低的相关因素很多，主要包括企业的总客户数、核心客户数、中外客户比例、企业计算机管理系统水平（MIS系统、本地网、决策系统等）、本地市场扩张速度、并购计划、海外发展计划等。它们都与企业客户档案库的建设预算成正比。

根据目前征信产品的价格和有关经验，可以预估企业客户档案建设的投资规模。关于企业客户档案库建设的预算问题，可以参照下式进行预算：

$$\text{建设预算} = Q \times \{P \times [1500 \times (\text{客户总数} - \text{核心客户数})] + 3000 \times \text{核心客户数}\}$$

其中，Q是一个1~4的系数，它的大小与企业原有国际版本客户档案的合格程度、计算机网络化管理程度、设备质量等硬件条件成反比，即企业客户档案库管理的软硬件质量越好，系数值越小。Q值与当时的计算机设备市场价格成正比。Q值估计如表5.1所示。

表 5.1　　　　Q 值估计表

企业档案管理硬件情况	Q 参考值	一般分布情况
非国际版本档案，设备陈旧	3.5～4	管理水平低的企业，部分小企业
非国际版本档案，设备一般	2.5～3	大多数国企、部分成长中小企业
非国际版本档案，设备先进	2	未引进征信服务但重视商情的企业
完全新建	4	新建企业、并购企业
部分国际版本档案，设备先进	2～3	中资银行、有实力的外贸公司和大公司
国际版本档案，设备一般	1.5～2	外商投资企业、外资银行
国际版本档案，设备先进	0.3～1	著名大型跨国公司，外资银行，金融机构

P 数值则是企业外商客户数除以中国客户数的比值，在运用此公式时，港、澳、台地区的客户未算作外商客户。企业的合资合作对象、一些合伙人、潜在合作伙伴、并购对象的档案应按照企业核心客户档案处理。

【例 5.1】浙江某小型家族式皮鞋厂共有 500 个客户，其中包括外国客户 60 个、中国材料供应商 30 个、外国材料供应商 3 个、意向合作伙伴 2 个，其余均是普通国内客户。该企业的核心客户有 100 个。该企业从未使用过国际版本的客户资信调查报告，其他硬件条件一般。假设其 Q 取值可以为 3。该企业拟建立一个合格的客户档案库，并且一次性投资建成。则其建设预算应该估算如下（单位：元）：

$$\begin{aligned}\text{建设预算} &= Q \times \{P \times [1500 \times (\text{客户总数} - \text{核心客户数})] + 3000 \times \text{核心客户数}\} \\ &= 3 \times \{(60+3)/(500-60-3) \times [1500 \times (500-100)] + 3000 \times 100\} \\ &= 1160000\ (\text{元})\end{aligned}$$

通过例 5.1 的计算，我们预估该皮鞋厂需要超过 116 万元人民币，才可以建成一个合格的企业客户档案库和管理系统。

此外，还可以通过企业每年对全体客户进行动态跟踪所需要的费用进行简单估算、其中的客户总数包括各种类型的客户。

$$\text{客户动态跟踪年费} = \text{客户总数} \times 1000$$

则上例中，客户动态跟踪年费为：$500 \times 1000 = 500000$（元）

在实务操作中，没有必要对全体客户进行动态跟踪，究竟需要对哪些客户进行动态跟踪，还需要参照每笔贸易额和交易频率。以上例的核心客户进行动态跟踪。则其年费为：$100 \times 1000 = 100000$（元）。

只有在企业选定合格的信用管理经理和预估相关费用之后，我们才可以开始企业客户档案库的建设工作。根据许多先进的欧美企业信用管理经验，企业信用管理部门之所以建立客户档案库，其主要目的之一是让本企业内部所有与客户打交道的人员都能够在交易前得到尽可能多的客户信息，在与客户进行商业谈判前，做到知己知彼。

因此，在评价一个客户档案库的管理是否合格时，必须从两个方面考察，不仅要求档案记录本身达到标准，还要提供优良的客户档案服务，并使客户档案服务达到准确提示、及时传递、显示简单易懂等标准。

六、合格的客户信用档案标准

在征信市场上，由于风格各异的信用报告时常出现，其质量参差不齐，甚至会出现假数据、二手价值不高的数据反复使用，以及采用不科学的信用评级工具等问题，因此，需要给出合格的客户信用档案标准。

（一）合格的客户信用档案标准

1. 是否有被市场认可的权威性。

目前市场所认可的权威报告，究其背后，必然有全球性的资信评级机构——穆迪公司、标准普尔公司和惠誉三大机构评价系统的影子。

对于一个依托资信调查报告模式构建客户信用档案的企业来说，可以通过植入三大机构评价体系来降低档案构建成本。

2. 档案的编码应该遵循有关标准，各类数据元的采集应该具备多种检索功能和排他的校验功能。

缺乏统一的数据元定义、信息分类及数据结构等基础技术标准，导致信用档案、征信系统与相关信息平台间互联互通困难，对数据加载、传输和整合造成很大障碍。对相同事物不同描述，使系统对数据整合效率不高或无法整合，降低了征信数据质量，影响了信用信息的准确性和完整性。

编码和数据元最好有国际化的标准。我国目前的情况是中国人民银行已于 2006 年发布《征信数据元数据元设计与管理》（JR/T 0027—2006）和《征信数据元个人征信数据元》（JR/T 0028—2006）的金融行业标准。在此行业标准内，特别规定了从一些基本名词的定义到包括数据元的设计方法、注册和管理，征信数据元的提交、评审和维护，征信数据信息的发布等内容。

3. 必须具备能够输出中、英文版本的标准档案或报告文本，其主要信息可以进一步与现行的信用管理类软件，包括客户风险管理或应收账款管理软件等对接。

（二）征信数据元的设计和管理

1. 数据元。

数据元是用一组属性描述定义、表示、标识和允许值的数据单元，在特定的语义环境中被认为是不可再分的最小数据单元。

一般来说，数据元由三部分组成。

（1）对象类：现实世界中想法、抽象概念或事物的集合，有清晰的边界和含义，而且特征和其行为遵循同样的规则，从而能够被表示。

（2）特征：对象类的所有个体共有的某种性质。

（3）表示：值域、数据类型的组合，必要时也包括计量单位或字符集。

对象类是我们希望用于收集和存储数据的事物，如汽车、人、家庭、雇员、订单等。

特性是用来区别和描述对象的。特性的例子有颜色、模型、性别、年龄、收入、地址、价格等。另外，特性有可能需要用多个词组加以描述，这要视所用的自然语言而定。

表示中最为重要的方面是值域。值域是数据元允许（或有效）值的集。例如，对于“个人所得税金额”这个数据源，它的值域可以是一系列非负整数（带有货币单位)，这是一种非枚举型的值域。而“个人所得税比率”对收入进行分段划分，并给每一段赋予一个比率，它的值域就是这些比率的集合，此时称它的值域为枚举型值域。

如果脱离值域，“个人所得税”实际上是一个数据元概念，即一个对象类与特性的组合。因此，数据元概念是由一个或多个对象类和一个特性组成，数据元则是由一个数据元概念和一个表示组成。

2. 征信数据元及设计。

所谓征信数据元，是征信业务领域内能够反映信用主体的特征及信用状况的数据单元。征信数据元的概念和结构遵循一般数据元的概念和结构，是通用数据元的一个子集，并具有自身的特点。

征信数据元涉及众多征信业务，范围比较广，种类也是多种多样的，单纯用一种分类方案不容易将这些征信数据元进行很好归纳。因此，一个征信数据元可以使用多种分类方案进行描述。

常用的分类方案包括：

（1）按征信数据元本身的结构分为对象类、特征和表示；

（2）按征信数据元所属业务领域分为资产业务、负债业务等。

分类方案可以由征信数据元提交机构提出修改建议，由征信数据元的注册机构进行统一维护和管理。

（3）征信数据元的中、英文名称的命名遵循以下四个方面的规则：

①唯一性规则。

数据元名称应该唯一，名称中一般包括对象类词、特性词、表示词和限定词。

②语义规则。

③语法规则。

④数据元英文名称的语法规则。

3. 征信数据元信息的发布。

注册机构负责向相关机构提供获得征信数据元信息的公开途径。该途径使合法用户能查找、识别和获得现有征信数据元的完整信息。

（1）注册机构通过以下方式为合法用户提供征信数据元信息；

（2）提供交互查找/查询方式和可提供全部/增量查询两种方式；

（3）定期发布征信数据元信息变动公告；

（4）可通过网站下载、邮寄等有效方式提供数据元信息；

（5）注册机构应在端对端的基础上，以结构化语言或可处理格式提供征信数据元信息；

（6）注册机构可向请求用户群提供信息服务。

七、客户信用档案的管理

（一）集中管理

如果客户资料分散在业务人员个人的手中，就可能导致客户是业务人员的客户，而不是企业的客户。有时候，一旦业务人员变换岗位或者离开企业，客户的信息及其业务也随之离去，如果一个公司的业务人员因为种种原因离职后将自己手中的客户资料带到了另一个竞争对手那里，则会造成该公司销售额下降；有时还会出现原业务员对老客户的了解，并凭经验管理客户、降低风险的情况，一旦业务员离开，即使客户留在企业中，企业也完全无法了解客户的信用情况，进而盲目授信，使某些客户拖欠的账款变成坏账，导致无法追回并给公司带来重大的经济损失。现实中，这种案例随处可见。

除了前面的情况以外，客户资料分散在各个部门也是常见的情况。这种情况虽然对改善个别业务员掌握客户资源有所帮助，但需要注意的是，这会引发部门之间、部门与整个企业之间平衡权益关系的问题。在实践中，具体表现在多个同类部门与同一客户发生交易往来，结果可能是部门在为了获得订单时提供一个又一个比其他部门更优惠的信用条件，而这种优惠的信用条件倒不是因为客户的信用级别足够，而仅仅是部门之间恶性竞争的结果，这样，部门的利益是保住了，但最终承担风险的是企业。

针对这样的问题，企业唯一的解决办法就是对客户进行集中管理，即集中管理客户档案，并在此基础上进行统一授信，以全面跟踪、监控客户的信用情况，并及时抑制可能出现的违约风险。

在集中管理的模式下，企业管理层需要加强信用管理部门工作人员的职业道德教育，使其认识到客户档案是企业的特殊资产，有其无法比拟的价值。同时，客户档案也是企业的重要商业信息，本身具有一定的不可替代性和竞争优势。

（二）长期积累，动态管理

所谓动态管理，指的是对客户档案信息要不断更新。这是因为客户本身的情况是在不断变化的。就客户的资信报告来讲，它就是一份即期的客户档案，有效期在3个月到1年，超出了这个时间长度，就应该对客户进行新的调查和信息收集。同时对客户档案实施动态管理的另一个目的是：随着客户的财务、经营、人事及市场等的变动，定期调整对客户的授信额度。信用管理部门的授信应该按照客户的协议进行，一般以年度为单位确定本期授信的有效期。当客户的基本情况发生变化时，信用额度也要随之进行调整。

长期积累客户信息也很关键，通过完整的历史记录可以看到客户本身的近期发展趋势，更好地对客户的潜力进行分析。此外，历史积累数据是进行有效统计分析的基础，积累数期的数据可以帮助挤出客户财务报表、客户非正常经营情况下的各类不准确信息的“水分”，并为准确地预测和风险管理提供信息基础。

（三）分类管理

企业的信用管理部门需要对客户进行分类。这主要是出于客户对企业的重要性、影响力和客户档案管理发生的费用进行考虑的。通俗地说，即客户分类管理的目的是考虑管理本身的投入—产出效率。

众所周知，一方面，企业客户的规模有大有小，对企业销售额的贡献也有多有少；另一方面，进行客户档案管理也需要考虑成本和开支的限制，不可能花无限制的资金对全部客户实施完全相同的管理，即企业需要将有限的资源发挥到最大限度。

考虑客户对企业的重要性和影响力因素，信用管理部门可将客户划分为普通客户和核心客户。划分的标准是企业与客户的年平均交易额，同时，还要考虑企业与客户交易的时间长短。核心客户一般与企业的交易量大，是企业利润的主要来源。企业一般可以选择占有企业80%销售额、20%数量的客户作为核心客户。如果该类客户出现风险，对企业所造成的损失就将是巨大的。

对该类客户的管理尤为重要，也是企业对客户实施分类管理的关键。一旦将某客户划入核心客户范围，则对其档案进行管理的复杂程度和细致程度就会全面提高，预测对应的档案管理费用也会有所提高。费用提高的主要原因在于：对核心客户的深层次的资信调查，完整、详尽的信用报告的出具，客户关系的维护以及该客户信用信息的及时更新等。

对于资金头寸有限、信用管理费用和预算不足的企业，应该在短期内控制企业核心客户总数，重点管理几个重要的核心客户即可。然而，需要强调的是，即便如此，对核心客户的重点管理并不意味着对普通客户的管理就可以放松，这批客户数量多（超出企业客户总数量的80%以上），交易额小（一般在企业客户交易总额的20%以内），应用群体分析和评分控制更为简便、有效。核心客户与一般客户的分类如表5.2所示。

表5.2　核心客户与一般客户的分类

类别	核心客户	一般客户
交易额占比（客户交易额/交易总额）	80%	20%
客户数量占比（客户数量/总客户数量）	20%	80%
管理重点	动态的、准确的客户信息收集、加工、运输	群体分析
	严格的客户档案管理	授信总额控制
	严格的风险管理保障	一般的客户档案管理
	对突发事件的及时跟进	征信评分控制
	信用报告的及时分析和解读	——
授信方式	全程信用管理	征信总量管理
档案记录	最准确、最完整	正常记录
统计方法	详细统计，按客户个体分列子项进行统计管理	按群体进行统计

当然，企业可以依据其交易情况对交易额占比和客户数量占比两个标准的数值加以修正，以符合企业所需。

需要注意的是，企业有一些多年保持生意往来的中小客户，尽管企业与他们的年交易额不高，但也不能忽略对其实施管理，因为从一些案例来看，给相当多的企业造成损失的恰恰是这一类客户。

案例5.1　企业信用档案管理的案例

××公司原本没有一个制度化的客户信用档案管理机制，许多客户的资料仅保留在各位销售人员的脑中，公司和销售并没有这些客户的详细信息记录，销售大部分是依靠销售人员与客户的私人关系进行的，导致该公司经常会因为核心业务员的离职而失去原有的老客户。

两个月前，销售部的经理跳槽到了另一家大公司，同时带走了部门里的另两位核心销售人员。由于缺乏记录、存档的客户资料，公司的销售和资金回收一下子陷入了泥潭，销量迅速下降，财务部在应收账款的授信和管理方面也变得无章可依。

新上任的总经理认为，为了让公司的经营步入正轨，必须改变原有的客户管理状况：把对客户信息的收集、对客户信用的评估等各方面的管理文档化、标准化。在实现这一点上，该公司采用5个层次实现。

1. 基础资料汇集。

客户的基础资料包括客户的编号、客户的名称、地址、邮编、传真、电子邮件、网址、客户负责人情况、账号、税号、工商登记号以及所有制性质、类别和规模。

2. 信用资料汇集。

客户的信用资料包括客户的注册资本、开业历史、信用额度、信用期限、结账日和付款条件。

3. 经营资料汇集。

客户的经营资料包括销售人员和营业人员的数量、商圈范围、营业面积、仓储面积、运货方式、送货地点、竞争对手情况。

4. 销售业绩统计。

客户的销售业绩统计表包括每年甚至每个月的实际销售额。

5. 非贸易交易记录统计。

对于大部分客户、关键客户，需要建立非经济交易的记录统计，以此了解与此类客户之间的关系，是维持客户关系、了解客户要求的关键点。

案例解析：在本案例中，该公司较之以前，其客户信用管理水平有所完善。通过5个层次的信息收集和汇总，公司建立了客户信用档案。这可以帮助公司把握客户、了解客户。管理并建立客户信用档案，才能准确处理不同客户、不同时期的信息，并得到科学可比性的分析结论，使客户资源的价值发挥到最大。

请思考：在完成了档案的基础建设工作以后，如何实施对客户信用档案的有效管理呢？

第二节　客户信用档案的更新

一、更新客户信用档案的信息

用来分析信用状况的信息质量对信用决策的质量起着关键作用。客户信用档案包含着大量既往资料，能够反映客户以往的信用状况。申请信用额度的客户，其信用状况时刻都处于变化之中。客户现在和过去良好的信用记录并不能百分之百地说明客户在未来就能够按时履行债务偿还或信用义务。据统计，86%的信用损失反而来源于老客户。如果客户的信息不能够及时更新，就会影响当前信用决策的准确度。因此，企业在信用档案管理政策中，应当明确制订信用档案更新的内容和程序。

（一）更新客户信用档案的时效与内容

客户信用档案的更新包括更新客户信用档案的时效与内容。

1. 更新时效。

在更新客户信用信息时，要注意把握更新的频率，即更新带有一定的时效性。一般情况下，企业的经营能够在一段时间内保持稳定性，所以客户信用档案的更新也应按一定的时间段来完成即可。

从时效上看，客户信用档案的更新分为定期更新和不定期更新。实践中，客户信用档案最常见的更新时间一般定为上一次更新信用档案后的3~6个月。如客户的信用信息发生变化，信用信息采集人员不定期采集客户信用信息后，档案管理人员应核实这些新的数据资料，并将这些变化录入档案中。

2. 更新内容。

在常规情况下，客户信息的更新包括客户基本资料的更新和财务报表的更新。具体包括：企业名称、注册资本、注册地址和办公地址、经营范围、经营期限的变更、法定代表人的变更、企业联系方式、财务报表等。

（二）更新客户信用档案的具体工作

1. 档案管理人员通知相关人员采集信息。

根据档案管理的规定，当需要更新客户信用档案资料时，档案管理人员应该及时通知信息采集人员，并将需要更新的内容告知信息采集人员，由他们与客户联系。

2. 信息采集人员与客户联系。

信息采集人员接到通知后，应首先与客户取得电话联系，告知需要采集的相关内容，并向客户发出一份正式的客户信用信息更新通知书。如新采集的信息与原始档案所包括的内容发生变化，应制作信用信息更新表，并与原始档案一并存档。

3. 通过其他渠道采集。

有些资料，信息采集人员无法从客户手中获得，或者不适合从客户那里取得，这时，信息采集人员就需要通过其他途径采集关于客户的最新信息。无论通过哪种采集方法，都要以满足数据更新的要求和符合法律、有关规定为前提。

4. 更新客户信用档案。

当信息采集人员采集到需要更新的客户信息以后，应及时交给档案管理人员。如果新采集的信息与原始档案所报的内容发生了变化，档案管理人员应该立即制作信用信息更新表（见表5.3），并与原始档案一并存档。

表5.3　　信用信息更新表

我在此证明随附文书依相关要求，于____年____月____日，对存档文件______，存档号______的信用档案文件予以更新，并与本公司信用管理部门存档。
（1）补充提交的资料页数______。
（2）本更新表指原始档案_________页的_________的相关内容予以更新。
（3）□保留。本更新表所描述的原始存档继续有效。 □终止声明。本更新表所描述的原始存档效力终止。 □修改。本更新表所描述的原始存档修改如下：
（4）备注：
（5）经办人：　　　　　主管签字：

如果录入客户的信用档案电子数据库，则必须注明信用档案相关信息的输入时间，并且可覆盖原始记录。

二、删除无需归档的客户信用档案文件

随着各项业务的发展和时间的推移，新的客户信用档案不断补充，使档案的总量日益增加。而档案资料在保存一定时间以后，有些还需要继续保存，有些则已经失去其保存价值。为了解决档案庞杂、失效的问题，就需要对档案进行鉴别。去繁存精，经过一定的手续，将确实已经失去保存价值的档案删除或销毁。

（一）鉴定客户信用档案的价值

鉴定信用档案价值的原则是：要用全面的、历史的、发展的观点来判定信用档案的价值全面的观点是指，一方面，从各个全宗之间、一个全宗内文件之间的全面联系中考察、分析每份具体文档，综合审视档案文件内容和外部特征的各种因素：另一方面，要预测档案对企业的各种需要，有无实际保存的意义。

（二）客户信用档案的保存期限

为了保证客户信用档案的保存质量和时效性，同时也为了防止任意销毁客户信用档案文件的行为发生，在档案的保管期限内应当符合企业信用管理政策和档案管理制度的要求。一般来说，信用档案管理期限分为永久、长期（5年以上）和短期（5年以下）3种。超过保管期限的文件经检查后可以删除或销毁。表5.4为各类档案保管期限情况。

表 5.4　　文本档案保存期限

文本档案管理内容	保管期限	更新频率
国家有关信用管理方面的相关法律和法规	永久	有新法律时补充
行业的相关法律法规和管理制度	长期	有新法律时补充
信用申请表	短期	客户提交新申请时更新
客户的财务报表	短期	采集到新报表时依次更新
客户的基本信息调查表	短期	采集到新报告时更新
客户的现场调查表	短期	采集到新报告时更新
商业资信证明书和客户开户银行的资信证明书	短期	采集到新报告时更新
企业的资信调查报告	短期	采集到新报告时更新
交易记录	短期	采集到新信息时更新
客户宣传资料、网页资料、名片等公开信息	短期	采集到新信息时更新

信用管理部门应该根据信用主体状况的实际变化进行整理，对已到保管期限的档案进行鉴定，剔除已经不能反映信用主体真实情况的材料。

1. 客户信用档案的鉴定时机。

档案的价值鉴定工作，通常分 3 个阶段实施。

首先，在客户信用档案归档时确定归档范围，同时剔除一部分没有保存价值的文件，由信用管理部门保存 1～2 年后销毁。归档的过程是对文件价值的处理判定过程，是文件能否转化为档案的“资格审查”，是档案鉴定工作的第一个关口。

其次，对于归档的信用档案确定保管期限。通常的做法是，企业在每份信用档案文件入档时须确定保管期限，平时再根据每份文件的内容和价值分别确定保管期限。

最后，在信用档案保存到一定期限时进行加值复审。这一阶段除了对每份信用档案文件的自身价值进行考查之外，还要从优化档案质量的角度出发，消除重复存档问题。

2. 鉴定客户信用档案价值的操作方法。

鉴定客户信用档案的价值，需要直接审查档案，通常把这种方法称为直接鉴定法。直接鉴定法主要参照鉴定档案价值的原则和标准，根据档案的实际情况判定档案的价值。鉴定档案价值的标准——档案期限表，对各类型档案材料的保管期限做了明确规定，档案期限表中规定各类型档案保管期限的条款不可能反映信用工作中形成的档案材料的一切特点，也不能包括所有的档案材料，即使档案保管期限表上有明确规定，也需要直接审查具体的客户信用档案资料，才能知道符合哪一个条款，从而确定其保管期限。

直接鉴定法要求信用档案管理人员逐页地审查客户信用档案，从内容、经办人、名称、可靠程度等方面全面考查和分析并确定其价值。一般来说，名称和目录应该正确反映文件的内容和成分。因此，为了保证鉴定工作的质量，必须直接审查客户信用档案。

（三）销毁客户信用档案文件

1. 递送档案销毁清册。

为了方便审查应销毁的客户信用档案文件，必须编制档案销毁清册，作为日后考查档案销毁的凭证。

封面的项目：档案号、日期。

登记的项目：企业名称、销毁文件名称、存放起止日期、存放位置、内容提要、销毁数量、原存放期限、销毁原因、备注、批准意见、销毁方式、销毁日期、经办人签字等。

客户信用档案销毁清册应当编制一式两份：一份送交信用部门负责人审查批准，另一份留在信用管理部门保存。如果需要同时送交两个或两个以上相关部门负责人审查批准的，则还应增加编制所需份数。

为了方便信用部门负责人或相关上级领导了解必要的情况，在报送档案销毁清册时，还须附上一份销毁档案的简要说明。其内容包括：该客户的简要状况、档案的形成与保管、完整程度、内容（可粗略分类介绍）、鉴定工作情况等。客户信用档案销毁清册简要说明样式如表 5.5 所示。

表 5.5　　客户信用档案销毁清册简要说明表

客户的简要概况	
档案的形成	形成时间　　年　月　日至今
完整程度	□完整 □残缺
内容（可粗略分类介绍）	
鉴定工作情况	
经办人签字	

2. 销毁客户信用档案文件。

准备销毁的客户信用档案文件，在未批准前应单独保管。档案销毁清册正式批准后，一般可以将拟销毁档案粉碎或将电子档案彻底删除。

3. 注意事项。

在归档时，有些文件材料可以剔除而不归档，大致有以下几种情况：

（1）磁盘文件因其寿命过短（一般为 3 年）可不归档，但必须将有保存价值的信息转换到纸张或者其他耐久性载体上。

（2）具有临时查询价值的文件可不归档。

（3）交易往来客户如果解散或者与本企业的交易关系终止、解除时，信用档案管理人员应该尽快将其从交易往来客户档案中删除，但仍应保存该客户的基本信息。

（4）交易解除后的资料要标明“交易解除”或者“交易终止”字样，并进行整理，完全不可能恢复重新交易的客户，其信用档案经过信用管理部门负责人批准后另行处理。

以上文件虽然可以不归档，但它们还是具有临时的查询价值，必须在信用管理部门保存 3 年以上才可销毁。在保存、使用文件的过程中，如果发现某些未归档的文件具有一定的使用、参考价值，那么仍需要整理归档。

第三节　客户信用档案的保管和利用

一、整理和保存客户的信用档案

由于自然和社会原因，客户信用档案总是处于渐进性的“自毁”过程中，或者可能遭受突变性的破坏。而企业需要长远地利用客户信用档案，要求尽可能延长客户信用档案的寿命。为了解决客户信用档案不断毁损和需要长远利用的矛盾，企业需要采取各种保护措施，防止客户信用档案遭受损失，保证档案的完整与安全，想方设法使其“延年益寿”，这就成了客户信用档案的保管和保护工作。

开展客户信用档案的保管工作，首先需要提供一定的物质条件保证，其基本条件包括库房、装具和包装材料。

（一）选定保管客户信用档案的场地

库房建筑为客户信用档案的保护提供了最基本和稳定的物质条件，库房建筑的好坏直接影响客户信用档案的保护程度。由于库房建筑是客户信用档案保管中长期作用的因素，因而对库房建筑应提出一些比较严格的要求，以免造成不必要的浪费。

选定库房建筑主要有以下三点要求：

（1）要有足够的使用面积。

（2）屋顶、墙壁、地面要绝对防水渗漏，并具有良好的隔热、防潮、防尘等性能。

（3）库房门窗应紧密、牢固、耐火，窗户应具有防强光与防风沙的功能。

客户信用档案通过日积月累不断产生，投入大量资金修建新的库房并不可行，库房建筑的要求应当与企业的经济能力相适应，可以利用企业现有的建筑或改建一些旧的建筑来解决客户信用档案的保管问题。利用企业现有的建筑存放客户信用档案时，也要注意房屋的选择，如检查屋顶、地面与墙壁，检修电线，修理门窗等。

（二）选择装具

档案装具的种类很多，包括档案箱、档案架、档案柜等，它们各有所长，可以按照库房特点和档案价值、规格的不同，合理选用，灵活配置。需要注意以下几点：

(1) 档案装具所有材料以及对材料的加工，均不能对客户信用档案有损害。

(2) 便于调阅档案，拿取方便。

(3) 合理利用库房的空间与面积。

(4) 经久、耐用、牢固，节约利用。

(5) 尽量做到整齐划一，合乎规范化要求，灵活配置不同装具。

(三) 纸质信用档案的保存

1. 选择纸质信用档案包装材料。

为了防止光线、灰尘及有害气体对客户信用档案的直接危害，以及减少磨损，需要对客户的信用档案加以包装。目前，我国包装档案的材料有三种：卷皮、卷（件）盒和包装纸。包装材料的挑选可以根据本企业的实际情况进行选择。

(1) 卷皮。

卷皮是包装信用档案的最基本材料，它不仅可以保护文件，同时本身也是案卷的封面，便于查找、利用。

(2) 卷（件）盒。

卷（件）盒有利于防光、防尘，减少机械磨损，是目前保管案卷的一种较好方法。

(3) 包装纸。

一些既不适于装订也不便于装盒的档案，可以用比较结实的纸张包装存放。

2. 维护客户信用档案的存放秩序。

信用档案管理部门收集的大量档案，须按照一定的次序排列和存放于库房中，使之在库房内形成一定的顺序。

档案排列有序是保证档案完整与安全、利用存取迅速的基本条件，因此必须建立科学、合理的存放秩序，并使这一秩序得到维护。

(1) 信用档案装具的排放要求。

①整齐一致，横竖成行。

为了将档案归类，特别是为了查阅的方便，信用档案装具的排放一定要规范，做到整齐一致，横竖成行，避光通风，充分、合理地利用空间。

如果箱、架、柜大小式样不同，则应适当分类，档案装具应按照档案箱、柜的制成材料、形状、高矮进行分类摆放，同一个库房里档案装具的规格力求统一，摆放整齐，并且统一编号。编号顺序一般是从门口起，从左到右、从上到下逐一编号，以便于档案的保管、查找、统计。

②避光通风。

为了保持档案资料的完好，有窗库房，档案装具排列应与窗户垂直，避免阳光直射；无窗库房，档案装具纵横均可，但应注意不能妨碍通风。

③充分、合理地利用空间。

为了取放和查阅的方便，架（柜）与架（柜）之间的主要通道宽度一般是 1 ~ 1.2 米，一般过道宽度 0.8 米左右为宜，所有装具均不应紧靠墙壁。

档案装具编号原则：从左至右，自上而下。

为了便于对库房档案的管理和迅速存取，所有装具应按每一排列走向和顺序依次编列号（排号）、柜架号、格层号（箱号），号码一律采用阿拉伯数字。自档案库房门口起从左至右编箱、架、柜号，每栏的格自上而下编号。

（2）信用档案排列方法。

档案一般按全宗进行排列。排列方法有两种：

一是按全宗顺序号排列，对全宗和全宗实体的安排比较方便；

二是全宗分类排列法，对全宗的系统管理和全宗信息的控制较为有利。

（3）信用档案存放方式。

档案存放方式有竖放、平放、卷放和折叠四种。对于信用档案的存放，通常会出现其中两种。

①竖放保管。

装订成卷（册）、盒装档案和照片档案一般应采用竖放方式。这是目前采用比较广泛的一种方式，其优点是检取和存放档案比较方便。《照片档案管理规范》中指出，对于相册放置不下的大幅照片，可将其放入专用的档案袋或档案盒中，按照片号顺序排列。如竖直放置，应首先将照片固定在专用的纸板上，再放入盒、袋中；如水平放置，照片的堆放高度不宜超过 5 厘米，以竖放为宜。

②平放保管。

存取不太方便，但对保护档案有利，适用于珍贵档案和不宜竖放的档案，如底图、录音录像带、磁盘、光盘等。

底图，经油蜡等物浸透过，经过晒图机的高温影响，其机械强度和耐久性均有所下降，容易脆裂破碎，为延长其寿命和在自制蓝图时准确、清晰，应采取平放或卷放（特大幅）的存放方法，底图严禁折叠。

（4）信用档案存放位置索引。

对于信用档案量大的企业，其信用档案存放位置索引是一种记录性、引导性的管理工具，以表册或卡片形式记录和反映档案在库房及装具中的存放位置和情况。索引的作用在于方便信用管理人员切实掌握信用档案的存放情况并迅速地存取档案。档案存放位置索引图有两种：一种是以全宗档案为单位编制的档案存放位置索引（见表 5.6），旨在说明哪些全宗的档案存放在哪里，即指明信用档案的存放位置。

表 5.6　　　　档案存放位置索引（一）

<table>
<tr><td>全宗名称</td><td colspan="2"></td><td>全宗号</td><td colspan="2"></td></tr>
<tr><td rowspan="2">案卷目录号</td><td rowspan="2">案卷目录名称</td><td rowspan="2">目录中案卷起止卷号</td><td colspan="3">存放位置</td></tr>
<tr><td>房号</td><td>架、柜、箱号</td><td>层（格）号</td></tr>
<tr><td></td><td></td><td></td><td></td><td></td><td></td></tr>
</table>

另一种是以存放库及装具为单位编制的信用档案存放位置索引（见表 5.7），旨在说明哪些存放库及装具存放了哪些档案，即指明信用档案库房保存档案的情况。

表 5.7　　　　档案存放位置索引（二）

<table>
<tr><td>房间号</td><td></td><td>档案柜、架、箱号</td><td></td></tr>
<tr><td>存放档案</td><td colspan="3"></td></tr>
<tr><td>全宗号</td><td>全宗名称</td><td>目录号</td><td>案卷起止号</td></tr>
</table>

档案存放位置索引的内容还可以简化制成大型图表，挂在办公室或库房入口处的醒目位置，以便查阅使用。

（四）非纸质信用档案的保存

1. 非纸质信用档案的排列方法。

特殊载体档案，可根据载体材料的不同，将纸质档案和其他特殊载体的档案（如照片、磁盘、光盘等）分库存放、排列或排架，但应在全宗指南、案卷目录说明中有所说明，并在全宗末尾放置卡片，指明存放地点，以保持应有的联系。

在同一载体内，通常按全宗排架，即一个全宗内的档案集中到一起存放、排列，按档案号顺序排放。档案存放与档号编制一致，但有时不同价值的档案要分别保管或者因为档案接收时间的差异，而使档案不能按档案顺序进行存放，为解决查找困难问题，应在参见卡上说明。档案上架的顺序一般是小号在左，大号在右，从上到下，并以竖放为好。

2. 非纸质信用档案的保护。

（1）磁性档案的保护。

磁性档案的保护主要有录音带、录像带和计算机磁盘等。

①磁性档案库房远离磁场，特别珍贵的磁性档案应放在防磁柜内。

②保持适宜的温度和湿度。应在温度为 15℃ ~27℃、相对湿度为 40% ~60% 的范围内选定一组值，一旦选定，在 24 小时内温度变化不得超过 +3℃，相对湿度变化不超过 +5%，最佳环境温度为 18℃，相对湿度为 40%。

③库房清洁无尘，通风良好，防光、防尘。

④正确存放。

⑤定期检查。在温度为 18℃ ±1℃、相对湿度为 40% ±5% 的环境中储存的磁带，倒带间隔时间为 3 ~5 年，如果不能保持上述温度和湿度范围，则应视保存环境不同而相应缩短。

⑥再使用。磁性载体档案再使用场所的温度和湿度与库房温度、相对湿度相差范围应分别为 +3℃和 +5%。否则，应让计算机磁带在使用环境中平衡 3 天以上，录音带、录像带需要平衡 24 小时以上，在读带前还应将磁带按正常速度全程进带、倒带各两次。

（2）光盘档案的保护。

光盘是继纸质、磁性材料之后产生的一种新型载体，为了提高光盘的可靠性和耐久性，要注意以下几点：

①避免辐射和机械磨擦。

②控制环境温度和湿度。

③定期检查、转录。

二、维护客户信用档案

为了保证客户档案的完整和安全，必须对客户的档案资料进行检查和核对。这样做不仅是为了防止客户信用档案的损坏，也是为了延长客户信用档案本身的寿命。采取专门的、有的放矢的技术和方法，逐渐消除各种损坏客户信用档案的不利因素的影响，从而把档案的自然损坏率降低和控制在最小范围内，尽可能最大限度地延长档案的保存寿命。

（一）维护客户信用档案的载体

1. 维护客户信用档案的频率。

检查与核对要定期进行，检查的内容既包括信用档案的保存环境，如查看库房门窗是否完好、有无其他存放错误等，也包括对信用档案材料本身，如查看有无霉烂、虫蛀等。下列情况也要进行检查与核对，如发现某些损害之后，对有些档案产生疑问之后，突发事件之后，被盗、遗失或者水灾、火灾之后等。

为了延长档案的寿命，客户信用档案在保管期内应该定期检查。检查的内容包括是否霉烂、虫蛀、鼠咬、纸张变质、字迹褪色、扩散等。胶片档案还应该检查是否褪色、发黄和发生斑点，是否有粘连，以及底片乳剂膜有无损坏等。磁性文件主要检查所载资料信息的完好程度。档案查的方法主要是抽查，一年抽查 1 次。

2. 维护纸质的客户信用档案。

对纸质的客户信用档案进行维护，主要是预防档案文件的损坏。这里既有人为的因素，也有自然的因素，如防盗窃、破坏、防火、防水、防尘、防潮、防霉、防虫、防光等。这些问题解决了，就可以有效地防止纸质档案的损害。

3. 维护电子的客户信用档案。

电子档案的特性不同于纸质档案，取决于其保存和维护方面的复杂性。如何保存、维护电子档案，使之安全、可靠并永久处于可准确提供利用的状态，是档案工作者急需解决的问题。

（1）要保证电子档案载体物理上的安全。一般情况下，电子档案是以脱机方式存储在磁、光介质上，所以要建立一个适合于磁、光介质保存的环境，诸如温度和湿度的控制，存放载体的柜、架及库房应达到有关标准的要求，载体应直立摆放，并满足避光、防尘、防变形的要求，远离强磁场和有害气体等。

（2）要保证电子档案内容逻辑上的准确。电子档案的内容是以数码形式存储于各种载体上的，在以后的利用中，必须依赖于电子计算机软硬件平台将电子档案的内容还原成人们能够直接阅读的格式进行显示。这对于电子档案而言是一个较为复杂的过程。因为电子档案来自各个方面，往往是在不同的电子计算机系统上形成的，且在内容的格式和编排上也不尽一致，这种在技术和形式上的差异，必然导致在以后还原时所采用的技术与方法不同。而电子档案在形成时所依赖的技术，往往是已经过时的技术，这是科技进步所带来的必然结果。因此，除对电子档案进行很好保存外，还必须对其所依赖的技术及数据结构和相关定义参数等加以保存，或采用其他方法和技术加以转换。

（3）要保证电子档案的原始性。一些较为特殊的电子档案，必须以原始形成的格式进行还原显示，一般可采用以下三种方法：一是保存电子档案相关支持软件，即在保存电子档案的同时，将与电子档案相关的软件及整个应用系统一并保存，并与电子档案存储在一起，恢复时，使之按本来的面目进行显示；二是保存原始档案的电子图像；三是保存电子档案的打印输出件或制成缩微品，因为这是最为稳妥的永久保存方法。

（4）要保证电子档案的可理解性。对一份电子档案的内容来说，常常有不被人完全理解的情况。为了使人们能够完全理解一份电子档案，就需要保存与档案内容相关的信息。这些信息应包括：元数据，物理结构与逻辑结构的关系，相关的电子档案名称、存储位置及相互关系，与电子档案内容相关的背景信息等。

（5）要对电子档案载体进行有效的检测与维护。电子档案载体特别是磁性载体，极易受到保存环境的影响。因此，对所保存的电子档案载体，必须进行定期检测和拷贝，以确保电子档案信息的可靠性。定期检测，应每年一次，采用等距抽样或随机抽样的方式进行，样品数量以不少于10%为宜，以一个逻辑卷为单位。首先进行外观检查，确认载体表面是否有物理损坏或变形，外表涂层是否清洁及有无霉斑出现等；然后进行逻辑检测，采用专用或自行编制检测软件对载体上的信息进行读写校验。通过检测，发现有出错的载体，须进行有效的修正或更新。应每4年拷贝一次，且原载体继续保留的时间不少于4年。对于电子档案的检测与维护，必须进行严格管理，因为任何一次误操作都可能使保存的电子档案遭到人为损害，甚至造成难以弥补的损失；必须建立相应的维护管理档案，对电子档案的检测、维护、拷贝等操作过程进行记录，避免发生人为的误操作或不必要的重复劳动。

对电子档案的有效保存与维护，是一项极为重要而复杂的工作。因此，在对电子档案的保存与维护过程中，应充分考虑环境、设备、技术、人员及电子档案的特点等综合条件，来制订技术方案和工作模式，并采取有效的措施，以确保电子档案的安全、可靠，能够永久地处于可准确提供利用的状态，使其在社会生活中发挥更大的作用。

（二）注意事项

正确处理客户档案的利用和保密关系。利用和保密的关系问题，在客户信用档案的日常维护工作中表现得比较突出，应特别注意。要严格保守机密，不能随意泄露客户的商业信息。客户出于合作的目的，将自己企业的商业信息告诉授信企业，授信企业的信用档案管理人员应该妥善保管这些资料，仅供自己企业授信和信用管理使用，不能泄露给客户的其他竞争者，以损害客户的利益。

三、客户信用档案服务和解读

信用管理部门建立客户信用档案库，主要目的是支持企业的赊销和授信工作，因此信用管理人员应该让企业内部所有与客户打交道的业务人员都能够得到客户尽可能多的信用信息和评价。所以能否在企业与客户交易的事前、事中和事后提供及时准确、简明易懂的信用档案服务，是评价企业信用管理服务是否合格的重要标准之一。

评价一个客户档案库的管理是否合格，必须从两个方面考查：一是档案记录本身达到标准；二是要提供优良的客户档案服务，并使客户档案服务达到准确提示、及时传递、显示简单易懂等标准。当然，这个评价标准对企业信用管理部门的客户档案管理，从软件、硬件、人员素质、时效、成本等几个方面提出了相当高的要求。所谓对客户档案进行准确的提示，指的是由客户档案分析人员对客户的资信调查报告进行解读，将报告中给出的客户弱点和亲近点信息用彩笔或符号系统标示出来，提示给使用客户档案的经理。

至于使用客户档案的人员，多是与客户进行商业谈判的企业的高、中层经理和业务人员，来自企业不同部门。他们在与客户接触或谈判前，通过阅读客户档案，可以了解客户的基本情况和客户的特殊之处，并由此决定与客户进行商业谈判的姿态，掌握谈判的主动权。客户档案的及时传递，指的是将企业长期的客户和正在接触的潜在客户的档案及修正信息及时地通报给予客户打交道的本企业人员，特别是关于客户企业的财务状况走下坡路、经济纠纷、资金注人、新店开张等特殊“利好”和“利空”消息，既要防范风险，又不要错过商业机会。客户资信信息的显示要简单易懂，其意义很明显，使用客户档案分析资料的人员是即将与客户谈判的本企业各部门经理和业务人员，这些人员中的绝大多数不是经过信用管理业务培训的专业调查人员。让这些企业人员读懂复杂的客户资信调查报告和编码系统，不是一件容易的事情。除了就档案进行提示和标示以外，有时业务部门还要求信用管理部门在标准版本的客户档案基础上，提供对客户的分析和解释。

对企业信用档案进行准确的解读，除了准确解读信用档案中的表象信息外，还要十分注意导致企业发生异常症状的潜在因素。潜在因素包括以下几种。

（一）经营者的异常征兆

经营者的异常征兆包括：

（1）企业经营决策者变动或更换高级主管人员；

（2）经营管理者过分热衷于公司以外的事务，有怠忽本身职守之虞；

（3）经营管理者经常不在公司，在财务上或其他业务上是否有不可告人的困难与隐情；

（4）经营管理者沉溺于不良嗜好与恶习；

（5）经营管理者健康欠佳或发生重大变故；

（6）经营管理者有家庭纠纷；

（7）经营管理者有海派作风；

（8）重要股东与经营者不和或有派系纠纷。

（二）管理方面的异常征兆

管理方面的异常征兆包括：

（1）员工出勤情况不佳，人员离职率高，士气低落；

（2）劳资纠纷经常发生或久悬不决；

（3）裁员或减薪；

（4）重要人员兼营副业，业务人员收取回扣；

（5）公司或负责人官司缠身，长久诉讼；

（6）公司或负责人有欺骗的行为或企图；

（7）有购买发票或欠税前科；

（8）人头挂名公司；

（9）外销厂商因交货延迟对企业可能造或不良后果。

（三）生产方面的异常征兆

生产方面的异常征兆包括：

（1）高价购进原材料；

（2）经常有待料现象，生产管理不良；

（3）生产线不流畅，缺乏效率；

（4）产品经常有退货或折让，质量管理不良；

（5）变更公司主要供货商；

（6）发出订单或接受订单超过公司正常的运营量；

（7）企业临时急于交货，取现应急，却又缺少正当理由；

（8）催货特别急，交货地点与平时不同。

（四）经营方面的异常征兆

经营方面的异常征兆包括：

（1）货积压过多，产品有滞销货或生产过剩的现象；

（2）在库存货临时剧减；

（3）企业从事巨额的设备投资，生产规模扩充过速，唯其运营效率并未对应提高；

（4）重大投资计划失败或延误；

（5）企业主要往来客户或关系是否会由于企业财务恶化或发生倒闭遭到连锁性牵连；

（6）企业运营不佳也无正当理由，跨出本业经营或另行筹设其他公司，意图不明；

（7）刚成立就大做广告；

（8）成立后久未营业。

（五）资金调度方面的异常征兆

资金调度方面的异常征兆包括以下内容。

1. 银行往来方面。

（1）临时变更主要授信往来银行；

（2）银行紧缩信用抽回贷款；

（3）小公司往来银行特别多；

（4）存款余额逐渐减少，收支项目次数也少；

（5）不寻常的现金提存突然、不合理现象增多；

（6）要求银行授信作业部门紧急拨款。

2. 借款方面。

(1) 负责人或财务人员频繁向往来银行请求财务支持;
(2) 借款过多，超出营销合理金额;
(3) 借款用途欠正常，有以债养债之嫌;
(4) 公司负责人或经理人以私人名义向民间大量举债，用途不明;
(5) 借短支长。

3. 付款方面。

(1) 企业向银行贴现的客票，经常要求调票展期;
(2) 付款拖延或付款态度与方式改变，付现比例减少或票期较以往延长;
(3) 支票存款受拒绝往来处分或经常发生退补;
(4) 第三者对存户票据查询次数频繁;
(5) 无法按期摊还本息，或贷款到期无法偿还本金，一再要求延长。

4. 交易方面。

(1) 要求增加交易额度或改变交易方式;
(2) 赊账过巨，应收账款及应收票据比例大幅提高，收账速度缓慢;
(3) 财务状况有逐年恶化的趋势。

5. 资产管理方面。

(1) 公司或经营者出售重要或营业资产（如住宅或不动产）;
(2) 贷款负责人或保证人不动产突然设定巨额抵押权或次顺位、民间抵押权;
(3) 受强制执行;
(4) 财务经理人员无理由更换，由亲戚担任。

（六）市场方面的异常征兆

市场方面的异常征兆包括:

(1) 市场上已出现强有力的竞争对手;
(2) 企业产品在市场上发现超乎常理的廉价销售;
(3) 发生重大灾害;
(4) 同业间不良的评价。

（七）产业环境方面的异常征兆

产业环境方面的异常征兆包括:

(1) 环保问题;
(2) 消费者意识抬头;
(3) 知识产权（知识产权）的重视;
(4) 政府对产业政策、汇率、法令的改变。

每个企业在危机爆发之前，都会有些异常的征兆。这些征兆潜伏在企业的日常经营活动中，常常被人忽视。但事实上，正是由于这样的忽视，最终导致惨痛的结果。因此，信用管理部门要善于从那些微妙的细节中第一时间发现这些容易被人忽视的异常征兆。

处在一个习以为常的企业环境中，处在每天看起来都没有太多变化的进程中，如何才能及时发现其中分散的、看上去似乎孤立的异常征兆并指导这就是对企业可能不理的征兆呢？方法很简单，一是发现那些既定路径的改变，二是将看似毫不相干的细节现象串联起来分析。世间一切事物皆有其机理，企业运作也都有其客观规律。在企业正常的循环系统中，各经营环节一般都会表现为一种连续的平衡格局。但若隐患积累到一定程度或受到外力的强力干扰，这种平衡的格局就会被打破，就会出现一些非正常的现象，这就是风险的征兆。从组织学的角度解释，这时就发生了某种既定路径的改变。例如，一个平素穿着休闲、随意的人，突然西装革履；一个从来不打高尔夫球的人，突然有了浓厚的兴致。从表象上看，也许是其着装习惯或审美情趣改变了，但实际上可能是此人将要接待或者搞定一个衣着讲究、喜欢打高尔夫球的优质客户。

任何一种既定路径的改变，其实都存在一定的风险。有经验的人，就能够从这种路径的改变中准确判断其改变的原因，然后做出有利于自身的决策。任何一种征兆同时又具有一定的蒙蔽性，无知者往往看不到这些细小的改变所具有的意义，他们习惯于在事发后再去弥补，而往往此时所有的努力都已于事无补了。

辨认征兆的另一个方法，就是学会将那些看起来互不相干的细节联系起来。若仔细分析会发现，任何征兆都具有一种反常态、渐变式改变格局，长时间内边际效应递减等特征。

信用部门的档案管理和分析人员只要把握以上方法，就会很容易发现那些习以为常的异常现象，并将其提供给企业相关部门和人员，这是信用人员的主要职责之一。

第四节 客户信用档案检索系统的使用方法

档案检索是记录、查找、报道档案材料的手段。档案检索系统是将已整理好的档案经过著录和标引，按规定顺序排列而成的数据库。它能对按照整理体系保管存放的档案信息，通过多种途径集中和积累起来，以备人们按照不同的特定要求从中检出所需要的档案。为了开展档案检索服务，必须建立相应的检索系统。

档案的检索工作包括两个方面：一是对档案信息进行系统存储，即将档案中具有检索意义的特征标示出来，按照一定的顺序加以编排，形成检索工具或档案信息数据库的过程。二是根据利用者和管理者的需要，通过已经建立的检索工具或数据库从档案群体中查找所需档案的过程。档案的查找，即根据需要通过有关的检索手段，查出并提供档案信息，也称档案检索服务工作。

一、客户信用档案检索概述

（一）档案检索的概述

客户信用档案是记录信用情况的载体。客户信用档案检索是利用检索工具查出相关内容档案的过程。检索工作一方面是把有关档案的内容和外形特征记录下来；另一方面，它能够提供一定的查找手段，使人们可以按照一定的检索方法随时从存储的档案信息中检出所需要的信用信息。检索系统不直接解答用户提出的问题，而是提供与之相关的信用档案的名称及出处，供用户筛选和使用。检索结果将是某份信用档案、某张信用档案明细表、某个原始资料等文献。

（二）档案检索的步骤

1. 确定检索目标。

在进行检索前，必须首先对检索课题进行认真、细致的分析，明确检索的目的和要求，以便检索工作的顺利进行和获得较好的检索效果。

总的来说，一是强调“新”，如果检索客户信用档案的最新进展和动态，则要从时间上检索最近的信用档案文献；二是强调“准”，如果解决信用决策中的某个具体问题，找出相关的具体信息，则要检索有针对性、能解决实际问题的信用档案文献；三是强调“全”，如果撰写综述、评论或者报告等，了解客户信用关系的前因后果、历史和发展，则要检索详尽、全面、系统的信用档案文献。

2. 档案检索工具。

档案检索系统是将已整理好的档案经过著录和标引，按规定顺序排列而成的数据库。它能对按照整理体系保管存放的档案信息通过多种途径集中和积累起来，以便人们按照不同的特定要求从中检索所需要的档案。为了开展档案检索服务，必须建立相应的检索系统。

按加工和处理信息的手段，可分为手工检索系统和机械检索系统两大类。手工检索系统是以卡片或书本形式的目录、索引为基础的人工查找系统，使用方便，成本较低。机械检索系统是使用电子计算机等存储在磁带、磁盘、磁鼓以及缩微胶卷（片）中的档案线索。为了扩大档案检索系统的存储范围、提高检索效率、实现档案与检索的标准化，我国已制定了《档案著录规则》《中国档案分类法》《中国档案主题词表》等标准，作为著录和标引的依据，纳入档案检索系统的组成部分。

3. 确定检索方法。

检索方法是指实现检索目标的具体方法，检索方式不同，方法也不一样。常用的信息检索方法有顺查法、倒查法、抽查法，通常被统称为常规法。此外，还包括追溯法、综合法（也叫作循环法，是常规法和追溯法的综合）、搜索引擎法、导航法等。

（1）顺查法。

顺查法是指按照时间顺序由远及近地利用检索系统进行客户信用信息检索的方法。这种方法能收集到某一具体的客户资料和信息，它适用于较大规模的信息检索。该方法的优点是漏检率、误检率比较低，但工作量大。

（2）倒查法。

倒查法是由近及远、从新到旧逆着时间的顺序利用检索工具进行客户信息检索的方法。此方法的重点是放在近期信息资源中，只须查到基本满足需要时为止。使用这种方法可以最快地获得新资料，而且近期的资料总是既概括了客户的前期信用状况，又反映了最新信用水平和动态，这种方法工作量较小，但是漏检率较高，主要用于新客户的调研。

（3）抽查法。

抽查法是针对检索主题的特点，选择有关该主题的信用信息最可能出现或出现最多的时间段，利用检索工具进行重点检索的方法。它适合于检索某一特定范畴内的、发展阶段很清晰的、某一状态出现频率在某一阶段很突出的信用专题研判。该方法是一种花时较少而又能查到较多有效线索的一种检索方法。

（4）追溯法。

追溯法是指不利用一般的检索工具，而是利用已经掌握的、现有企业信息资源所附带的原始资料，进行逐一地追溯查找“引文”的一种最简便的扩大信息来源的方法。它还可以从查到的“引文”中再追溯查找“引文”，像滚雪球一样，依据各资料的相互关联性，获得越来越多与内容相关的信息资源。

（5）综合法。

综合法又称为循环法，是把上述方法加以综合运用的方法。综合法既要利用检索工具进行常规检索，又要利用企业提供信息所附原始资源进行追溯检索，分期、分段地交替使用几种方法。如此循环进行，直到满足要求为止。

信用人员应该根据所掌握情况的多少和复杂程度，有针对性地选择以上方法。

二、建立客户信用档案检索系统的目的

为了更有效地管理客户信用档案信息，可以建立客户信用信息数据库，运用客户信息管理系统进行管理。完善的数据库和信息管理系统能够高效地收集、存储、分析和利

用客户信用信息，相对于手工操作的方式有极大的优越性。由于计算机存储运算能力的提高，使用客户信息管理系统有助于企业存储和管理大量的客户信息。使用客户信息管理系统使客户信息的复制、查询、传输和更新更加方便，提高了使用信息的效率和便捷性，同事也可以方便地实施接触客户资料的权限控制。

客户信息管理系统可以随时记录企业不断获取的客户信息，对原有信息进行补充或更新，动态反映客户的实际情况，并使用易于被使用者理解的标准模式形成完整的报告，为其他部门对客户信息的分析和利用提供了基础。

要构建一个信用管理信息系统，需要遵循一些原则。

第一个原则就是尽可能地将客户的完整资料保存下来，现在的数据库具有非常强大的处理能力，但是无论怎样处理，原始数据总是最宝贵的，有了完整的原始数据，随时都可以通过再次加工，获得需要的结果，但是如果原始数据缺失严重，数据处理后的结果也将失去准确性和指导意义。

第二个原则是将内部信用资料与通过其他渠道获得的外部信用资料区分开来。企业内部信用资料主要是与征信企业往来中获得的直接客户资料。这些资料具有很高的价值和极大的真实性。外部信用数据是指企业从数据调查公司、政府机构、行业协会、信息中心等机构获得的客户资料，这些数据存在着真实性差、数据过时、不符合企业要求的问题，需要在应用过程中不断修改和更正。

第三个原则是数据库管理的安全性，确保记录在计算机系统内的数据库安全运行，如果这些数据意外损失或者外流，将给企业带来难以估量的损失。因此需要严格地加强安全管理，建立数据库的专人管理和维护机制。

第四个原则是随时维护。数据库中的数据是死的，客户的动态是活的，企业要想充分享受数据库带来的利益，千万别怕浪费精力和金钱，尽可能地完成客户资料的随时更新，将新鲜的数据录入数据库中，这样才有意义。

三、企业信用档案检索系统的设计原则

基于现代信息技术的企业信用档案检索系统是企业信用信息体系中最重要的一个核心，是综合利用信息技术对企业内外部的客户信用信息进行收集、整理、加工、分类，并利用先进的知识管理技术对客户信用信息的内容进行分析、评价、预测和管理，是辅助各级管理人员更好地发现与识别现实或潜在的信用风险损失所造成的不利效应，从而降低信用销售风险成本，实现企业利润最大化的人机系统。在设计企业信用档案检索系统时，应遵循以下基本原则。

1. 满足企业信用管理全程的需要。

该系统所采集和存储的信用信息不但要满足信息使用者进行信用决策的需要，同时

还要满足它们对客户进行信用追踪控制乃至应收账款追收的需要。

2. 客观性。

信用评估的主要目的是评判客户的信用状况，最终用于企业的信用销售决策。所以系统对客户信用信息的采集、处理和评价都必须保证其客观性。

3. 及时性。

信用信息的特征之一就是时效性，过时的信用信息对于决策是没有用的。对于系统提供信用监管的一个重要要求就是及时性，即系统要具备快速反应能力。系统要在第一时间跟踪、分析和反映瞬息万变的客户信用状况，这样才能保证管理决策者随时根据客户信用的变化做出迅速的反应，及时调整信用管理政策。

4. 集成性。

企业信用管理设计企业内部和外部管理，所以系统对外既要与政府、银行和中介等机构的信息系统实现互通，对内也要与现行的企业管理系信息系统实现无缝连接。

四、客户信用管理信息系统的功能

企业信用管理信息系统的功能需要因信用信息管理的侧重点不同而不同。一般而言，根据信用管理对客户档案管理的要求，一个功能比较强的客户档案管理软件应该具备如下功能：客户档案版本的兼容性、客户信息欠缺的提示、对非量化信息进行量化的指南、对数据动态化程度的提示、客户企业的行业和规模的分类、相关变量加权指南、中文和英文两种版本、对于流行报告常见编码系统的识别、帮助用户创建自己的客户档案编码系统、根据即期销售合同额度对客户分类、客户财务数据分析、客户财务状况趋势分析、行业平均值方差分析等，既然这种软件主要是用来实现客户档案管理和客户资信分析的功能，它应该包括数据存储、信用评级体系、合乎国际惯例的检索、决策、通用程序工具箱。其中的检索部分有档案编号、行业分类、客户分类、客户名称、客户所在地理位置、客户规模、信用评级、建档日期等。设置通用程序工具箱的目的是方便用户，自行进行一些编辑和简单测算，以及将计算机界面调整为自己喜欢的友好界面等。

大多数企业的信用管理部门所管理的客户在数十家至几千家不等，鉴于目前的计算机网络技术和设备现状，这样规模的客户档案数据管理完全可以在微机系统下实现，而且设备费用非常有限。即使企业有计算机中心，数据库操作系统是支持的，建议企业信用管理部门还是应该使用 Windows NT 和 SQL Server 支持的微机系统，因为多数信用管理专业软件只有微机单机版式和微机网络版式。由于客户档案管理是长期性的，因此客户数据所占用的计算机硬盘存储通常远大于系统和应用软件所占用的硬盘或光盘存储。

自从光读写设备大幅度降价以来，许多企业可以替系统配备光存储设备，将每年的客户数据刻写在一张光盘上，按照年代存档保存。为了方便企业高层经理使用，企业信用管理部门可以要求提供软件的信用管理公司根据公司需要做出修改，例如，将客户资信信息以比较简单的预测曲线和客户资信打分方式显示。

五、客户信用管理信息系统的完善

企业如果需要建设客户信用管理信息系统有两种途径：一是购买市场上成熟的专用管理软件系统在企业内部实施；二是定制开发信用管理系统，或者将信用管理功能模块内嵌到企业已有的管理信息系统（MIS）中。

采购管理软件具有实施便捷、见效快和价格便宜等优点，缺点是可能有部分功能与企业现有的业务不完全适应，需要软件公司对其进行修改。企业在选购此类产品时，要注意选择在业内有一定知名度、声誉良好的专业公司提供的产品，并关注其后续的实施和服务。

定制和开发信用管理系统，或者将信用管理功能模块内嵌到企业已有的管理信息系统中，都需要企业进行大量的准备工作，并可能涉及企业的业务流程重组再造，其支出也是较大的，一般只有大型企业才有实力进行此项工程。需要注意的是，由于信用管理在我国是一项新的管理内容，因此企业在定制软件系统时，除了选择技术提供商以外，还需要选择一个在信用管理方面具有经验的业务顾问，为企业的信用管理流程改造和技术实施提供咨询，以降低风险。

为了建立一个适合本企业的信用管理信息系统，应该注意以下几类问题。

（一）异构数据的采集问题

企业信用管理信息系统是将分散在企业内部与外部不同的业务系统中的客户信用信息有机地整合起来，实现跨部门、跨系统、跨平台的数据集成系统。这些信用信息可能是结构化的，如关系数据库中的资料，也可能是半结构化的，如文本、图形数据等。因此，系统必须应用集成技术实现信息集成，实现不同业务系统之间和异构数据库之间的互通互联。例如，可采用 Web Services 技术，它解决了互联网环境下的资源共享和相互集成问题，为不同厂商的应用系统提供交互性。通过利用 XML 技术实现极端异构的数据描述和传输，其信息格式允许是半结构化或非结构化的，允许自由定义、扩充、修正标记和文档结构，使系统既减少手工输入，又提高数据的采集效率，同时支持数据的增量即时更新和定期更新，最大可能地实现信用信息的实时性。

（二）数据仓库的实现问题

建立企业信用信息数据库有两个目的：一是存储客户信用信息，二是利于信用信息的分析和评价。因此，除了对数据库的存储功能、数据管理性能、数据传送速度及互操作性应有特定的要求外，还要求数据库系统必须具备先进的数据挖掘和联机分析处理技术。因此，最有效、可行的实现技术就是采用数据仓库。

数据仓库的实现方式包括基于关系数据库（ROLAP）、多维数据库（MOLAP）和混合数据库（HOLAP）。ROLAP 是以二维关系表为核心表达多维的概念，把多维结构划分为维表和事实表，MOLAP 是以多维数据模型来组织数据，HOLAP 是将 ROLAP 和 MOLAP 相结合，将多维型的能力和关系型的能力进行整合，能够提供更好的功能。利用 HOLAP 将统计数据以多维数据库的形式存储，而细节数据以关系数据库的形式存储。这里建议系统数据仓库的数据模型应采用 HOLAP 的实现方式，以 3NF 方式存储客户的信用数据，再面向分析主题进行不同程度的汇总、聚合，形成数据模型。如以信用使用情况、应收账款未结清情况等分析主题形成的具有交易性质的汇总型数据模型，再利用 HOLPA 形成多维立方体进行存储，实现多维报表分析。

（三）系统的集成问题

企业信用管理的业务流程主要与企业财务部门、销售部门的日常活动紧密相关，因此企业信用管理信息系统应该是开放的。在系统建设过程中，特别要注意内部子系统之间的功能匹配与外在 ERP 中的财会子系统、销售管理子系统的集成，以保证它们之间信息的传递。

例如，企业信用管理信息系统因客户信用评价和监管，会随时采集或查询财会子系统中的现期流水账记录、销售分类账、以往的历史旧账、记账凭证、客户付款记录等数据。在这些系统的集成过程中，数据格式和接口是最为关键的，因此系统之间应建立统一的数据格式和信息分类编码。

此外，企业信用管理信息系统还可以通过 Web 服务，将信用评估数据在 UDDI 注册服务中心进行发布，使财会子系统、销售管理子系统能够通过注册服务中心查找所需的信用评估数据，从而满足各自的业务管理需求。

本章小结

1. 客户信用档案是指在客户信用调查过程中对信用评估和决策有参考价值的原始记录和原始资料。制作、保存、更新、利用、检索客户信用档案的程序和方法，是企业信用管理过程中必要的工作环节。管理客户信用信息就是对客户信用记录的管理，也是企业信用管理的基础工作之一。客户信息收集、处理、评价的成果最终都可以通过标准版式的企业资信调查报告予以具体、详实的记录。

2. 建立客户基本账户的操作步骤如下：（1）编制客户账户代码；（2）输入客户基本账户的主要数据；（3）审核客户基本信息；（4）明确客户账户创建的批准流程和责

任人；(5) 复核客户信用账户。

3. 客户信用信息管理的内容包括：客户的合法身份，管理客户信用档案，收集并处理客户信用信息，建立客户信用管理系统。

4. 客户信用档案的主要内容有：基本资料，反映客户信用申请和相关调查的资料，财务报表，批准材料，赊销后的管理材料，客户其他相关资料。

5. 制作客户信用档案通常包括以下三个步骤：整理客户信用档案资料；编制客户信用档案的档号；归集客户信用档案原始资料，制作档案文件夹。

6. 更新客户信用档案的具体工作有：档案管理人员通知相关人员采集信息；信息采集人员与客户联系；通过其他渠道采集；更新客户信用档案。

7. 对企业信用档案进行准确解读，除了准确解读信用档案中的表象信息外，还要十分注意导致企业发生异常症状的潜在因素。潜在因素包括：(1) 经营者的异常征兆；(2) 管理方面的异常征兆；(3) 生产方面的异常征兆；(4) 经营方面的异常征兆；(5) 资金调度方面的异常征兆；(6) 市场方面的异常征兆；(7) 产业环境方面的异常征兆。

8. 客户信用档案检索是利用检索工具查出相关内容档案的过程。档案检索的步骤有：确定检索目标、确定档案检索工具、确定检索方法。

思考与练习

一、名词

客户信用档案；书面档案；数据元动态管理档案检索系统；客户信用档案检索

二、问答题

1. 简述建立客户基本账户的操作步骤。
2. 简述客户信用档案的内容。
3. 客户信用档案更新的具体工作包括哪些？
4. 分析企业发生异常症状的潜在因素。
5. 试述客户信用档案检索的步骤。
6. 简述企业信用档案检索系统的设计原则。

Chapter 6 第六章

企业信用评级管理

本章导言

信用评级是信用市场中的重要内容。随着经济社会尤其是资本市场的发展，信用评级业务发展迅速。客观、公正、独立的第三方机构依据科学的方法得出的评级结果，可以引导投资、节约交易成本。专业化、市场化运作的评级可以规范市场环境，促进企业的诚信建设和健康发展。信用评级要按照规范化的评级程序，设置科学的指标体系，有计划有步骤地对被评级对象的资信状况作出综合评价。

本章教学重点与难点

1. 信用评级的特点
2. 信用评级的主体、客体与服务对象
3. 企业信用评级的程序
4. 企业信用评级指标的选取
5. 企业信用评级的方法

第一节　企业信用评级概述

一、信用评级的概念与特点

（一）信用评级的概念

信用评级又称为信用评级或信用评估，是指由专门的信用评级机构运用科学的指标体系，对各类经济组织和金融工具的履约能力及可信任程度进行客观公正的分析和判断，并以简单明了的符号来标明等级的一种经济活动。

具体地说，信用评级是由专门从事信用评级的独立的社会中介机构，运用科学的指标体系，通过定性与定量分析相结合、内部因素与外部因素相结合等评级方法，对债务人及发行的债务所做的综合评价。信用评级的结果是一种意见的表达。通过简单明了的符号，对评级对象是否能够及时支付其债务或履行金融契约的可能性表达意见。信用评级的服务对象在早期主要是广大的投资者，随着资本市场的发展，信用评级的服务对象呈现扩大化趋势，监管部门、发行方、投资者、商业银行及其他使用者都成为评级服务的需求方。信用评级是对未来的预期，即对受评对象（如公司、债券、主权国家、金融契约等）未来履行经济承诺的可能性进行评价，评级结果更多的是对受评对象未来信用质量的判断。

（二）信用评级的特点

信用评级主要有以下特点。

1. 简洁性。

信用评级以简洁的字母或数字组合的符号揭示受评对象的信用状况，是一种对受评对象进行价值判断的简明的工具。

2. 可比性。

各信用评级机构的评级体系使同行业受评对象处于同样的标准之下，从而昭示受评价对象在同行业中的信用地位。

3. 服务对象的广泛性。

信用评级主要服务对象包括投资者、金融机构、社会公众、大众媒体、商业客户、政府、其他社会组织。

4. 全面性。

信用评级就受评对象的管理与组织体系、经营管理素质、核心竞争力、经营效率、盈利能力、偿债能力、营销风险控制、影响力、社会形象、技术的先进性、发展前景等全面指示受评对象的发展状况，综合反映其整体状况，非其他单位的认证或考核所能做到的。

5. 公正性。

信用评级由独立的专业信用评级机构做出，评级机构秉承客观、独立的原则，提供客观、公正的信用信息。

6. 监督性。

监督性主要体现在三个方面：一是投资者对其投资对象的选择与监督；二是大众媒体的舆论监督；三是政府监管部门和社会其他组织的监管。

7. 形象性。

信用评级是受评对象在资本市场的通行证，信用级别的高低反映了受评对象在社会上的形象，是其综合实力的反映，也是其在经济活动中的身份证。

8. 社会信用的基础性。

信用评级有助于社会重视微观经济主体的信用状况，从而可以带动个人、企业、政府确立信用价值观，构筑社会信用的基础，进而建立起有效的社会信用体系。

二、信用评级的主体、客体与服务对象

（一）信用评级的主体

信用评级的主体即评级者或评级机构，一般为独立、中立并具有审计和评价能力的从事评级工作的法人评级单位。信用分析师，即从事信用分析和评级的专业人士，在法人评级单位主要从事评级事业。

（二）信用评级的客体

信用评级的客体即被评级者或受评对象。概括地讲，信用评级对象主要包括以下内容。

1. 实施债务融资的任何主体。

所有符合法律规定的自然人、企业法人、政府机构等可以承担债务责任的借款人，都是信用评级的目标群体。

2. 为特定债务融资提供担保的实体。

作为特定债务融资偿付风险评级的重要组成部分，对债务偿付做出的特定担保约定，也需要给予相应的非独立评级，即对债务的偿付措施或资质担保实体的评级。

3. 经营活动中承担信用责任的主体。

金融机构在正常经营过程中，承担着资金的偿付责任，时刻面临信用风险，如银行、保险公司等。对金融机构的评级是信用评级的一个主要业务。

（三）信用评级的服务对象

信用评级的服务对象主要为以下三大类。

1. 投资者。

信用评级服务于投资者，特别是社会公众投资者。利用信用评级可以降低投资者的信息搜索成本，减少因信息不对称而产生的投资风险。一个经济主体没有经济能力偿还到期债务，或者是即使有偿还能力但是否有偿还债务的意愿，这是投资者在决定投资时必须考虑的问题。该问题的回答既不能听信于企业管理者自身，也不能依赖于证券承销机构，因为它们都与债券的发行者存在着相关的经济利益关系。通过第三方独立的专业评估机构所做的信用评级，可以较为客观、公正地将受评对象的信用度标示于公众。这有利于广大公众投资者了解和识别各类筹资者及资本市场中各类证券投资的风险度，减少和避免由于信息不对称所引起的投资损失。

2. 筹资者。

信用评级服务于筹资者，作为融入资金的筹资者而言，是否能够赢得广大投资者的信任，取得进入资本市场融资的资格，降低筹资成本，信用等级等同于经济身份证，是作为一个经济实体进入资本市场融入资金的通行证。

3. 监管者。

信用评级服务于监管者，作为资本市场的监管者利用信用评级机构的评级观点，在监管中可以过滤掉一些信用较差、实力较弱的发行者，从而减少各种偿付风险，保证资本市场的繁荣稳定。

三、信用评级的主要内容

信用评级的对象既可以是个别债券或一系列债券，也可以是个别企业或金融机构，还可以是主权国家。根据信用评级的对象不同，可以分成主权评级、企业评级、金融机构评级和结构融资评级。

1. 主权评级。

国家主权信用评级，又称主权国家风险分析，是指评级国家的中央政府和中央银行获取足够硬通货偿还外债的能力评定。

主权信用等级一般被视为该主权范围内所有经济实体的无担保债务的最高信用等级，即存在“主权上限原则”。该原则的依据是：一国政府拥有广泛的权利与资金来源，所发行的债券以政府税收为偿付资金来源，其信用等级无疑高于该国任何发行体；同时在紧急情况下，中央政府有权收回所有企业和公共机构的外汇收入，中央银行也有权对本国资金流动进行直接金融管制。

主权评级是对一个国家的整体经济实力及所有的债务负担进行分析，分析影响一个国家经济状况的因素，分析一个国家的经济体制与政治体制对经济的影响，分析一个国家的财政收支情况以及今后可能的变动趋势，同时会考虑一个国家原有的以及潜在的债务压力。主要分析指标包括国家经济实力、国家财政收支、国际收支、主权政府债务负担等。

2. 企业评级

企业评级广义上既包括企业发行的债券评级，如长期债券、短期债券，商业票据、优先股、可转让债券等，也包括对企业信用质量的评级，即通常所说的企业评级或贷款企业评级。企业评级主要是对受评者所在的行业经济环境、政策与监管环境、市场竞争环境、管理层素质、经营实力、财务状况等方面因素的分析。

其中，行业风险评估是企业评级中的一项重要业务。行业风险是指企业所属行业在国内经济上的相对重要性及其特有的风险和机会。根据历史资料，当所处经济环境衰退时，企业的破产率往往大幅上升，因此，要掌握受评企业信用品质的变化。在了解了国家和行业风险后，一般进入企业微观层面的信用风险评估，具体包括：企业的发展历史；经营策略与管理哲学、管理团队素质；生产规模、营销系统、销售渠道、市场占有率、经营绩效、业界地位；会计制度设计、会计政策、融资政策；等等。

3. 金融机构评级。

金融机构信用评级包括对金融机构所发行各种债券的评估、对金融机构长短期存款的评估以及财务实力评估。金融机构评级涉及商业银行评级、保险机构评级和基金评级等。

银行评级，既可以针对银行机构本身进行评估，也可以针对其所发行的长短期债券进行评估。前者是以银行整体性为基础，后者则是就银行发行债券的信用风险加以评估。

保险机构评级是在对保险机构的经营业绩和财务状况进行全面分析和客观评价的基础上，给出对保险机构未来履行偿付义务能力和提供服务能力的评估意见。分析一般侧重于保险机构满足优先保单持有者索赔的总体能力，而不是建立在对某一个别保险合同的分析基础上。

保险机构的财务实力信用等级分为长期财务实力信用等级和短期财务实力信用等级，与企业长期和短期债务信用等级定义和符号基本相同。长期财务实力信用等级代表保险机构及时偿付高级保单债务责任的能力。短期财务实力信用等级定义表示保险机构对其拥有的不足一年到期需支付的高级保单债务责任的能力。

评级机构还对保险机构有担保的投资合同进行评级。在通常情况下，当对保险机构进行清理时，保险机构有担保的投资合同都被看作是对保单持有者的债务。此外，对保险机构财务实力进行评级的方法也被应用于对保单的评级，这些保单能用来偿还一些负债，如抵押和偿还债券等。

基金评级主要是对货币市场基金、债券投资基金的评级。

4. 结构融资评级。

结构融资是以对投资者提供一定的偿还担保为基础而发行证券的一种融资方式，就是将资产与其所有者完全分离开来，用资产或其产生的现金流作为抵押来发行证券。结构融资方式下偿债资金来源是提供担保的特定金融资产组合所产生的现金收入，或由第三方提供信用支持来清偿特定债务。

狭义的结构融资是指资产证券化，是将非流动性资产转化为具有更高流动性的证券，然后向投资者出售。资产所产生的现金流用于偿付证券本息和交易费用。资产证券化的基本运作原理是集合有共同特性的资产，或是将其他流动性较差的资产组合到一起，对其现金流进行重组并传递给投资者。

资产证券化产品是属于信用敏感的固定收益产品，产品的信用评级是产品的重要特征之一。信用评级机构对产品的信用评级报告是资产证券化产品信息披露的重要组成部分。资产证券化评级首先要对基础资产进行考察，其次要对相关的参与人和交易结构进行考察，将分析的结果输入相关模型、检验比较之后，根据结果得出信用评级等级。

总之，作为一种独特的金融创新，结构融资存在很多风险，需要信用增级和信用评级，以吸引投资者，降低发行成本。

四、企业信用评级符号

2006 年 3 月 29 日，中国人民银行以银发〔2006〕95 号文的方式发布了《中国人民银行信用评级管理指导意见》，对信用评级机构在银行间债券市场和信贷市场信用评级的执业行为进行了规范，对评级机构采用的评级符号及含义进行了统一。

根据指导意见的规定，借款企业的信用等级分为三等九级，即 AAA、AA、A、BBB、BB、B、CCC、CC、C。等级含义参见表 6.1。

表 6.1　　借款企业的信用等级符号及其含义级别

级别	含义说明
AAA	短期债务的支付能力和长期债务的偿还能力具有最大保障；经营处于良性循环状态，不确定因素对经营和发展的影响最小
AA	短期债务的支付能力和长期债务的偿还能力很强；经营处于良性循环状态，不确定因素对经营和发展的影响很小

续表

级别	含义说明
A	短期债务的支付能力和长期债务的偿还能力较强；经营处于良性循环状态，未来经营和发展易受到企业内外部不确定因素的影响，盈利能力和偿还能力会产生波动
BBB	短期债务的支付能力和长期债务的偿还能力一般，目前对本息的保障尚属适当；企业经营处于良性循环状态，未来经营与发展受企业内外部不确定因素的影响，盈利能力和偿还能力会有较大波动约定的条件可能不足以保障本息的安全
BB	短期债务的支付能力和长期债务的偿还能力较弱；企业经营与发展状况不佳，支付能力不稳定有一定风险
B	短期债务的支付能力和长期债务的偿还能力较差；受内外部不确定因素影响，企业经营较困难，支付能力具有较大的不确定性，风险较大
CCC	短期债务的支付能力和长期债务的偿还能力很差；受内外部不确定因素影响，企业经营困难，支付能力很困难，风险很大
CC	短期债务的支付能力和长期债务的偿还能力严重不足；经营状况差，使企业经营及发展走向良性循环状态的内外部因素很少，风险极大
C	短期债务的支付能力和长期债务的偿还能力极差；企业经营状况一直不好，基本处于恶性循环状态，促使企业经营及发展走向良性循环状态的内外部因素极少，企业濒临破产

注：每一个信用等级可用“+”“-”符号进行微调，表示略高或略低于本等级，但不包括AAA+。

而银行间债券市场短期债券信用等级划分为四等六级，符号表示分别为：A-1、A-2、A-3、B、C、D。等级含义参见表6.2。

表6.2　银行间债券市场短期融资信用等级及含义

级别	含义说明
A-1	为最高级短期债务，其还本付息能力最强，安全性最高
A-2	还本付息能力较强，安全性较高
A-3	还本付息能力一般，安全性易受不良环境变化的影响
B	还本付息能力较低，有一定的违约风险
C	还本股息能力很低，违约风险较高
D	不能按期还本付息

注：每一个信用等级均不进行微调。

五、我国信用评级业发展历程

我国的信用评级业是随着经济体制改革不断深化、由计划经济向市场经济过渡过程中出现的新生事物，到目前已有20多年的发展历史。纵观我国资信评级业的发展历史，大致可将其分为四个发展阶段。

（一）初创阶段（**1987~1992**年）

以国务院发布《企业债券管理暂行条例》和中国人民银行总行下达发行债券制度为标志，我国信用评级业开始了初步创立阶段。这一时期的发展是缓慢而艰难的，可以根据不同时期的发展特点分成三个时期。

1. 诞生时期（1987~1989年）。

1987年2月，国务院发布《企业债券管理暂行条例》，与此同时，人民银行总行下达地方企业发行债券制度。1988年3月，中国人民银行金融研究所召开信用评价问题研讨会，就资信评级的理论、制度、政策、机构、方法进行了较为广泛的讨论。人民银行系统组建了20多家评估机构、调查信息部等咨询机构也开展了信用评级工作。

2. 整顿时期（1989~1990年）。

此阶段中央实行“双紧”政策，紧缩银根，各地资金市场逐渐萎缩。中国人民银行总行于1989年9月下发《关于撤销人民银行和专业银行设立的证券公司、信誉评级公司的通知》，清理了一批信用评级机构。

3. 恢复发展期（1990~1992年）。

1990年8月中国人民银行下发《关于设立信誉评级委员会有关问题的通知》，就归口管理、机构性质和业务范围做出明确规定。信用评级业务走上相对规范化、制度化的道路，初步形成信用评级指标体系。

（二）初步发展阶段（**1993~1999**年）

以中国诚信证券评估有限公司成立和国务院《企业债券管理条例》出台为标志，我国评级业首次进入相对较快的发展时期。

1. 企业债券信用评级市场发展较快。

1992年12月国务院下发《关于进一步加强证券市场宏观管理的通知》，通知中明确了债券信用评级工作应作为债券发行审批的一个必要程序。1993年8月2日，国务院第121号令发布《企业债券管理条例》。企业发行企业债券，可以向经认可的债券评信机构申请信用评级。条例的实施，对我国信用评级业促进很大。1997年12月16日，人民银行总行认可9家评级机构在全国开展企业证券评级业务，信用评价市场得到进一步规范。1999 年 7 月 1 日出台的《中华人民共和国证券法》第 157 条规定，根据证券投资和证券交易业务的需要，可以设立专业的证券投资咨询机构、资信评级机构以及时揭示和防范证券市场风险，保证投资者的合法权益，维护证券市场正常秩序。

2. 企业贷款评级业务日趋规范。

我国贷款企业评级开展较早，主要在银行内部展开。商业银行开展贷款企业评级的主要依据是《贷款通则》。1995 年 11 月 30 日，中国人民银行以银发〔1995〕322 号文发布了《贷款证管理办法》，其中第 6 条关于贷款证内容的第八项为“企业资信等级记录。在实行贷款证管理制度的城市，经发证机关认可的资信评级机构对企业评定的资信等级，可在此部分登记”。1996 年 6 月 28 日，中国人民银行以中国人民银行令 1996 年 2 号发布《贷款通则》，其中第 26 条为“对借款人的信用等级评估应当根据借款人的领导者素质、经济实力、资金结构、履约情况、经营效益和发展前景等因素，评定借款人的信用等级。评级可由贷款人独立进行，内部掌握，也可以由有关部门批准的评估机构进行”。

3. 金融机构评级稳步推进。

从 20 世纪 90 年代开始，我国对金融机构的资信评级稳步推进、有序开展。自 1992 年始，一些专业评级机构对证券司进行资信评级；1993 年开始对信托投资公司进行资信评级；1999 年年底对 2 家保险公司进行评级。至此，对金融机构的资信评级越来越普遍，且覆盖面越来越广。

这一阶段，我国资信评级队伍初步形成规模。国内资信评级机构之间联系日益加强，同时开始与国外有所交流。

（三）徘徊探索阶段（2000 ~ 2003 年）

以国家发展和改革委员会管理企业债券审批和社会高度关心信用问题为标志，我国评级业进入了探索阶段。

从社会环境与监管政策来看。2000 年年末，中央经济工作会议和《国民经济和社会发展“十五”计划纲要》提出了加快建立健全社会信用制度的要求，党的十六大报告提出“整顿和规范市场经济秩序，健全现代市场经济的社会信用体系”。十六届三中全会进一步指出“要增强全社会的信用意识，形成以道德为支撑，产权为基础，法律为保障的社会信用制度”。1999 年巴塞尔委员会发布了新资本协议的征求意见稿，2001 年 1 月公布了更详细的第 2 稿，2003 年 4 月公布了第 3 稿，我国的积极应对对我国的资信评级业产生了积极影响。

从业务发展来看。2001 年 4 月 26 日，中国证监会发布《上市公司发行可转换公司债券实施办法》，第 31 条规定，发行人可委托有资格的资信评级机构对本次可转换公司债券的信用或发行人的信用进行评级，资信评级的结果可以作为确定有关发行条款的依据并予以披露。2001年3月，财政部《中小企业融资担保机构风险管理暂行办法》规定建立对担保机构资信的定期评级制度，担保机构定期聘请经财政部门认可的资信评级机构进行资信评级。2001年4月国际经济贸易委员会等十部委联合下发了《关于加强中小企业信用管理工作的若干意见》，标志着我国以中小企业为主体之一的社会化信用体系建设开始启动。

这一阶段信用评级机构发展现状大致分为以下三类：第一类是如联合资信评估有限公司、中诚信国际信用评级有限公司、大公国际资信评估有限公司等一批从市场上发展起来的、运作相对比较规范、独立于任何机构的资信评级公司，此类机构不超过10家；第二类是20世纪80～90年代，因市场发展而成立的原来隶属于或挂靠于各级人民银行及其他商业银行的内部评级机构，随着改革逐步从银行中独立出来，这类机构有数十家，市场影响力较小；第三类是国外的评级机构，如穆迪、标准普尔、惠誉等在国内设立办事机构。

（四）重大发展阶段（2003年至今）

这一阶段我国的信用评级业取得了重大发展。主要表现在以下几个方面。

1. 多个监管部门对评级机构进行了认可或许可。

目前，通过中国保险监督管理委员会、国家发展和改革委员会、中国人民银行共同认可的资本市场评级机构有5家，分别是中诚信国际信用评级有限公司、联合资信评估有限公司、大公国际资信评估有限公司、上海新世纪资信评估投资服务有限公司、上海远东资信评估有限公司。这些机构是我国影响相对比较大的评级机构。经证监会认可的资本市场评级机构有4家。经国家发展和改革委员会、中国人民银行等认可，从事中小企业评级、借款企业评级及中小企业信用担保评级的机构估计在20家以上。

2. 评级业务量和品种有了重大突破。

自2003年以来，我国的债券市场得到了快速发展，企业债券发行数量增加，既有中长期债券，又有短期融资券，品种不断丰富。金融机构发行普通金融债、次级债、混合资本债也具有基本的规模，资产证券化产品在品种上也取得了重大突破，这些都推动了评级品种、数量的跨越式发展。同时，中小企业评级和中小企业信用担保机构评级也取得了较快发展。借款企业评级在各地都在不断推进。

近年来，主要评级机构的人员队伍走出了多年徘徊局面，评级人才队伍初步建立；评级机构采取向国际评级机构学习、与国际评级机构合作、召开专业会议及自己研究等方式，评级技术水平得到了提高，监管机构对评级业实施了实质性监管，评级机构业务质量明显提高，评级的作用日益显著。

案例6.1　世界三大评级机构简介

世界三大评级机构是指国际上最具影响力的三家信用评级机构，它们分别是标准普尔、穆迪投资者服务公司和惠誉国际信用评级公司。

1. 穆迪（Moody's）。

公司简介：主要指的是穆迪的投资等级或穆迪的投资服务公司，总部位于纽约的曼哈顿，最初由John Moody在1900年创立，是美国评级业务的先驱。目前，穆迪在全球有800名分析专家、1700多名助理分析员，在全球26个国家和地区设有分支机构，员工约4500人。股票在纽约证券交易所上市交易（代码MCO）。

发展历史：穆迪投资服务公司曾经是邓白氏（Dun & Bradstreet）的子公司，2001年邓白氏公司和穆迪公司两家公司分拆，分别成为独立的上市公司。穆迪公司的创始人是约翰·穆迪，他在1909年首创对铁路债券进行信用评级。1913年，穆迪开始对公用事业和工业债券进行信用评级。

主营业务：穆迪的业务范围主要涉及国家主权信用、美国公共金融信用、银行业信用、公司金融信用、保险业信用、基金以及结构性金融工具信用评级等几个方面。它的业务与评级与标准普尔大同小异。

2. 标准普尔公司（Standard & Poor's）。

公司简介：标准普尔公司总部位于美国纽约。在100多个国家为约32万亿美元的债务证券提供评级，在世界范围内提供79个主要的指数系列，其中标准普尔500指数广为人知。标准普尔全球1200指数涉及31个市场的证券，涵盖了全球约70%的资本市场份额。目前标准普尔在23个国家拥有约8500名雇员。

发展历史：标准普尔由普尔先生于1860年创立。由普尔出版公司和标准统计公司于1941年合并而成。1975年，美国证券交易委员会SEC认可标准普尔为“全国认定的评级组织”或称“NRSRO”。

主营业务：提供信用评级、指数服务、投资研究、风险评估和数据服务。

3. 惠誉国际（Fitch）。

公司简介：惠誉国际是唯一的欧资国际评级机构，规模较其他两家稍小，总部在纽约和伦敦。惠誉在全球拥有50多家分支机构和合资公司、2000多名专业评级人员，为超过80个国家和地区的客户提供服务。

发展历史：1913年，惠誉国际由约翰·惠誉（John K. Fitch）创办，1997年年底并购英国IBCA公司，2000年收购了Duff & Phelps和Thomson Bank Watch。目前，公司97%的股权由法国FIMALAC公司控制。Hearst Corporation于2006年并购了惠誉集团20%股份。

主营业务：惠誉国际的业务范围包括金融机构、企业、国家、地方政府和结构融资评级。迄今惠誉国际已完成1600多家银行及其他金融机构评级，1000多家企业评级及1400个地方政府评级，以及全球78%的结构融资和70个国家的主权评级。其评级结果得到各国监管机构和债券投资者的认可。

资料来源：新浪财经。

第二节 企业信用评级程序

一、评级工作基本流程

中国人民银行2006年发布的《中国人民银行信用评级指导意见》要求信用评级机构应遵循以下信用评级程序：

（1）被评对象与信用评级机构当事双方签订评级合同，支付评估费。

（2）被评对象按合同规定向信用评级机构提供所需的真实、完整的有关资料、报表。

（3）信用评级机构收到被评对象提供的资料、报表后，在合同规定期限内按有关规定进行详细审核，并就被评对象经营及财务状况组织现场调查和访谈。

（4）信用评级机构综合收集到的与被评对象有关的信息资料，经加工分析后提出信用评级报告书。

（5）信用评级机构召开内部信用评级评审委员会，评定等级。

（6）如被评对象有充分理由认为评级结果与实际情况存在较大差异，可在规定的时限内向信用评级机构提出复评申请并提供补充资料，复评次数仅限一次；首次评级后，信用评级机构应将评级结果书面告知被评对象并向中国人民银行报告。

（7）拟发行债券的信用评级结果由债券发行人在中国人民银行指定的国内有关媒体上公告。借款企业和担保机构信用评级结果，由信用评级机构在企业自愿的原则下，将其信用等级在国内有关媒体上公告。

（8）信用评级机构在债券存续期和企业信用等级有效期内，应进行跟踪评级。跟踪评级结果与公告结果不一致的，由信用评级机构及时通知被评对象。信用评级机构应将变更后的债券信用等级在指定媒体上向社会公布并书面报告中国人民银行；变更后的借款企业信用等级和担保机构信用等级，信用评级机构除书面报告中国人民银行外，还应在企业自愿的原则下，将其信用等级在国内有关媒体上公告。

信用评级机构的评级程序在具体操作中可能存在或多或少的差异，但基本的程序和步骤差异不大。评级机构的评级操作大致分为7个主要阶段：

（1）前期准备；

（2）信息收集；

（3）评级分析；

（4）确定等级；

（5）通知被评机构（复评）；

（6）公布评级结果；

（7）跟踪评级。

信用评级程序如图 6.1 所示。

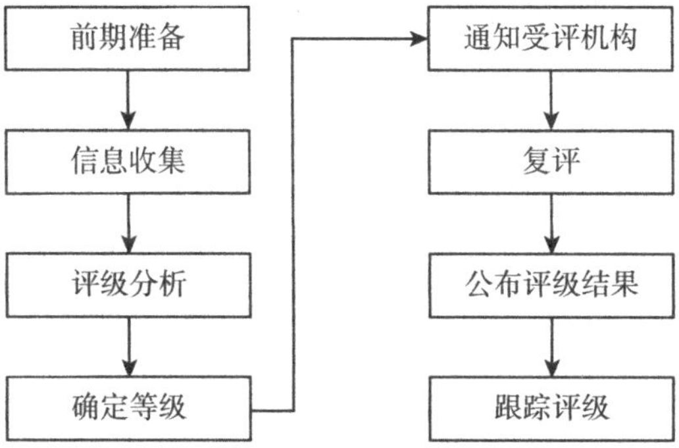

图 6.1　信用评级程序

二、企业信用评级的基本操作程序

（一）前期准备

1. 签订委托协议。

除了主动评级外，目前多数评级活动都是由被评对象提出的，因此，企业也即委托方提出申请是评级活动的起点。委托方向评级机构提出信用评级申请，由评级机构的市场人员与委托方签订《信用评级委托协议》，协议书内容主要包括签约双方名称、评级对象、评级目的、双方权利和义务、出具评级报告时间、签约时间等，并按规定向委托方收取相应评级费用。

2. 成立评级项目组。

评级机构的业务部门会根据评级对象特点成立专门的评级项目小组，并指定符合条件的项目组负责人。项目组一般由 2 ~ 3 人组成，特殊项目视工作需要确定项目组人数。

评级项目组一般由部门负责人来安排和组建，必要时要请示主管领导。要组建好评级项目小组，部门负责人要对每个评级人员的能力、特点、优势、性格有比较清楚的了解。另外，评级项目组人员应主动提出规避与自己有经济关系、亲戚关系等影响评级独立、客观、公正原则的其他情形。部门负责人也要注意这个回避问题。

评级项目组组建后，应按照《信用评级委托协议》要求和工作需要，制订合理的评级工作计划。项目负责人按照实际项目和项目组成员的特点进行适当的分工。

分工的基本方式有两种：一是按照报告撰写的内容来分工，如项目组成员分别承担行业分析、财务分析、经营管理分析等，这样，每个成员就可以重点按照准备写的内容来收集资料、拟订调查提纲、进行调查、考虑和研究基本观点、撰写报告等；二是按照评级的各个工作环节来划分，如按照调查、撰写报告、修改等来分工，在项目组成员都比较有经验的情况下，可以按照这种方式来分工。

无论怎样分工，项目负责人必须承担主要的责任，总体责任就是要保证本评级项目的顺利完成。项目组成员在分工合作的基础上共同完成评级工作。因此，既不能由项目负责人包办一切，也不能放任不管，形不成合力。必须是在各负其责的基础上充分合作，发挥每个成员的积极性和能动性。项目组在工作进程中要多讨论、多修改、多总结，集中大家的智慧，提高评级质量。项目组在与委托方或发行人沟通时，要有主发言人，一般由项目负责人担任，其他成员可以适当补充，或按照预先的安排进行补充和发言。

（二）信息收集

评级项目组成立后，应立即着手进行前期研究，包括收集有关资料。信用评级所需要的信息包括评级对象的内部信息和外部信息两大类。内部信息包括财务及非财务信息、评级对象的未来发展信息、评级对象管理部门和股东的信息等。外部信息包括宏观经济环境、产业（或行业）发展趋势、技术环境、政策和监管措施等来自评级对象外部、由评级机构独立收集的信息。这些信息的收集和获取，大致有以下渠道。

1. 评级机构收集的信息。

评级机构收集的信息大多是宏观经济环境方面的、行业发展趋势的、来自评级对象外部的信息。按照信息来源的准确性，一般可以分为两类：一是权威性资料，包括国家统计局、政府管理部门、行业协会公布的信息资料、上市公司公开披露的信息、行业内大型企业的公开资料等；二是参考性资料，包括社会公共媒体的有关报道、专家的观点、社会征信机构的信息、有关机构的行业分析报告等。

2. 被评客户提供的信息。

被评客户的相关数据是直接为评级业务服务的基础性数据，这类数据一般是在具体的评级业务过程中，由项目组向被评对象发出评级所需的资料清单，由被评对象提供的有关资料和数据信息，包括被评对象的注册登记信息、人员素质性质、资产负债状况、产品生产和销售情况、经营管理状况、技术研究情况、未来发展预测、整体财务状况及债券发行等方面的数据信息，此数据信息是评级业务的基础材料。

3. 实地调查获取的信息。

项目组依据被评对象提供的资料，连同自身单独收集的信息进行初步分析，确定材料中的遗漏、缺失、错误的信息并通知评级对象（发行人）进行更正，也可以向有关掌握被评对象资料的相关部门索要。在掌握被评对象的基本情况，达到对被评对象的基本了解，并形成初步的判断后，评级项目组还要通过制订信用调查和访谈提纲，通过实地调查和访谈对被评对象生产经营现场进行考察和进一步收集相关资料，通过与被评对象管理层和相关人士的访谈，对影响被评对象及其发行的债券信用状况的有关因素进行进一步调查和了解。

（三）评级分析

完成评级资料的收集包括现场调查获取的资料后，即进入评级分析阶段。这一阶段的工作主要由处理数据、形成基本观点、撰写信用评级分析报告、提出初步信用等级组成。

1. 处理数据。

评级数据是评级工作的基本依据，正确处理数据是评级工作顺利开展和保证评级质量的基础。评级数据的处理包括评级数据的确认和核对、评级数据的输入、评级数据的校对等工作。评级公司一般都建立了被评对象的数据库及有关数据的计算程序。通过将被评对象的相关数据（基础型数据）和涉及宏观经济环境、行业发展状况的辅助型数据按录入的格式要求，进入数据库录入数据，最后在完成计算后，按要求输出数据分析表格。

另外，为了更好地把握企业的特征，保证评级的准确性，通过选择与被评对象相近（包括处于同一行业，经营规模、模式比较接近，具有比较高的可比性）的 5 ~ 10 家企业进行数据对比分析。

2. 形成基本观点。

评级观点是评级报告的骨架，是对被评对象的方方面面的判断，特别是对风险、管理水平、市场竞争力、经营合理程度等的判断。而评级观点必须通过讨论和交流的方式形成，通过比较科学的程序产生。

完成资料收集和整理之后，项目组应当根据与被评对象相适应的评级指标体系和评级方法，对评级材料深入分析。评级人员应当对被评对象的经营环境、经营能力及状况、财务、被评对象风险因素及抗风险能力等方面进行评价：对特殊行业的评级对象还应当分析影响评级对象的特殊因素；对债券及债券类的评级，还应当深入分析发行人募集资金投向、到期偿债能力与资金流向及收益相关的因素，如存在担保或抵押，还应评估担保或抵押状况。为了保持评级结果一致性，首先进行定量评级，即通过定量指标和量化后的定性指标的计算、评级和综合，得出定量的各种结论及评级等级，为下一步评级报告的撰写奠定基础。

3. 撰写信用评级分析报告

评级机构的评级报告包括的内容大体一致，但一般也会有一定的差别。随着监管要求的提出，评级报告的内容趋于一致。按照中国证监会2003年10月8日实施的《资信评级机构出具证券公司债券信用评级报告准则》的规定和中国人民银行《信贷市场和银行间债券市场信用评级规范第2部分：信用评级业务规范》规定信用评级报告应当至少包括概述、声明、信用评级报告正文、信用评级业务跟踪评级安排和附录等内容。项目组在充分讨论、形成基本观点的基础上，撰写信用评级分析报告，供评级委员会讨论。

4. 提出初步信用等级。

通过前面的分析评估，项目组应对定性指标进行评估打分，对定量指标打分结果进行评估调整，输出定性定量指标综合打分表；参考综合打分表，并综合考虑其他各种因素，对信用等级进行总体定性判断，给出初评信用等级，并体现在信用评级分析报告中。

（四）确定等级

项目组起草与撰写信用评级报告，要认真研究和校对，统一基本观点。之后，应将报告提交部门负责人审阅，然后正式提交评级机构的评级委员会，由评级委员会讨论决定。评级机构的评级委员会是评级机构最重要的机构之一，它对信用评级体系的审定、信用等级的决定至关重要。

1. 评级委员会的组成和职责。

中国证监会2007年下发的《证券市场资信评级业务管理暂行办法》规定：证券评级机构应当建立评级委员会制度，评级委员会是确定评级对象信用等级的最高机构。评级委员会的成员一般由评级机构的资深评级人员、高级管理人员和高级分析师组成，设主任委员1人，副主任委员2~3人。

信用评级委员会委员的基本职责包括：对评级项目组提交的初评报告和初评结果进行审查，做出决议，确定信用等级；制订和完善评级方法与标准，包括公司评级业务管理制度；指导评级项目组的评级工作，贯彻评估机构的评级方法和标准，协调评级观点；指导评估机构相关研究工作开展：审定评估机构出具的信用评级报告和有关研究报告，并对其质量进行评定。

评级委员会成员在工作中，必须遵守评级公司的各项规章制度，坚持独立、客观、公正的原则，严守秘密。

2. 评级委员会的决策过程。

评级委员会日常主要工作内容是对评级项目信用等级和信用评级报告进行审核。信用评级机构会定期召开评级委员会会议。在会上，由项目组组长或其指定的人员汇报项目的基本情况，包括项目的基本情况、企业基本情况、主要风险和主要优势、建议级别等。听完汇报后，由评级委员会委员发表自己的意见，主要针对报告中存在的疑问、对报告中评级观点的质疑和意见、对评级过程是否合规的看法等。项目组应对评级委员提出的问题现场解答。评级委员会主任根据大家的意见决定是要继续讨论、开始投票或者认为评级报告需要补充或重大修改。如果认为该评级项目存在重大问题，项目组必须继续收集资料、修改报告、解决信用评级委员会提出的疑问。原则上，评级委员之间可以有不同意见，但应通过讨论寻求更多的共识，尽可能意见基本一致。经过讨论，没有重大分歧后，就可以进行信用等级的投票表决，投票后，根据少数服从多数原则或加权平均原则确定评级结果，中国人民银行发布的《信贷市场和银行间债券市场信用评级规范》要求评级结果须经2/3以上的与会评审委员同意方为有效。

（五）通知受评机构（复评）

1. 通知受评机构。

在评级委员会达成决定后，结果将会通知受评机构，并告知评级所根据的理由与依据，让受评机构了解评级委员会依据做出评级结果的关键因素，倘若受评机构不认同评级结果，他们有权提出重审，或可选择将结果保密。

2. 复评程序。

在信用评级委员会给出评级结果后，如无特殊情况，应在2日内将评级结果通知委托方，并将信用评级报告发送给评级委托方。如果受评机构在规定的期限内对评级结果没有提出异议，则评级结果为首次评级的最终信用级别，评级工作结束。

如果受评机构有充分理由认为评级结果与实际情况存在较大差异，可在收到信用评级报告7日内提出书面复评申请，并提供相应的补充材料。复评申请次数仅限一次。

受评机构应正式行文向评级机构提出复评申请，并提供相应的补充材料。受评机构申请复评的理由主要包括两大类：一类是受评机构补充评级报告中未涉及的相关资料；另一类是对评级报告中的有关问题做补充说明。

由项目组在分析受评机构提供的补充资料和复评理由后，应向评级机构信用评级委员会提出是否接受复评申请的建议。信用评级委员会根据有关情况确定是否受理复评。决定受理的，评级项目组应对补充的材料和委托方的复评理由进行分析，撰写《信用评级复评分析报告》，并给出复评信用等级的建议。

复评重复上述规定的级别评定程序，由评级机构的信用评级委员会确定复评结果。复评结果为最终的信用级别，且复评仅限一次。

如果受评机构对评级结果有异议，但不能在规定的时限内提出复评申请，或不能提供充分、有效的补充材料和复评理由的，评级机构可不受理复评申请。如复评期限已过，但确有重大事项或新的资料足以对受评机构或其发行的债券信用状况产生重要影响时，可根据《跟踪评级管理制度》的有关规定实施跟踪评级。

（六）公布评级结果

信用等级确定后，评级机构需要根据相关情况决定公布或不公布，以及公布的内容。一般来说，信用评级在受评机构不希望公布结果的情况下，评级机构一般会尊重受评机构的意愿而不公布。当然，如果监管部门要求必须公布，则应按照监管部门的要求来做。

如果受评机构没有不能公布的明确要求，评级机构一般会将评级结果公布。最简单的是采取在评级机构网站上发布，发布的内容可以只公布结果，也可以公布评级报告摘要，也可以公布评级报告全文。这种发布方式是最简单和节约费用的。一般适用于监管部门没有特别要求的情况。重大的评级项目还可以由受评机构、评级机构以及承销机构共同或单独以举行新闻发布会的方式公布。对于公开评级，评级机构可自主决定是否发布评级结果和评级报告，以及发布渠道。但一般应在发布评级结果和评级报告之前礼貌告知被评对象。

我国正在加强评级信息发布的监管，目前要求的公布方式主要是在媒体上公布。一是受评机构公布，包括只公布评级结果或披露评级报告全文。如《短期融资券信息披露规程》规定："发行人应在融资券发行日前 3 个工作日，通过中国货币网披露相关发行信息。"发行人应披露"信用评级报告全文及跟踪评级安排的说明"。《中国人民银行信用评级管理指导意见》规定："首次评级后，信用评级机构应将评级结果书面告知被评对象并向中国人民银行报告。""拟发行债券的信用评级结果由债券发行人在中国人民银行指定的国内有关媒体上公告。"二是在受评机构自愿原则基础上，由评级机构公布评级结果。《中国人民银行信用评级管理指导意见》规定："借款企业和担保机构信用评级结果，由信用评级机构在企业自愿的原则下，将其信用等级在国内有关媒体上公告。""信用评级机构在债券存续期和企业信用等级有效期内，应进行跟踪评级。跟踪评级结果与公告结果不一致的，由信用评级机构及时通知被评对象。信用评级机构应将变更后的债券信用等级在指定媒体上向社会公布并书面报告中国人民银行；变更后的借款企业信用等级和担保机构信用等级，信用评级机构除书面报告中国人民银行外，还应在企业自愿的原则下，将其信用等级在国内有关媒体上公告。"

评级机构发布的内容根据监管的要求和受评机构的要求及投资者的要求而有所差异。信用分析人员应根据发布的方式而做好各种准备工作。

（七）跟踪评级

在首次发布信用评级报告后，评级机构要进行跟踪评级。跟踪评级是信用评级一个不可或缺的过程，评级机构应在信用等级时效限定期内按照跟踪评级安排继续进行评级服务。一般地，信用评级机构应确定跟踪评级的人员安排、分析人员的职责、跟踪评级关注范围、跟踪评级的时间安排等，在信用等级有效期内密切关注受评对象的信息，保证信用评级资料的及时更新，及时、准确揭示信用风险。

根据性质不同，跟踪对象可分为“观察”类和“一般”类两种。其中，“观察”类包括：到期前 2 个月的债券；到期前 6 个月的主体、长债；初次评级存在较大争议发行人及其债项；行业或企业发生了重大变化事项；通过跟踪评级，被确认为观察对象的发行人及其债项。

跟踪评级一般分为定期跟踪评级和不定期跟踪评级两种。

1. 定期跟踪评级。

定期跟踪评级一般是在受评机构审计报告完成后进行的，并要求定期跟踪评级报告应当与前次评级报告保持连贯。因此，定期跟踪评级一般要求受评机构提供完整的财务会计报告、年度报告、企业经营回顾与讨论、人力变动情况、公司治理结构、股权结构等比较详细的资料，必要时还要安排尽职调查和访问。

目前监管部门对定期跟踪评级提出了时间要求，一般地，对于主体评级，应在正式出具评级报告后第 6 个月发布定期跟踪报告；对于 1 年期的短期债券，评级机构应在债券发行后第 6 个月发布定期跟踪报告；对于 1 年期但尚未发行的短期债券，评级机构应在正式出具初次评级报告后第 6 个月发布定期跟踪报告；对于中长期债券，应在债券发行后第 12 个月，于每年公司年报公布后的 1 个月内以及到期前 6 个月进行定期跟踪评级；列入“观察”类评级对象，要求在 1 个月之内出具跟踪评级报告。

2. 不定期跟踪评级。

不定期跟踪评级自首次评级报告发行之日起进行。不定期报告一般是在受评机构发生突发事件时进行（包括列入观察类企业）的，主要分析突发事件对受评机构正常经营所产生的影响，或对受评机构信用状况的跟踪研究。

一般地，当受评机构发生以下重大事项时，应及时进行跟踪。这些重大事项包括外部政策变动、重大购并事件、受评机构主要领导人发生变动、经营情况异常、财务状况异常、涉及重大诉讼、其他突发事件等。

跟踪评级的最终结论包括：“稳定”、“升级”、“降级”、“正面”、“负面”、“不确定”、“列入评级观察”、“取消评级”八种。当受评机构经营财务等各方面处于良性发展状态时，跟踪评级结论为“稳定”；当受评机构发生重大变化，变化程度足以证明高于原有的信用等级时，跟踪评级结论为“升级”；当受评机构发生重大变化，变化程度足以证明低于原有的信用等级时，跟踪评级结论为“降级”；当受评机构发生好的变化，但变化程度不足以调整信用等级时，跟踪评级结论为“正面”；当受评机构发生差的变化、但变化程度不足以调整信用等级时，跟踪评级结论为“负面”。当受评机构存在潜在不确定因素时，跟踪评级结论为“不确定”；当受评机构存在潜在不确定因素，需要进行进一步观察时，跟踪评级结论为“列入评级观察”；当受评机构不配合评级机构的跟踪评级工作，不能按期提供评级机构需要的资料，且评级机构有充分理由无法维持原有的信用等级时，跟踪评级结论为“取消评级”。

案例 6.2　美国标普全球公司获准进入中国信用评级市场

2019 年 1 月 28 日，中国人民银行营业管理部发布公告，对美国标普全球公司（S&P Global Inc.）在北京设立的全资子公司——标普信用评级（中国）有限公司予以备案。同日，中国银行间市场交易商协会亦公告接受标普信用评级（中国）有限公司进入银行间债券市场开展债券评级业务的注册。这标志着标普已获准正式进入中国开展信用评级业务。

信用评级行业对外开放是稳步扩大金融市场对外开放的重要组成部分。当前，中国金融市场国际化进程不断加快，国际评级机构的引入，有利于满足国际投资者配置多元化人民币资产的诉求，也有利于促进中国评级行业评级质量改善，对中国金融市场的规范健康发展具有积极意义。

下一步，中国人民银行将持续推进信用评级行业对外开放，支持更多具有国际影响力且符合条件的外资信用评级机构进入中国市场。同时，中国人民银行将加强信用评级监管，强化市场约束机制，充分发挥信用评级在风险揭示和风险定价方面的作用。特别是在围绕改善民营企业和小微企业融资环境，加大金融服务实体经济的力度，引导市场预期等方面，充分发挥信用评级的作用。

第三节　企业信用评级指标

一、信用评级指标体系的内容

（一）信用评级指标体系的概念

信用评级指标体系又称资信评级指标体系，是信用评级机构在对被评对象的资信状况进行客观公正的评价时所采用的一套完整的指标选信用评级指标体系统，也是信用评级的依据。目前，全球著名的评级机构都有自己的信用评级指标体系，而我国的各家评级机构也各有一套自主评级体系。

信用评级指标体系，体现了信用评级机构的评级理念，是信用评级机构开展评级调查的指南，是制订被评对象提供资料清单的基础，是决定被评对象信用等级的标准。能否科学地开展信用评级工作，客观地决定被评对象信用等级，与信用评级指标体系关系密切。

（二）信用评级指标体系的内容

一个完整的信用评级指标体系应该包括以下六个方面内容。

1. 信用评级的要素。

一个评级机构要建立信用评级指标体系，首先要明确评级的内容从哪些方面入手，即评级的范围有几个，我们可以把这些方面称为评级的要素，它体现了评级机构对信用概念的理解。例如，国际上著名的5C要素分析法，主要是从品质、能力、资本、抵押和条件五个方面进行分析。

2. 信用评级的指标。

信用评级指标是体现信用评级要素的具体项目，是对评级内容的细化。评级要素只是规定了大的方面，这些大的方面要通过一些具体的指标加以衡量。例如，要分析企业的基本素质，可以从管理人员的素质、员工的素质、企业的人员构成、企业的技术装备情况等指标入手进行分析。

一般来说，信用评级的指标有定量指标和定性指标。指标的选择必须要有代表性，要能充分体现评级的内容，通过几项指标就能把企业信用的某一方面要素给予较为全面的揭示。

3. 信用等级。

信用等级是反映信用评级的级别和符号。不同的信用等级通过不同的等级符号来表示。表6.1和表6.2就是我国银行间债券市场借款企业信用等级设置和短期债券信用等级设置。

4. 信用评级的标准。

信用评级的标准就是评级机构根据具体被评对象的实际情况，来选择各项指标的参照标准。制订合理的评级标准是建立评级指标体系的一个重要内容，标准太高或太低都不利于评级业务的正常开展。因此，标准的制定必须十分慎重。

由于社会形势在不断变化，不同评级的标准值也不能一次确定，终身不变，而要根据经济发展状况及时进行调整，使评级的结果能跟上经济形势发展的要求。

5. 信用评级的方法。

信用评级的方法多种多样，分为自我评议、群众评议和专家评议三大类。独立的第三方专业评级机构的评级业务中，一般采用专家评议。政府机关组织的评级可以采用自我评议、群众评议和专家评议相结合的方法。在评级具体操作上，可以采用定量分析方法与定性分析方法相结合、静态分析与动态分析相结合、外部因素分析与内部因素分析相结合等方法。

6. 信用评级的权重。

这是指在评级指标体系中各项要素与具体指标的重要性表示。影响企业或债项信用状况的因素是多种多样的，而不同因素的影响力不尽相同，因此，在进行信用评级时对各项指标在信用评级指标体系中的作用不可能等同看待。对企业或债项的信用等级起到决定性作用的，就要给予较大的权重，而有些指标的作用可能小一些，其权重就相对要小。

二、企业信用评级指标

企业信用评级指标主体评级和债项评级有所不同，本节主要介绍企业主体信用评级指标。企业主体信用评级就是独立的评级机构运用科学的分析方法，在对受评企业的基本素质、经营能力、盈利能力、偿债能力、信用状况、发展前景等方面进行全面了解和调研分析的基础上，对其自主履行相应经济承诺和可信任程度做出客观、公正的综合评价，并以简单的符号表示优劣程度，最后公告给社会大众的一种评价行为。

虽然各个评级机构具体的评级指标体系存在一些差异，但由于主体评级的共性，一些关键的基础指标都会成为大部分评级机构指标体系的重要组成部分。企业主体信用评级指标可以通过产业分析、企业素质分析、企业经营管理分析、财务分析四个方面提出，如图 6.2 所示。

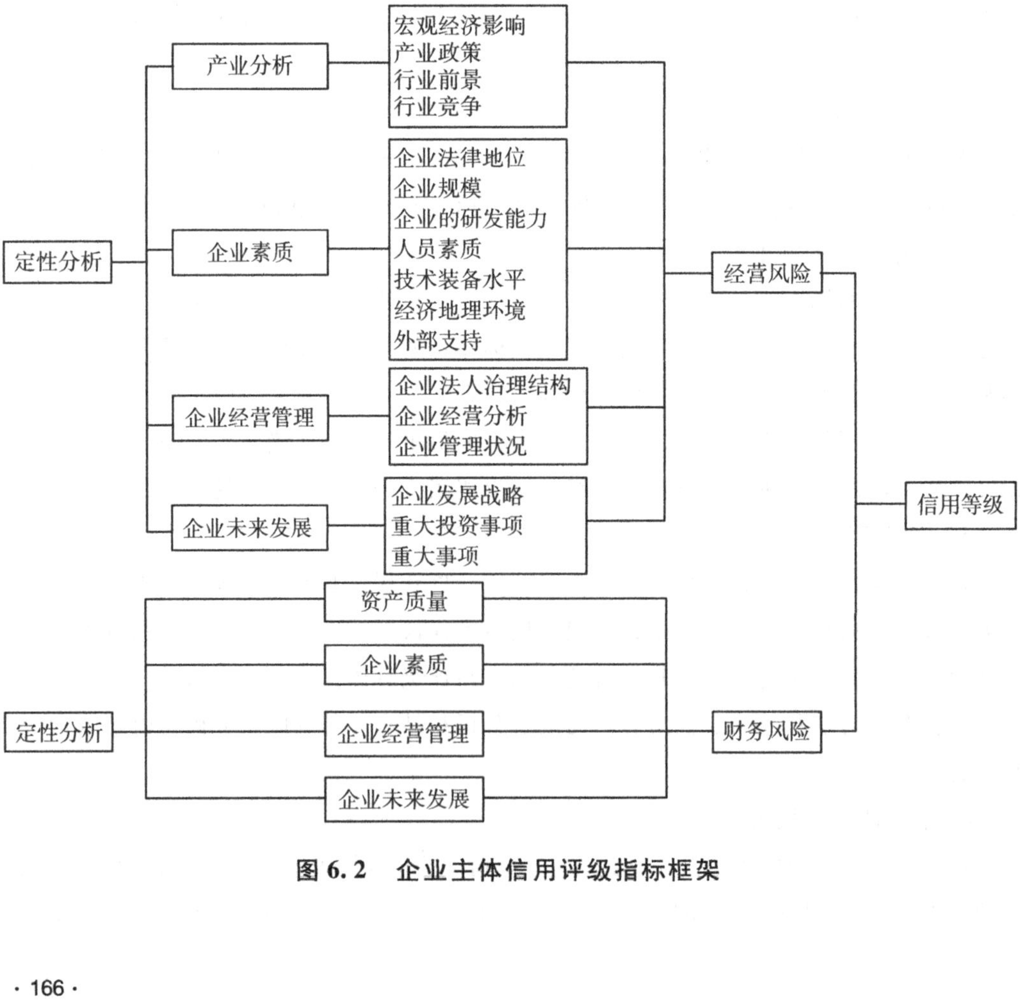

图 6.2　企业主体信用评级指标框架

（一）产业分析

产业分析的主要指标包括以下内容。

1. 宏观经济环境对经济的影响。

指宏观经济环境变化对受评产业产品或服务需求、原料供给以及盈利能力、资产质量等方面的影响。宏观经济环境对产业的影响一般需要关注整个宏观经济的运行状态和国家宏观调控政策的变化。

在宏观经济运行状态方面主要考察：整个国家发展所处的阶段、GDP 增长速度、固定资产投资增长速度、人均可支配收入的变化情况、物价指数等方面的指标。国家宏观调控政策方面主要关注国家货币政策、财政政策、收入政策方面的变化情况。

2. 产业政策。

产业政策的分析，主要是根据国家的产业政策导向，确定被评对象所处产业在国民经济整体中受重视和支持的程度。要关注受评对象所属产业近期的产业政策变化情况，判断这些产业政策对受评对象经营盈利能力的影响。

3. 行业前景。

行业前景是判断企业未来盈利和发展空间的基础，一般来说，分析行业前景将会从行业发展状况、行业景气性、行业在产业链中的地位三个方面来进行分析。行业发展状况受到国民经济和其他行业发展的影响（如周期性行业）；行业景气性分析就是分析行业是处于成长期、成熟期、成熟后期，还是衰退期；行业在产业链中的地位，分析行业的上下游行业对本行业的影响。

4. 行业竞争。

行业竞争程度大体上可以分为独家垄断、寡头垄断、充分竞争。这主要从行业的集中度、行业竞争的焦点或特点、国际竞争力、行业成本结构等来衡量。

（二）企业素质分析

1. 被评对象的法律地位。

对国有企业，要看实行的是现代企业制度、过渡性企业制度还是传统企业制度，实际的股东是谁，要分析其实际地位。对于集体与私营企业，是否已明晰产权，股东是否控制企业，企业的自主能力，股东的潜在支持，股东的规模和地位等十分重要。企业的母子关系与兄弟关系，需要对企业的法律关系进行认真分析。

2. 企业规模。

企业规模的大小在一定意义上反映着企业抵御风险能力的强弱。信用评级机构一般是从企业的资产总额、净资产额、销售收入、税前利润、固定资产规模、生产性建筑面积或营业面积、企业用工人数、分支机构数量等方面的情况，对被评对象在所处行业中的规模进行综合判断，在某种程度上反映着企业的经营实力、生产能力、成本状况和市场地位，从而对判断其信用质量有较大帮助。

3. 企业的研发能力。

企业的研发能力是企业发展的根本，影响着企业本身的信用状况。评级机构对企业研发能力的考察主要体现在研发机构的设置、研发人员的素质、研发经费的投入、成果的水平等方面。

4. 人员素质。

企业员工的素质，尤其是决策管理层的素质对一个企业的信用状况往往具有决定性的作用。高层管理人员的素质一般考察其学历、技术职称、年龄等基本素质，经历与经验，开拓能力、决策能力，领导班子的团结、高层管理班子的稳定性。员工素质主要考察其年龄结构分布、学历分布、职称结构等，职工的凝聚力，对企业的认同感、自豪感等。评级人员除考察企业决策管理层在执业能力、职业道德、经营策略、经营业绩、管理经验、管理方法等一般情况外，还应对企业决策管理层应对突发事件和处理危机的能力、财务会计政策的态度、对未来可能发生的影响的预见、对日常经营活动的风险控制以及实现经营目标的能力等予以特别关注。

5. 技术装备水平。

不同的行业，技术装备水平大有不同，评价的尺度和标准也存在很大差异。

6. 经济地理环境。

企业所处的经济地理环境从一个方面影响和制约着企业的市场竞争能力。

7. 外部支持。

企业所能获得的外部支持一般包括来自股东的支持、来自上级主管单位或部门的支持以及来自政府的支持等。从一般意义上说，一个企业所能获得的外部支持越广泛，支持力度越大，该企业的经营状况、信用状况会相应提高，抗风险能力会强于外部支持少的企业，债务的信用风险也相对较小。

（三）企业经营管理分析

评级机构一般主要考察企业的法人治理结构、内部管理机制、管理方式及规章制度、经营理念和经营策略、企业的经营业绩与历史，以及成本如何控制、质量如何保证、对主要供应方和需求方的依赖风险、企业的市场竞争力、未来发展前景等。

1. 企业法人治理结构。

企业法人治理结构主要是企业的出资者和管理者之间一整套制度性安排。企业法人治理结构对于企业实现长期稳定增长、降低风险方面有特别积极的作用。企业法人治理结构，主要功能之一就是保证企业的重大决策的可靠和企业经常受到监督。

对企业法人治理结构的考察，主要包括股权分散程度与企业独立性、股东权利与保护、监事会的运作规则与运作情况。

2. 企业管理状况。

评级人员应从企业的组织机构设置是否完备、管理职责是否明确、规章制度是否健全、内部制约是否得力、人事管理是否有效、激励措施是否得当，对企业的整体管理进行全面考察。

3. 企业经营分析。

主要从企业的经营方针和策略、经营效率、企业的经营领域和风险、销售策略和市场网络、市场竞争力等方面分析。

4. 企业未来发展分析。

评级人员需要通过对企业所处行业发展状况的分析、宏观政策的把握、企业面临潜在风险的评级，以及企业经营与管理等多个方面情况的综合分析，以便对企业实现经营预期的可能性和可行性做出判断。具体从企业未来经营发展战略、重大投资项目、其他影响企业发展的重大事项、未来三年的整体财务预调情况展开分析。

（四）财务分析

主要从企业资产质量、资本结构、偿债能力、现金流分析、盈利能力等方面展开。

1. 资产质量。

资产质量一般从结构和质量两个方面着手。结构主要是分析各项资产在总资产中的比例，质量主要是分析各项资产的流动性、安全性和盈利性，并对资产的真实价值进行分析。重点分析资产中的存货、应收账款、其他应收款、在建工程、短期投资和长期投资、无形资产及摊销等科目。

2. 资本结构。

主要是对企业资金来源结构的考察和分析。主要包括资金来源的构成、来源的稳定性如何、资金成本高低、债务的期限结构等。

（1）主要科目的调查与分析。

评级人员应根据行业特点及企业的具体情况，对企业的负债状况进行具体分析。在评级过程中评级人员应着重考察短期借款、应付票据、应付账款、其他应付款、长期借款、长期债券。

（2）或有负债、重大诉讼、信用记录等的调查与分析。

或有负债调查与分析的重点是担保额的多少、担保的性质、期限，以及是否取得反担保条件等，如有可能还应了解被担保人的经营情况；重大诉讼调查与分析的重点是可能产生的重大支付，对企业声誉产生的不良影响，对企业的融资便利和弹性会产生负面影响；信用记录调查与分析的重点是通过信用记录判断企业的偿债意愿。

（3）所有者权益。

调查分析重点是对各年的变化情况进行核实，对于新增的权益要有切实的来源。如果权益存在虚假的情况，则可能很多指标的计算就会失真；对于未来所有者权益也要进行分析。所有者权益的增加主要有利润积累、增资扩股、发行股票等。

（4）有关指标分析。

资本结构涉及的指标主要包括全部资本化比率、长期资本化比率和资产负债比率。

全部资本化比率 =（长期债务 + 短期债务）/（长期债务 + 短期债务 + 所有者权益 + 少数股东权益）×100%

长期资本化比率 = 长期债务/（长期债务 + 所有者权益 + 少数股东权益）×100%

资产负债比率 = 负债总额/资产总额 ×100%

3. 盈利能力。

企业盈利能力的高低，是企业资信的源泉。主要包括收入分析、盈利能力分析、收入质量分析。

（1）收入分析。

对收入和盈利的分析，一方面要关注收入和利润的增长变动情况，另一方面要考察收入和利润的形成来源。评级人员应对收入总量、构成、稳定性及变化趋势进行考察和分析。

（2）盈利能力分析。

盈利能力分析可以从两个方面入手，一是收益增长的变化趋势，二是成本费用的约束程度。主要指标有：

销售利润率 = 销售利润/销售收入 ×100%

总资产收益率 =（利润总额 + 利息支出）/平均资产总额 ×100%

净资产收益率 = 净利润/净资产 ×100%

总资本赢利率 =（利润总额 + 利息支出）/（股东权益 + 长期债务 + 短期债务 + 少数股东权益）×100%

（3）收入质量。

盈利能力分析的主要指标为现金收入比。

现金收入比 = 销售商品、提供劳务收到的现金/销售收入净额

指标值越高，表明企业收入实现的质量越高，企业通过销售活动收回的现金也越多；反之，则意味着企业收入质量不高。

4. 现金流分析。

对企业现金流量的分析是评级工作的重点，因为现金流量是清偿债务的基础。

考察企业的现金流量一方面要关注企业现金流量的规模和结构，另一方面要分析企业收入及利润的实现质量。评级人员对企业的经营活动、投资活动和筹资活动产生的现金流量应当进行重点考察，尤其是企业经营活动产生的现金流。

对企业经营活动产生的现金流分析指标有：

经营性总现金流 = 经营活动产生的现金流净额

经营性净现金流 = 经营性总现金流 − 营运资金变化

留存现金流 = 经营性净现金流 − 当年的股利分配

分析自由现金流 = 留存现金流 − 必需的资本支出

5. 偿债能力分析。

偿债能力是企业资信的保证。对企业偿债能力的分析，应该建立在企业素质、经营能力、盈利能力等资信保障系统分析的基础之上，重点应包括对企业偿债能力在内的自主偿债能力进行分析和评价。

评级机构对企业偿债能力的考察和判断，主要侧重于企业偿还到期有息债务的能力，通常根据企业以往的债务偿还能力及状况，预测未来一个时期企业现金流入量是否充足程度和稳定的程度，从而判别企业在未来的特定时刻能否按期偿还到期债务的可能性及可信程度。

为了解和分析企业的偿债意愿，要通过对客户的抽样调查等手段，对企业合同履约情况和债务按期偿还记录进行调查和分析。

反映偿债能力的指标有多种，如下所示。

流动比率 = 流动资产/流动负债 × 100%

速动比率 = （流动资产 − 存货）/流动负债 × 100%

利息倍数 =（利润总额 + 利息支出）/利息支出

债务保护倍数 = EBITDA/长短期债务余额

说明，EBITDA 指税息、折旧及摊销前收益：

自由现金债务比率 = 非筹资活动产生的现金净流量/总债务 × 100%

到期债务偿还倍数 = 期内（净利润 + 折旧 + 推销 + 其他偿债资金）/期内应偿还债务

现金债务总额比 = 经营活动产生的现金流量净额/总债务

该项指标主要从企业现金流量的角度考察企业偿还债务的能力。企业偿债的核心是企业能够产生正的现金流，特别是经营活动必须产生的和较大的现金流。

第四节　企业信用评级方法

一、企业信用评级方法的特点

信用评级按照规范化的评级程序，设置科学的指标体系，有计划有步骤地开展评级。企业信用评级方法在运用过程中，突出的特点是注重外部因素与内部因素相结合、定性分析和定量分析相结合、动态分析与静态分析相结合，对被评估对象的信用进行综合的评价。

（一）外部因素分析与内部因素分析相结合

外部因素分析主要考察被评对象面临的国际国内宏观经济环境及行业发展状况，包括国际经济环境、国际国内宏观经济政策、宏观经济运行状况，一国的产业政策，行业发展前景、生命周期、竞争环境，还有被评对象得到的外部支持力度等。这些外部因素对被评对象资信状况有着重要影响。内部因素分析主要围绕被评对象展开分析，揭示其基本素质、经营管理能力、发展前景、财务能力、盈利能力、偿债能力等。通过内外部因素分析相结合，对被评对象的资信状况做出综合评价。

（二）定性分析和定量分析相结合

定性分析主要针对被评对象的所有者性质、组织形式、规模大小、基本素质、管理能力、发展前景、外部支持力度等基本因素进行定性判断。定量分析主要依靠被评对象的财务数据，用一套较有针对性的指标来计算分析，通过量化指标进行分析和比较。两种方法相结合，才能做出客观、公正、科学的评价。

（三）动态分析与静态分析相结合

资信评级本身就是对被评对象未来的履约能力和意愿所做的综合评价，具有未来预测的性质。所以资信评级既需要完整、真实、全面地反映被评对象的各方面资料，对其历史指标和定量数据进行静态分析和考察，又要对被评对象的发展前景、筹资项目效益、市场竞争能力、应变能力等很多可变、难以确定的因素采用动态分析方法。回顾历史、立足现实和跟踪监测要环环紧扣。

二、企业信用评级方法介绍

企业信用评级方法有传统的要素分析法和现代的模型分析。要素分析法主要有信用要素分析法、财务要素分析法。信用要素分析法主要是针对客户的信用风险分析时采用的专家分析法之一，这类方法主要包括6C要素分析法、4F要素分析法、5P要素分析法、CAMPARI要素分析法等。财务因素分析法主要是以被评企业的财务报告等财务会计资料作为基础，对公司的经营成果、信用状况进行分析和评价的一种方法。模型分析法是进入20世纪30年代以来，随着数学、统计学与计量学科的发展及其在经济学中的不断应用，信用评级方面也出现了大量的模型分析的做法，主要有Z计分模型、KMV模型、信用矩阵模型等。下面简要介绍几种企业信用评级方法。

（一）信用要素分析法

1. 6C要素分析法。

6C要素分析法是在3C的基础上发展起来的，3C是英文单词Character（品格）、Capacity（能力）、Capital（资本）的简写形式，传统思想认为，3“C”将企业的特质基本反映出来，是信用要素的基本形式。1910年，美国费城中央国民银行（The Central National Bank of Philadelphian）的银行家维席·波土特将3C学说又加以改进，又增加了一个“C”——Collateral（担保品）。1943年，美国弗吉尼亚州开拓移民商业银行（State Planter Bank of Commerce & Trust）的银行家爱德华又在4“C”的理论上再加上一个“C”——Condition（条件，又称Circumstance，环境状况）。在5C的基础上，此后又增加了一个“C”——Continuity（连续性），构成了所谓6C分析法。

（1）品格（character）。它衡量的是客户努力履行其偿债义务的可能性，是评估顾客信用状况的首要指标。它主要考察客户的偿债意愿、偿债历史等记录。

（2）能力（capacity）。它衡量的是客户的还债能力。一般从企业的盈利能力、盈利产生的现金流来分析是否实现对债务的偿还，也要分析企业的流动资产数量和质量，以及流动资产和流动负债的比例。

（3）资本（capital）。它衡量的是客户自有资本和债务的关系，即财务杠杆，高杠杆意味着比低杠杆有更高的破产概率。一般运用反映企业财务实力和财务状况的指标来表明顾客偿还债务的可能。

（4）担保品（collateral）。这是指在授信中所采取的担保、抵押等措施。一旦客户拒付款项或无力支付款项时，被用作抵押的资产或担保人的担保便可以用来作为补偿，减少偿债的风险与损失。

（5）条件（condition）。又称circumstance，环境状况。这是指可能影响客户偿债能力的内部或外部环境，如客户在困难时期的付款情况、客户在经济不景气情况下的付款可能。一些受商业周期影响较大的企业的偿债能力受条件的影响很大。

（6）连续性（continuity）。是指客户持续经营的可能性，这需要从客户内部的财务状况、产品更新换代，以及科学技术发展情况等的综合考虑。

美国学者米尔顿·德里克根据六“C”提出3“F”。合并品格和能力为环境要素（management factor），将资本和担保品合并为财务要素（financial factor），环境和保险因素合并为经济要素（economic factor）。之后，又增加了组织要素（organization factor）构成了4F要素分析法。

2. 5P要素分析法。

（1）个人因素（personal factor）。

这一因素主要分析：①企业的资格，必须是依法登记、持有营业执照的企事业法人，产品拥有市场，经营有效益，在银行开立基本账户；②企业经营者品德，是否诚实守信，有无违约事件发生；③还款意愿是否可靠；④还款能力，包括企业经营者的专业技能、领导才能及经营管理能力。

（2）资金用途因素（purpose factor）。

资金如果用于生产经营，分析是流动资金贷款还是项目贷款，对那些受到国家产业政策支持、效益好的支柱产业要给予支持；对新产品、新技术的研制开发，要分析项目在经济和技术上的可行性，确保贷款能够收回。如果用于还债交税，要严格审查是否符合规定。如果用于替代股权或弥补亏损，更应慎重。

（3）还款来源因素（payment factor）。

企业还款来源，一般来说主要有两个来源：一是现金流，二是资产变现。现金流量方面要分析企业经营活动现金的流入、流出和净流量，现金净流量同流动负债的比率以及企业在投资、融资方面现金的流入流出情况。资产变现方面要分析流动比率、速动比率以及应收账款与存货的周转情况。

（4）债权保障因素（protection factor）。

主要包括内部保障和外部保障两个方面，内部保障方面要分析企业的财务结构是否稳健和盈利水平是否正常；外部保障方面要分析担保人的财务实力、信用状况以及担保品的价值变动。

（5）企业前景因素（perspective factor）。

主要分析借款企业的发展前景，包括产业政策、竞争能力、产品寿命周期、新产品开发情况等；同时还要分析企业的财务杠杆，是否有可能导致财务状况恶化的因素。

此外，还有CAMPARI要素分析法，这是从品格（character）、偿债能力（ability）、获利能力（margin）、借款目的（purpose）、借款金额（amount）、偿还方式（repayment）、安全性（insurance）七个方面分析企业信用状况，在此不展开介绍。

（二）财务因素分析法

财务因素分析主要利用资产负债表、利润表、现金流量表等财务报表对其财务状况、经营成果和现金流量进行分析，通过财务指标可以为信用分析人员提供反映被评对象偿债能力、营运能力、盈利能力等有用的信息。具体有以下几种。

1. 偿债能力分析。

偿债能力是指企业偿还债务的能力。偿债能力分析包括短期偿债能力分析和长期偿债能力分析。

短期偿债能力指标主要有：

流动比率 = 流动资产/流动负债

速动比率 = 速动资产/流动负债

现金比率 = （现金 + 现金等价物）/流动负债

长期偿债能力指标主要有：

资产负债率 = 负债总额/资产总额

股东权益比率 = 股东权益总额/资产总额

利息保障倍数 = （税前利润 + 利息费用）/利息费用

2. 营运能力分析。

营运能力分析是通过对企业生产经营资金周转速度的相关指标来反映企业资金的利用效率，表明企业管理人员的经营能力与运用资金的能力。营运能力分析指标主要有：

存货周转率 = 销售成本/平均存货

应收账款周转率 = 赊销收入净额/应收账款平均余额

流动资产周转率 = 销售收入/流动资产平均余额

固定资产周转率 = 销售收入/固定资产平均净值

总资产周转率 = 销售收入/资产平均额

注：其中，

平均存货 = （期初存货余额 + 期末存货余额）/2

应收账款平均余额 =（期初应收账款余额 + 期末应收账款余额）/2

资产平均额 =（期初资产余额 + 期末资产余额）/2

3. 盈利能力。

盈利能力是指企业获取利润的能力，盈利能力分析指标有：

销售净利率 = 净利润/销售收入净额 × 100%

资产总额报酬率或资产利润率 = 净利润/资产平均总额

股东权益净利率 = 净利润/股东权益平均总额

每股（税后）利润 =（净利润 − 优先股股利）/发行在外的普通股平均股数

股利发付比率 = 每股股利/每股利润

净利润/利润率 = 股东权益平均总额

股利实得率 = 每股股利/普通股市价

市盈率 = 每股市价/每股利润

市净率 = 每股市价/每股净资产

（三）Z 计分模型

大卫·杜兰于1941年率先将线性辨别模型应用在信用领域，20世纪60年代，比弗（Beaver）与奥特曼（Atman）先后用单变量与多变量辨别分析之后，更是兴起一股对辨别分析的研究热潮。辨别分析（discriminant analysis）的目的在于针对不同群组的样本找出最能够有效区分群组的变量。以信用评级来说，辨别分析的目的就是设法找出最能够区分不同信用等级的变量。

1. 原始的 Z 计分模型。

Z 值越大，资信就越好，Z 值越小，风险就越大。

奥特曼依据5个主要财务比率：

X_1 = 流动资本(也即:营运资本)/总资产

X_2 = 保留利润(也即:未分配利润)/总资产

X_3 = 息税前收入/总资产

X_4 = 股权市值/负债账面值

X_5 = 销售收入/总资产

Z 计分模型主要针对上市公司建立的。1968年奥特曼对美国66个制造业企业（其中一般为破产企业）进行观察，采用了22个财务比率，利用逐步多元判别分析法，筛选出5个财务比率指标，建立线性判别模型，即著名的5变量 Z - score 模型。其判别函数：

$$Z = 0.012X_1 + 0.014X_2 + 0.033X_3 + 0.006X_4 + 0.999X_5$$

奥特曼经统计和计算，确定企业违约的临界值为（破产）下限1.81，（非破产）上限2.99。如果 $Z < 1.81$，归于破产组；如果 $Z > 2.99$，归于非破产组。1.81 ~ 2.99 在忽略区域内。

2. ZETA 信用风险模型。

1977年奥特曼、赫尔得曼（Haldeman）和纳拉亚南（Narayanan）推出了第二代信用计分模型——ZETA 信用风险模型。模型的变量由5个增加到7个，适用范围更宽了。

表达式：

$$ZETA = a_1X_1 + a_2X_2 + a_3X_3 + a_4X_4 + a_5X_5 + a_6X_6 + a_7X_7$$

是第二代信用计分模型，其中，

$a_1 \sim a_7$是 ZETA 模型中七变量各自的系数。

X_1是资产收益率，利税前收益/总资产。

X_2是收益稳定性指标，资产收益率在 5～10 年估计值的标准指标。

X_3是债务偿还，利息保障倍数 = 利税前收益/总利息费用。

X_4是累积赢利，留存收益 = （资产 - 负债）/总资产。

X_5是流动比率，流动资产/总资产。

X_6是资本化率，用普通股 5 年的平均市场价值/总资本。

X_7是规模指标，用公司总资产的对数形式来度量。

奥特曼等人提出了 ZETA 模型最理想的临界值计算公式：

$$ZETAc = \ln \frac{q_1 c_1}{q_2 c_2}$$

其中，q_1、q_2分别表示预告估计的破产概率和预告估计的非破产概率；c_1、c_2则分别表示第Ⅰ类错误和第Ⅱ类错误的成本。

3. Z 计分模型和 ZETA 模型的缺陷。

（1）两个模型都依赖于财务报表的账面数据而忽视日益重要的各项资本市场指标，这就必然削弱模型预测结果的可行性和及时性。

（2）由于模型缺乏对违约和违约风险的系统认识，理论基础比较薄弱，从而难以令人信服。

（3）两个模型都假设在解释变量中存在线性关系，而现实的经济现象是非线性的，因而也削弱了预测结果的准确程度，使违约模型不能精确地描述经济现实。

（4）两个模型都无法计量企业的表外信用风险，另外，对某些特定的企业如公用企业、财务公司、新公司以及资源企业也不适用，因而它们的使用范围受到较大限制。

案例 6.3 企业征信的原则

法人客户天津市某实业有限公司，向某商业银行提出小企业简式贷款申请人民币 1000 万元，该客户为新客户、小企业，从该客户的经营情况和财务报表来看，该企业经营正常，收入稳定，属于国家支持的高新技术企业。同时，本次贷款也是为政府招商引资的项目，政府也给予一定支持，条件符合该行的信贷准入标准。但该行业务人员在贷款调查中发现以下情况：

情况一：该公司法人代表在 2015 年期间有三笔贷款，总金额为 400 万元，曾累计出现 60 期逾期记录。除此之外，还发现法人代表贷记卡透支有逾期还款的记录，信用记录有瑕疵。

情况二：该公司在他行有500万元的贷款到期还没有偿还，也没有办理相关延期手续，已经形成了不良信用记录。

情况三：该公司对外担保较多，超过其净资产的1.8倍。

情况四：该公司2010年以来累计亏损，资产负债率为85.5%，流动比率为0.51，各项偿债指标较差。

情况五：该公司在2011年曾因污染环境被经济处罚，进一步调查得知该公司曾因“建设项目规模发生重大变化，实际产量超过环评批复产量，未向环保部门重新报批”受到环保部门查处。

基于以上情况，该行拒绝了申请人的申请。

案例解析：本案例是企业征信中运用“6C”原则考察受信企业的信用状况的案例。本案例中的情况一、情况二显示该公司有信用瑕疵，品德受损；情况三、情况四表明该公司资产对外担保过多，从财务指标来看，其偿债能力的各项指标较差，偿债能力低；情况五中该公司曾因超标排放污染物被经济处罚，且需要向环保部门重新申报，属于“6C”系统中的情况，同样也影响其授信。通过本案例的分析，我们可以看出，对运用“6C”原则考察受信企业信用状况时需要把握以下两点：（1）首先要明确各个原则的内涵；（2）结合企业的具体情况分析企业信用状况。

本章小结

1. 信用评级又称为信用评级或信用评估，是指由专门的信用评级机构运用科学的指标体系，对各类经济组织和金融工具的履约能力及可信任程度进行客观公正的分析和判断，并以简单明了的符号来标明等级的一种经济活动。

2. 信用评级的特点有简洁性、可比性、服务对象的广泛性、全面性、公正性、监督性、形象性、社会信用的基础性。

3. 信用评级的主体即评级者或评级机构，一般为独立、中立并具有审计和评价能力的从事评级工作的法人评级单位。

4. 用评级的客体即被评级者或受评对象。概括地讲，信用评级对象主要包括：实施债务融资的任何主体；为特定债务融资提供担保的实体；经营活动中承担信用责任的主体。

5. 信用评级的对象既可以是个别债券或一系列债券，也可以是个别企业或金融机构，还可以是主权国家。根据信用评级的对象不同，可以分成主权评级、企业评级、金融机构评级和结构融资评级。

6. 我国的信用评级业是随着经济体制改革不断深化、由计划经济向市场经济过渡过程中出现的新生事物，主要经历了初创阶段、初步发展阶段、徘徊探索阶段、重大发展阶段。

7. 信用评级机构的评级程序在具体操作中可能存在或多或少的差异，但基本的程序和步骤差异不大。评级机构的评级操作大致分为7个主要阶段：（1）前期准备；（2）信息收集；（3）评级分析；（4）确定等级；（5）通知被评机构（复评）；（6）公布评级结果；（7）跟踪评级。

8. 企业信用评级的基本操作程序包括前期准备、信息收集、评级分析、确定等级、通知受评机构（复评）、公布评级结果、跟踪评级。

9. 信用评级指标体系又称资信评级指标体系，是信用评级机构在对被评对象的资信状况。一个完整的信用评级指标体系应该包括以下六个方面内容：信用评级的要素、信用评级的指标、信用等级、信用评级的标准、信用评级的方法、信用评级的权重。

10. 企业主体信用评级指标可以通过产业分析、企业素质分析、企业经营管理分析、财务分析四个方面提出。

11. 信用评级按照规范化的评级程序，设置科学的指标体系，有计划有步骤地开展评级。企业信用评级方法在运用过程中，突出的特点是：注重外部因素与内部因素相结合、定性分析和定量分析相结合、动态分析与静态分析相结合，对被评估对象的信用进行综合的评价。

12. 企业信用评级方法有传统的要素分析法和现代的模型分析。要素分析法主要有信用要素分析法、财务要素分析法。信用要素分析法主要包括6C要素分析法、4F要素分析法、5P要素分析法、CAMPARI要素分析法等。模型分析法主要有Z计分模型、KMV模型、信用矩阵模型等。

思考与练习

一、名词

信用评级；信用评级指标体系；6C要素分析法；5P要素分析法；Z计分模型

二、问答题

1. 简述信用评级的特点。
2. 信用评级的客体都包括哪些？
3. 简述信用评级的主要内容。
4. 试述我国信用评级业的发展历程。
5. 简述企业的信用评级程序。
6. 简述信用评级指标体系的内容。

Chapter 7 第七章

企业信用政策

本章导言

企业的信用政策权衡了企业权益与应收账款之间的关系，在充分调查的基础上，企业依据自身的风险偏好，按照规范的流程制定出适合自己的企业信用政策，可以在扩大销售、占据市场的同时最大限度地减少由赊销带来的风险。

本章教学重点与难点

1. 企业信用政策的类型
2. 企业信用政策的制定流程
3. 信用标准的判别方法
4. 企业信用政策内容的评估

第一节　企业信用政策概述

一、企业信用政策的含义及特点

（一）企业信用政策的含义

企业信用政策是指在特定的市场环境下，企业权衡与应收账款有关的效益和成本，为指导企业信用管理部门处理应收账款的发生与收账而指定的一系列政策。企业信用政策是由企业最高管理层以纲领性文件形式正式发布的，旨在为信用管理工作提供统一的行为准则和指导方针，为协调企业各相关部门的信用管理工作提供规范和依据的明文规定。其核心内容由企业信用标准、信用额度、信用条件等组成。

在理解信用政策的含义时应注意以下几点。

1. 企业信用政策具有权威性。

虽然信用管理部门在取得企业最高管理层的明确授权后成为制订信用政策的关键部门，但最终形成的信用政策文件由企业的最高管理层正式发布，从而奠定了它的权威性。

2. 企业信用政策具有纲领性。

企业的信用政策作为信用管理部的行动纲领，为信用管理工作提供统一的行为准则和指导方针。除了信用管理部门是企业信用政策的主要执行者外，企业内部的销售部门、财会部门、物流部门等其他多个相关部门，也需要执行信用政策。

3. 企业信用政策具有规范性。

企业通过专门制订独立的信用政策来指导和协调企业内部各部门的信用销售业务活动，从而在企业信用销售过程中，使从对客户信用申请的审批到具体信用条件的确定都在信用政策的规范下进行。另外，企业信用政策通过制度化的可操作规程明确信用管理部门的职责和各项信用管理制度，从而使企业信用管理工作协调、统一地进行。所以说，企业信用政策是对企业信用流程管理进行的指导，是企业进行信用销售全过程管理工作和有关业务活动的根本依据。

4. 企业信用政策具有指定性。

原则上，信用政策的实施范围应该覆盖存在信用风险的所有业务环节，包括信用销售业务、采购业务以及企业与外部的投资方、合作伙伴等为获取潜在交易机会进行的业务活动等。本书所研究的信用管理是只针对企业信用销售的管理，所以在这里信用政策实施范围主要是指信用销售业务活动。

（二）企业信用政策的特点

1. 目的明确。

企业的任何工作都要有一个明确的目的，制订企业信用政策首先要根据企业在一定时期内的发展战略和目标确立信用管理目标，然后使今后的信用行动集中于目标，并预测和确定哪些行动有利于达到目标，哪些行动不利于达到目标，从而指导今后的行动朝着目标的方向迈进。

2. 指导性强。

企业信用政策作为企业进行信用管理的纲领性文件，是所有信用管理活动的操作指南。企业的所有信用销售活动都要在制订信用政策后开展，为信用管理部门灵活性地开展工作提供指导性原则。

3. 内容独特。

企业的信用政策是在考虑了企业所在行业、市场竞争的激烈程度、主要竞争对手的信用政策等外部环境因素后，结合自身的实际情况而制订的。所以每一个企业的信用政策都是“量身定做”的，为该企业所特有。

4. 一视同仁。

企业信用政策一旦形成，即为企业信用管理工作提供统的行动准则，它表明企业对所有客户在授信方面都将是一视同仁的。无论谁提出信用申请，只要符合本公司信用政策规定条件，都可以得到相应的待遇。

二、制订企业信用政策的原则

考虑主观意愿和客观要求，企业在制订信用政策时，必须坚持稳定性和灵活性两项基本原则。

1. 稳定性原则。

即信用政策条款在一定时期内基本不变。信用政策的稳定性是相当重要的，它一方面显示了企业的实力，另一方面是企业自身信誉和规范程度的标志。即使是制订新的信用政策，也要以原有的信用政策为基础，对其实施情况进行全面而科学的评价，找出问题并进行适当修正，以保持信用政策的稳定性和连续性。只有这样才能保持企业的信誉，让客户对企业的信用政策有长期和稳定的感觉，同时企业信用管理人员也不至于因为政策变化太快、太大而不适应，甚至出现工作失误。

2. 灵活性原则。

即信用政策要有一定的可预见的伸缩空间，以确保执行时的适当灵活性。这是根据对市场和竞争对手进行科学的预测分析得出的。如果一个企业的信用政策方案能够使企业实现其销售规模相对稳定的增长，而且增长幅度比较显著的话，说明企业对同行存在相当的竞争优势。在企业生产规模允许的条件下，企业可以考虑向下调整净收益率，适当放宽信用政策，以确保击败企业竞争对手。但是，信用政策不是任意按照政策允许的伸缩空间突然调整的，放宽信用政策会增加生产部门的压力，在销售订单增加时，人力、物力使用到收账上，可能会对企业产生不利影响。在实际操作中，信用管理人员要随时将企业的最佳生产规模和合理库存记在心中，做到既能灵活运用企业信用政策，又不违反企业信用政策。

三、企业信用政策的影响因素

企业为实现在销售规模稳定增长的同时，尽可能地降低由赊销带来的信用风险。因此，企业信用管理部门在制订信用政策时必须对相关影响因素进行深入调查、分析和预测。信用政策是根据本企业所在行业和自身特殊情况“量体裁衣”的，应该没有两个企业会有完全相同的信用政策。一个企业采取或松或紧的信用政策，与企业所在行业、市场竞争激烈程度、主要竞争对手的信用政策、产品特征及所处阶段等因素有关。

具体来讲，企业在制订信用政策时应考虑以下四类因素。

1. 企业的外部经济环境因素，包括宏观经济状况、本行业的信用政策惯例、客户所在行业状况、竞争对手的信用政策、产品市场状况、资金市场状况等。

2. 企业内部因素，包括企业自身的生产和经营能力、产品特点、生产规模、资金实力、销售利润率、平均收账期、原材料供应情况、企业能够承担的风险和追求的发展速度等。

3. 与企业发展相匹配的政策因素。企业在试图扩大市场份额时，会鼓励增加销售额，而较少考虑资金流周转问题；在试图增加企业现金流值的情况下，会注重减少风险，注意交易风险及信用管理。

4. 企业客户相关因素。客户是企业发展的重要资源之一，同时也是企业信用风险的主要来源之一。企业现有客户数量和质量，与其制订信用管理政策的取向密切相关。

四、企业信用政策的类型

企业信用政策代表决策者的主观意愿，也反映了企业面临的客观环境的要求。因此，针对不同的经营目标和风险控制要求，企业可以选择不同的信用政策类型。信用政策一般分为紧缩型、适度型、宽松型三种。选择紧缩型信用政策的企业是为了严格控制信用交易风险，避免由此导致的损失，宁愿牺牲一部分客户和市场份额；选择适度型信用政策的企业也注意控制信用交易风险，但它们愿意承担一定限度的信用风险以扩大销售和市场；而选择宽松型信用政策的企业则愿意承担巨大的信用风险以提高或维持其销售和市场份额。

1. 紧缩型政策。

采用这种政策的企业一般不愿承担风险，只向财务状况良好、付款及时的客户提供信用销售。采用这种政策可以保证最低的坏账损失，但企业的销售规模及发展将会受到很大影响。

这一类信用政策代表管理层对商业和商业惯例过于保守。机构的财务状况几乎没有任何风险，只打算保持原状，认为应收账款快速周转产生的资金足够使用，很少或从不向银行借款。很多发展迅速的机构无法理解这种保守做法，但许多保守企业往往比发展迅速的企业存在的时间长得多。

尽管过度保守的信用政策是为了保护企业，但它也存在风险。当机构需要一定的发展速度来维持市场地位时，往往会因信用政策的限制而丧失机会。如果机构的扩张无法补偿客户损失造成的收入减少，收入来源就会逐渐减少到危险的程度。因此，在任何情况下，紧缩型信用政策都不应妨碍机构的正常发展，当然各企业的正常发展速度是不同的。

2. 适度型政策。

采用这种信用政策的企业愿意承担一定风险。除了向付款及时的客户进行信用销售外，也向可能拖欠的客户提供信用销售。采用适度型政策的企业存在一定的逾期账款和坏账损失。企业采用适度型信用政策的目的在于风险控制和企业发展之间取得平衡。

与紧缩型和宽松型信用政策相比，适度型信用政策用得较多。它比只对资金充裕、按期付款的客户赊销的紧缩型政策所涉及的风险大，但同时又比无节制的宽松型信用政策安全得多。机构通常将银行贷款与月度回笼资金结合起来，为其发展提供充足的资金。

这类机构的资金实力可能不比执行紧缩型信用政策的企业雄厚，主要表现为这类机构很少对商业发票提供折扣。很多客户乐于利用这种高折扣，而推迟对其他供货商的到期货款。这种客户的推迟付款政策会带来一些不方便，但一般不会危及货款，只有当月度资金收回越来越慢时，才会成为大问题。例如，一家潜在客户要求生产商提供信用。该潜在客户已经经营多年并在业内享有较好的声誉，且发展稳健，虽然说不是每一笔货款都能够得到及时付款，但从未超过 30 天。财务报表和银行报告都表明该机构经营状况良好，与之做生意没有太大风险。生产商有足够的流动资金支持信用政策，而潜在客户又符合其信用政策的要求。最后，尽管生产商明知不一定总能按期收回货款，还是想给该潜在客户提供信用。这种情况是可以接受的。

3. 宽松型政策。

采用这类信用政策的企业基本上向所有客户提供信用销售，企业发展迅速，但逾期账款和坏账损失很大。

这是三种政策中风险最大的一种，因为信用经理不得不在挂有很多潜在破产机构的“钢丝绳”上行走。风险高，潜在损失也就巨大，对企业的生存构成威胁。当任何一家提供信用机构的一个重要客户破产时，问题会变得非常严重。与前述两个政策不同，执行宽松型政策的企业规模和资产膨胀太快，由此决定了企业的销售额满足不了客户要求提供的大量信用。当巨额损失和资金周转持续减慢这两个问题同时存在时，该机构往往缺乏解决的能力。

除上述几种问题外，执行宽松型信用政策的机构还经常受到其他两个负面问题的影响，即资金不足和流动资金不稳定。艰难地维持这两种因素的平衡，能给人以一种激动人心的成功印象。但当这种表面的成功印象发生动摇时，一个个危机便接踵而至，直到机构因承受不住自己过度追求成功的重压而破产。当然总有少数几家机构能够克服多重障碍而获得成功，不过，它们必须做到执行自有信用政策的同时，其高利润产品很快被市场接受，并且有足够的银行贷款来支持过快增长的业务。

企业采用何种类型的信用政策不是绝对的，即使在同一个企业，根据不同的情况，也应该随时调整所采用的信用政策。

第二节　企业信用政策的制定流程

企业信用政策作为企业信用管理的纲领性文件，其制定过程是非常复杂、系统的。企业环境是动态的，决定了企业信用管理活动是一个发展变化的过程，所以信用政策作为行动之前的安排，必须是一个连续不断的循环。企业信用管理部门要制定科学合理的信用政策，除了要掌握制定的基本原则、基本要求外，还必须遵循正确的程序。一般来说，制定信用政策的程序如图 7.1 所示。

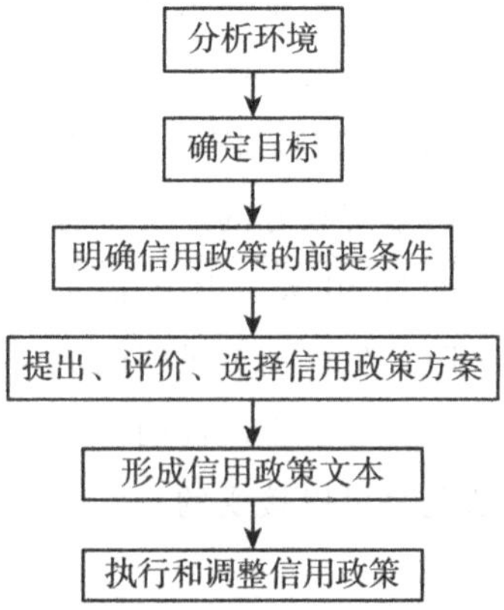

图 7.1　制定企业信用政策的基本程序

一、分析环境

企业信用政策的选择，主观上是决策者意愿和风格的体现，客观上是企业如何应对客观环境的集中反映。因此，企业信用管理部在制定信用政策时必须对企业内外环境中的相关影响因素进行全面、深入的调查、分析和预测，通过环境分析做到心中有数，知己知彼，同时还应弄清楚面临的不确定因素有哪些，并对可能取得的成果进行成本收益分析，以此作为确定信用销售目标的依据。

二、确定目标

在对内外环境分析的基础上，要确定希望达到的目标。一个企业采用信用销售的目标可能是多元的，如希望达到的市场占有率、希望取得的利润、希望减轻库存压力、希望实现的赊销额等。制定企业信用政策首先要明确的是赊销目标，以此确定企业赊销规模。

三、明确信用政策的前提条件

所谓信用政策的前提条件，是制定该政策的假设前提。明确信用政策的前提条件，就是明确本企业在信用销售中为了达到一定的目的，倾向于制定保守、适度还是冒进的信用政策。例如，企业由于资金短缺或不愿承担较高的信用风险，可能会倾向于制定紧缩的信用政策；企业想通过信用销售达到利润最大化，可能会倾向于制定平衡的信用政策；企业主要想通过信用销售占领市场，可能会倾向于放弃一些利益而制定宽松的信用政策。

四、提出、评价、选择信用政策方案

这一环节主要是确定信用政策内容。首先，根据已明确的信用政策前提，提出若干可供选择的信用政策内容组合方案；其次，对各种备选方案进行评价，从中选出令人满意的方案。

企业信用政策主要包括四部分内容。

1. 对企业信用管理指导总原则的规定。

这具体包括说明企业信用管理活动的战略定位，明确企业信用管理部门的使命，表达企业信用管理活动的倾向性等。

2. 对企业信用管理部门的相关规定。

这具体包括确定信用管理部门的隶属关系、组织结构、岗位及职责，企业管理层对信用管理部门的授权和对信用管理部门的管理与考核等。

3. 对企业全程信用管理具体内容的相关规定。

这具体包括客户资信管理政策、授信政策、债权保障政策、收账政策等。其中，授信政策是企业信用政策的核心内容，主要有信用标准、信用额度、信用条件。

4. 与企业信用管理相关的其他规定。

这具体包括信用管理部门的工作程序，企业内部信用管理报告的内容、格式，信用管理程序涉及的标准表格等附加政策。

五、形成信用政策文本

确定信用政策内容后，企业要使之形成规范化的信用政策文本。根据用途不同，企业信用政策文本主要分为信用管理部门掌握的信用政策文本、企业其他部门掌握的信用政策文本、客户掌握的信用政策文本 3 种。

1. 信用管理部门掌握的信用政策文本。

“完整版”的企业信用政策包括企业信用政策的全部内容。

2. 企业其他部门掌握的信用政策文本。

这是由“完整版”企业信用政策中摘录出的与该部门工作相关的内容。

3. 客户掌握的信用政策文本。

这是由“完整版”企业信用政策中摘录出的有关企业的信用销售原则、信用申请标准、流程等内容。它用于向客户传递企业信用政策的主要信息，让每个客户都清楚销售原则、赊销原则、申请信用额度的基本操作流程。

六、执行和调整信用政策

企业制定信用政策的目的在于付诸实施，执行结果不仅取决于政策本身，而且取决于执行过程中的工作质量。因此，在执行信用政策过程中，为直观地体现企业信用政策并使其规范实施，企业应建立健全一套现代化的内部信用管理制度，促进企业信用管理规范化、制度化。这些制度应包括客户资信管理制度、客户授信制度、应收账款监控制度等。

新制定的政策在经过一段时间的试运行后会暴露出一些问题，因此，企业要在不断的信息反馈过程中主动寻找问题，以便对信用政策作进一步的修订和完善。另外，为实现政策的连续一贯性，企业信用政策条款在一定时间内应基本不变，但是，这种稳定又是相对的，即过一段时间后，企业的内外环境，如市场条件、客户条件和自身条件以及竞争对手的策略都可能会发生变化，使企业现有政策不再适用，因此，企业不能墨守成规，须及时调整信用政策来适应这种变化。调整信用政策时需要注意：

1. 调整信用政策并不是任意地变动政策内容。应从环境分析入手，将各影响因素与原来制定政策时的情况对比，找出变化，及时调整信用政策来适应这种变化。

2. 调整信用政策可能是主动调整，也可能是被动调整。要想使主观意志与客观条件相统一，企业信用管理部门就要在不断的信息反馈过程中主动寻找问题，适时调整，尽量减少因信用政策不适给企业带来的信用风险。

第三节 企业信用政策内容与评估

企业信用政策权衡了企业权益与应收账款之间的关系，决定了企业的生存和发展。企业信用政策的内容主要包括信用标准和信用条件，其中，信用条件又包括信用期限、折扣期限和现金折扣。

一、信用标准

信用标准是客户获得企业商业信用所具备的最低条件。如果客户达不到信用标准，便不能享受企业的信用或只能享受最低的信用优惠。企业信用的判别标准包括预期的销售变现天数（DSO）和坏账损失率信用批准率。

（一）DSO 方法

DSO 指标除了在应收账款管理中有着广泛的应用外，对于评估企业信用政策优劣也是重要的工具之一，它使企业可以从宏观上监控信用销售政策的执行情况，了解企业资金被占压的时间和损失，企业的现金储备是否允足，企业信用管理政策是否有效，以及信用管理改进的目标。由于能够定量地对信用政策做出评估，目前 DSO 方法被公认为是评估企业信用政策的最佳手段。

1. DSO 的含义。

DSO 是英文 Days Sales Outstanding 的缩写，中文翻译为“销售未清账期”或“应收账款销售变现天数”，表示企业的所有赊销业务中，每笔应收账款平均多少时间可以收回。DSO 越小，表示应收账款流通速度越快。企业通过计算 DSO，了解到企业的现金储备是否充足，企业管理政策是否合理和有效，以及信用管理改进的目标。把 DSO 和所有赊销业务合同规定的平均赊销期限进行比较，可以清楚地了解到企业资金被占用的时间和损失。该指标的好处是它不受销售额大小的影响（更多或更少的销售额会带来更多或更少的应收账款），但它受信用期限以及收款效率的影响。

2. DSO 的计算。

DSO 的计算方法有三种。

(1) 期间平均法。

$$DSO = \frac{期末应收账款余额}{这一时期的销售额} \times 这一时期的天数$$

期间平均法是最普遍的方法。计算的期间可以是三个月、半年或者一年。由于计算的期间越长，误差越大。该方法为综合评价使用。

【例 7.1】 某企业 2018 年采用信用管理后，6 月统计企业销售的情况见表 7.1。

表 7.1　　某企业销售情况统计表统计日期：2018 年 6 月　　单位：元

月份	1	2	3	4	5	6	合计
平均日销售额	20000	17000	18000	20000	14000	21000	
总销售额	620000	476000	558000	600000	434000	630000	
其中：应收账款	25000	30000	85000	120000	310000	60000	1170000

因此，2018 年上半年的 DSO 为：

$$DSO = \frac{25000 + 30000 + 85000 + 120000 + 310000 + 60000}{620000 + 476000 + 558000 + 600000 + 434000 + 630000} \times 181 = 34 \text{（天）}$$

2009 年 4 ~ 6 月的 DSO 为：

$$DSO = \frac{120000 + 310000 + 60000}{600000 + 434000 + 630000} \times 91 = 56 \text{（天）}$$

假设该企业给予客户的平均信用期限 50 天，说明 2009 年前半年企业的货款回收推迟了 14（64 - 50）天，2009 年 4 ~ 6 月虽然货款回收也推迟了 6（56 - 50）天，但比半年的 DSO 又提前了 8 天。这说明 4 ~ 6 月的账款回收速度快于 1 ~ 3 月，企业信用销售正向好的方向发展。

(2) 倒推法。

倒推法是用总的应收账款减去逐月的销售额，从最近的一个月开始，直到总应收账款为零，再查看减去的总天数，总天数即为 DSO。这种 DSO 的计算方法注重最近的应收账款回收，而非全年或半年的业绩。这种方法是使用最广泛的一种计算方法，因为应收账款多与最近的销售有关。

【例 7.2】 以例 7.1 企业为例，企业销售额、DSO 数据见表，试用倒推法计算该企业 6 月的 DSO（见表 7.2）。

表 7.2　　某企业销售额、DSO 数据表统计日期：2018 年 6 月　　单位：元

月份	1	2	3	4	5	6	合计
总销售额（元）	620000	476000	558000	600000	434000	630000	
倒推数（元）				0	106000	540000	1170000
DSO（天）				5.3/30	31/31	30/30	66.3

注：倒推数为应收账款余额减去每月的销售额。

在 2018 年 6 月，企业的应收账款总额为：

25000 + 30000 + 85000 + 120000 + 310000 + 600000 = 1170000（元）

用 1170000 - 630000（6 月的销售额，天数：30） = 540000（元）

用 540000 - 434000（5 月的销售额，天数：31 天） = 106000（元）

106000 相当于 4 月平均 106000/20000 = 5.3 天的销售数量。

则 DSO = 30 + 31 + 5.3 = 66.3（天）。

（3）账龄分类法。

这种方法综合考虑了赊销和账龄的关系，对一段期间内不同账龄的应收账款分别计算 DSO，然后将其加总，得出总赊销额的 DSO。

【例 7.3】 以例 7.1 企业为例，企业销售情况统计见表 7.3，试用账龄分类法计算该企业 6 月的 DSO。

表 7.3　　某企业销售情况表统计日期：2018 年 6 月

月份	1	2	3	4	5	6	合计
平均日销售额（元）	20000	17000	18000	20000	14000	21000	
总销售额（元）	620000	476000	558000	600000	434000	630000	
其中：应收账款（元）	25000	30000	85000	120000	310000	60000	1170000
贷款在外天数（天）	1.25	1.76	4.73	6	22.14	28.6	64.48

其中，货款在外天数 = 应收账款/平均每日销售额，

因此，DSO = 64.48 天。

3. 现金流量与 DSO。

现金流量与 DSO 是什么关系呢？

如 A 企业的销售额为每年 730 万元，也就是平均每天 20 万元。其中期末应收账款为每年 1200 万元，那么有：

DSO = (1200/7300) × 365 = 60（天）

如果同行业中 B 企业的销售额与 A 企业相似，但 DSO 为 70 天，这时，A 企业的现金比 B 企业多 200 万元（10 天 × 20 万元/天 = 200 万元）。

假设银行贷款利息为7%，那么B企业的利润比A企业减少了14万元。这只是从银行利息角度分析，实际上B企业在机会成本中也比A企业付出更多。从现金回收速度来看，A企业的信用安全管理比B企业更好。但是，如果全面评价也必须查看A企业的坏账率和B企业的坏账率高低。

如果一个企业的DSO日期超过同行业平均水平，信用经理就必须采取措施，降低DSO，以保障现金的尽快回收。

4. DSO不同计算方法的比较。

（1）期间平均法，主要是便于企业间的横向比较和纵向比较。最典型的期间平均法是年度DSO，是期末应收账款除以总销售额再乘以365天。在做纵向比较时，可以得知本年度的现金回收速度变化情况，为下一年度计划做准备；在做横向比较时，可以评估本企业信用管理水平是否优于同行业的其他企业，在制订信用政策和货款催收上，做出是否调整的决定。其缺点是计算的区间越大，误差越大。因为没有考虑销售周期的变化，因此DSO只能作为综合评价使用。

（2）倒推法，目的是可以了解最近时期的DSO大小，最能准确反映每个月DSO的变化，为信用部门及时做出信用安排，如DSO变大，就说明收款速度变慢，资金更多地被占用了，需要加大追款力度，其缺点是无法了解每笔被拖欠款的账龄。

（3）逐月计算法，信用部门可以了解每笔应收账款的账龄，并通过计算每个阶段应收账款的比例发现拖欠原因和解决办法，其缺点是存在一定误差。

既然不同的计算方法有不同的作用（见表7.4），信用管理人员可以根据需要计算部分或全部的DSO，为决策服务。

表7.4　　　　不同DSO计算方法的优劣

计算方法	目的	优点	缺点
期间平均法	企业的横向比较与纵向比较	用这个数据与本企业前几个年度进行比较，可以得知本年度的现金回收速度是更快了还是更慢了，从而为下一年目标做准备；也可以用这个数据与其他企业本年度的DSO做比较，评估本企业的信用管理工作是否优于同行业的其他企业	用期间平均法计算DSO时，计算的期间越大，误差也越大。这主要是因为这种计算方法不考虑销售高峰与低谷变化的原因。因此，这种方法计算出来的DSO只能作为综合评价使用
倒推法	了解最近日期的DSO大小	这种方法最能准确地反映每个月的DSO变化，从而为企业信用部门和信用经理做出安排	无法了解每笔被拖欠货款的账龄
逐月计算法	—	信用经理可以对每笔应收账款的账龄一目了然，并通过计算每个阶段应收账款的比例，发现拖欠的原因和解决方法	数据也存在一定的误差

5. DSO 对利润的影响。

【例 7.4】 假设企业的年赊销额为 22150 万元，企业资金成本率为 10%，企业采用不同的赊销政策，形成三种 DSO（收账期）状况，分别是 72 天、65 天和 38 天，则对于 72 天 DSO，应收账款占用资金所产生的利息费用（机会成本）是：

$$22150 \times \frac{72}{365} \times 10\% = 437 \text{（万元）}$$

同理，可以计算 DSO 为 65 天和 DSO 为 38 天的利息费用分别是 395 万元和 231 万元，结论是：减少 DSO 天数，可以降低利息费用，增加企业的利润。

6. DSO 分析报告。

DSO 是企业信用管理最常使用的指标，应引起信用经理和高层领导的足够重视。信用部门应当定期做出 DSO 状况分析报告，最好是与财务报表同时报出，给出分析结论，提交管理层，作为企业管理者的决策参考资料，并提出解决问题的方案。表 7.5 为 DSO 分析报告。

表 7.5　　DSO 分析报告

DSO 类别	天数	应收金额	百分比
信用期内应收账款 DSO			
逾期应收账款 DSO			
超过 2 年应收账款 DSO			
有争议应收账款 DSO			
其中：应收货款 DSO			
质量保证金 DSO			
其他应收款 DSO			
DSO 分析结论：			
报告人：		分析截止日期：	

（二）坏账率

坏账率是最常用的评价指标之一，它反映在某一时期信用管理降低坏账的能力。坏账率的公式为：

$$\text{坏账率} = \frac{\text{注销的坏账}}{\text{销售总额}} \times 100\%$$

使用坏账率指标评估信用政策时应注意到此项指标在不同的行业和企业里具有不太一样的含义，因为不同的企业和行业在标准上无统一性。坏账统计标准不同，不同行业由于其资金周转情况不尽相同，销售特征也相差很大，因而坏账的标准不同，一些企业把逾期3个月或者6个月的账款看作坏账，而另一些企业可能把逾期数年的未收账款还作为应收账款；销售总额统计标准不同，有的企业使用全部信用销售量，有的也是用销售总额；采用多长时间作为计算标准没有统一规定。

在使用过程中，既要注重纵向分析也要注重横向分析。纵向分析就是比较企业内部近年来，或几个季度内的坏账率变化。横向分析则是与同行业企业的坏账率进行比较，各行业协会或信用调查公司可提供行业的坏账率数据，比较时注意数据的可比性。

（三）信用批准率

信用批准率指标是评估企业在信用申请方面采取的态度，过松还是过紧，申请的质量，信用安全管理部门的效率等。

$$\text{信用批准率}=\frac{\text{被批准的信用申请额}}{\text{提交的申请额}}\times 100\%$$

信用批准率反映企业信用安全管理政策的总轮廓。如比率过低，就说明信用安全管理政策保守，不利于企业的发展；过高，则说明信用安全管理政策可能过于激进或宽松，信用风险会剧增。分析信用批准率时应同时结合其他比率，如坏账，对信用安全管理做出客观评价。

二、信用额度

信用额度是指企业一次性（或一段时间内）赊销的最大金额。信用额度可以作为客户的信用警戒线。信用额度确定以后，只要客户申请在信用额度内，信用管理人员有权批准其申请，不需要层层审批，可以大大提高效率。同时，信用额度是一个循环使用的工具，只要客户的赊销额没有超过信用额度，对客户的赊销和发货就可以进行，客户可以在货款不断支付的过程中，赊销也可以不断进行，这样可以大大提高资金的使用效率和销售效率。信用额度需要根据客户的实际变化情况及时更新，否则就会失去其信用风险管理的意义，严重时适得其反。

信用额度的计算包括本企业整体信用额度的计算和授给某一具体客户信用额度的计算。企业整体信用额度是企业的最大赊销金额。整体信用额度要根据企业自身的资金实力和抗风险能力来决定，在设定了企业的全年销售目标后，要根据企业所制定的标准信用期限，来计算企业整体信用额度，保证企业资金流的安全稳定。有了整体信用额度，对于每一个客户，还要制定一个信用额度，作为赊销金额的上限。设定单个授信额度主要由两个方面的因素决定：（1）信用风险大小；（2）客户信用需求量的大小。通常情况下，授信额度与付款风险成反比例关系，与客户的信用需求量成正比例关系。在不存在付款风险的情况下，授信额度的限额便是客户的信用需求量。当计算客户的信用额度时，可以应用很多方法，如销售量法、回款额法、营运资产法等。

客户的信用额度设好后，必须持续地定期调整，特别是对于新开的信用账户，开始时，可以给予标准的信用额度；如果设立信用额度后不超过 90 天，则根据客户的还款等情况进行更新，在新开账户 6 个月后要进行第二次更新，以后与老客户一样，进入常态管理，每半年对信用额度再评估一次。

在销售过程中，根据客户的货款支付状况，要对其信用等级和信用额度进行再评价，一般来说，以下情况企业需要考虑调整客户的信用额度：

（1）半年或一年一次定期审核客户信用额度；

（2）客户提出申请要求调整信用额度时；

（3）客户订货量持续超过信用额度时；

（4）客户付款变慢，产生大量预付货款时；

（5）客户可能发生经营危机时。

对于调整后的客户信用额度和信用条件，要及时告知客户，并向其说明调整的原因，以取得对方的理解。信用额度的调整，还需要考虑企业的整体信用额度有无调整，以及企业有无促销计划，一般在促销期间，要放宽赊销政策，增大客户的信用额度；同时，对于企业遇到的重大、特大项目，由于会对企业的发展造成重大影响，因此其信用额度的制定要受更多方面的影响，需要单独审批。信用额度的使用条件见表 7.6。

表 7.6　信用额度的使用条件

经常使用的几种信用额度	使用条件或情况
企业整体信用额度	依据企业自身资金实力、产品特点和行业状况确定，作为年度或季度赊销目标，本项额度可拆分成各大区或销售分公司的额度，一般作为内部授信尺度
客户的常规信用额度	提供给分销商或大客户，每半年或一年核准一次
促销信用额度	在促销期间，临时增加给分销商的信用额度，过了促销期此额度自动取消
重大、特大项目信用额度	特别为重大、特大项目增加的额度，需单独审批

三、信用条件

（一）信用期限

又称信用期间，是企业允许顾客从购货到付款之间的时间，或者说是企业为客户规定的最长付款时间。

【例 7.5】某企业过去一直按照当地同行的平均水平，授予客户 30 天的信用期限，从而使企业年信用赊销额达到 200 万元。企业经理办公会根据企业生产现状和市场环境，决定进一步促进赊销和较大幅度地降低产品库存量，提出适当延长对客户的信用期限至 45 天的想法，需要企业信用管理部门分析方案的可行性。根据企业的销售部门对客户信用敏感程度的估计，延长信用期限后赊销额将增加到 320 万元，应收账款的管理成本将在现有的 2 万元的基础上增加 15%，坏账损失率可能从 1% 增长到 2%，当前的国债投资的年利率为 7%，以往企业销售的毛利率为 16%，变动成本率为 70%。问该企业是否应延长信用期限？

解：边际收益 = 120 × 16% = 19.2（万元）

边际管理成本 = 2 × 15% = 0.3（万元）

边际机会成本 =（320/360）× 45 × 70% × 7% －（200/360）× 30 × 70% × 7% = 1.14（万元）

边际坏账损失 = 320% × 2% － 200 × 1% = 4.4（万元）

边际成本 = 0.3 + 1.14 + 4.4 = 13.36（万元）

由上述计算可知，向客户发放 45 天的信用期限可以使企业增加 13.36 万元的利润，从企业信用部门的角度看是可行的。

【例 7.6】某公司年度赊销收入为 2400 万元，目前采用的信用期限为 30 天，坏账损失率为 2%，管理成本为 20 万元。该公司为了扩大销售收入和市场占有率，决定延长应收账款的信用期限，现在设计了两个方案：一是延长信用期限到 45 天，估计坏账损失率为 2.5%，管理成本为 25 万元，年赊销收入将会增加到 2610 万元；另一个赊销方案是延长信用期限到 60 天，估计坏账损失率会提高到 4%，管理成本为 32 万元，年赊销收入也会增加到 2880 万元。假如该公司的变动成本率为 60%，资金成本率为 8%，该公司是否应该延长信用期限，如果延长，应选择哪个方案？

解：

信用成本前收益 = 年销售额 － 变动成本 － 有变化的固定成本

信用成本后收益 = 信用成本前收益 － 应收账款机会成本 － 坏账成本 － 收账费用

现有方案：

机会成本 = 2400/360 × 30 × 60% × 8% = 9.6（万元）

坏账损失成本 = 2400 × 2% = 48（万元）

信用成本后收益 = 2400 ×（1 － 60%）－（9.6 + 48 + 20）= 882.4（万元）

A 方案：

机会成本 = 2610/360 × 40 × 60% × 8% = 13.92（万元）

坏账损失成本 = 2610 × 2.5% = 62.25（万元）

信用成本后收益 = 2610 ×（1 − 60%）−（13.92 + 62.25 + 25）

= 938.09（万元）

B方案：

机会成本 = 2880/360 × 60 × 60% × 8% = 23.04（万元）

坏账损失成本 = 2880 × 4% = 115.2（万元）

信用成本后收益 = 2880 ×（1 − 60%）−（23.04 + 115.2 + 32）

= 981.76（万元）

因此应延长信用期限，用60天信用期的方案。

（二）折扣期限和现金折扣

折扣期限是为顾客规定的可享受现金折扣和付款时间，而现金折扣是在客户提前付款时给予的优惠。

如信用条件为："5/10、3/20、N/30"，其含义为：若客户在发票开出后10天内付款，可享受5%的价格优惠，即支付原价的95%；若客户在发票开出后20天内付款，可享受3%的价格优惠，即支付原价的97%；付款的最后期限为30天，此时付款无优惠。

企业制订折扣期限和现金折扣制度的主要目的一方面是：吸引顾客为享受优惠而提前付款，缩短企业的平均收款期；另一方面是：吸引那些视折扣为减价优惠的客户前来购货，借此扩大销售量。

【例7.7】接例7.6，如果该公司采用了60天的信用期限，但为了及早收回货款，决定向客户提供现金折扣，信用条件为：2/10、1/30、N/60。经调查，估计会有40%的客户在10天内付款，20%的客户会利用1%的现金折扣。此时坏账损失率降为3%，收账费用降为28万元。确定该公司是否应该改变信用条件？

$$应收账款机会成本 = 平均每日销售额 \times 平均收现期 \times 变动成本率 \times 资金利润率$$

$$平均收现期 = \sum（付款概率 \times 付现折扣期限）$$

改变信用条件后：

平均收现期 = 10 × 40% + 30 × 20% + 60 × 40% = 34（天）

应收账款的机会成本 = 2880/360 × 3 × 60% × 8% = 13.056（万元）

坏账成本 = 2880 × 3% = 86.4（万元）

现金折扣成本 = 2880 ×（40% × 2% + 20% × 1%）= 28.8（万元）

改变信用条件后的净收益 = 2880 ×（1 − 60%）−（13.056 + 86.4 + 28.8 − 28）= 995.744（万元）

案例7.1　企业信用政策制定实例

信用政策的目标是确保公司内部人员了解赊销的工作流程，同时对有争议的事项施加财务控制。以下提供的信用政策尽管有用，但并非为任何特定的公司、行业或国家而定制，不能当作规范来遵循，仅供参考。

一、XYZ 公司的信用政策（发布日期：2000 年 4 月 27 日）

该政策对向客户授信的目标和流程做了如下规定：月末应收账款金额 89000 美元以内；逾期天数 35 天以内；货款回笼周期（信用周期）55 天以内；信用控制人员 2 人（每人负责 92 个客户和 45000 美元的逾期应收账款）以内。

二、目标

下列情况下，信用可成为使销售机会最大化的工具。

1. 各客户的信用期限和付款条件已获批准，所有的客户资料完整且记录在案。

客户通过填写标准信用申请表提出授信申请，公司则利用信用授信系统和信用额度及条件系统对这些申请逐一进行评估，然后将计算机系统内的客户信息更新。此外，公司必须保护信用申请表和有关赊销信用条款的原件。

2. 现金流量和财务成本落在可接受范围内。

经营的信用周期大致为 45 天，这包括从拿到订单开始，必要的原材料采购期（7 天）、生产期（11 天）、开票期（2 天）和收款期（35 天）。给赊销业务提供足够的资金，公司需要相当于可供 35 天平均采购所需的银行存款，以保证不使用外部融资。公司的银行借款利率在基础利率（目前是 6%）上上浮 4%，即 10%。55 天的信用周期减去 30 天的赊销期限后，还剩 25 天。

3. 客户未超出授信范围。

所有的赊销客户都有对应的授信额度和付款期限："标准"条件是不存在的。如果某个客户逾期未支付（即自发票开出日起超过了 30 天），那么没有信用经历的授权，公司就不能给该客户提供任何产品或服务。

4. 核查客户过去 6 个月内的付款能力和状况。

如果客户过去 6 个月的付款能力通过了核查，则即使该客户已达到了当前的最大授信额度，公司还是可以接受该客户的新订单。公司核查客户的付款能力和状况时，需要一份银行交易参考（参考金额至少应达到其 2 个月的订单额度）和资信报告作为佐证。客户的所有相关资料（公司名称、地址、电话/传真、联系人、银行和会计等）必须得到确认，所有修改也须在系统中更新。然后，必须使用信用授权系统核准向该客户的授信。

5. 汇款状况和目标可接受的标准。

每当一笔账款过期（在 30 天的赊销期限之后），公司就会在以下方面蒙受损失：管理过期发票、准备并寄发催款函、通过电话/传真催款、支付供应商款项、透支银行存款。净利率为10%时，净利润的25%会在36天内被吞噬，而146天后就会分文不剩。这项数据的计算过程如下：平均每个客户的销售额为400美元，每年对拖欠客户的管理成本是销售额的25%，即100美元，一年365天，365/100 = 3.65；400 × 10% = 40，3.65 × 40 = 146。

目前公司从开票到收款的时间可以接受，为45天（见上面第1部分），这个数字代表了公司的现金回笼目标。公司目前每年的赊销金额是720000美元，则平均每月赊销额是60000（720000/12）美元，每天赊销额是1977（720000/265）美元。现公司平均预期账龄为45的目标是将每月的逾期账款余额控制在89000美元以下。负责达成目标的人员应经过考核，以保证他们有良好的工作绩效，并保持合理的回款水平。

公司目前有2名信用控制员，足够完成必需的工作。每名信用控制员须对约50%，即45000美元的逾期账款余额（89000/2），以及92个账户/客户（89000/400 = 184，184/2 = 92）的管理负责。

6. 逾期账款催收和报告。

信用经理每个星期一上午决定每个信用控制员本周的回款目标和工作量，每个星期五下午将听取信用控制员的工作汇报并向客户总监提交本周工作报告。

信用经理通过检查信用控制员对所负责账户的收款日记账簿来评估其绩效。日记账簿的内容包括债务人名称、账户号码、付款金额、原到期日。

7. 付款的过账。

每天上午10点以前所有客户付款的汇款通知和有关信函都须交付信用控制员，以便进行客户确认并马上过到确认的账户下。所有未获确认的付款要过到“待处理账户”下，并向所附信函中的地址寄送一封标准询问函。

8. 质询的控制。

所有质询都须经过相关的信用控制员作初始处理，然后信用控制员将记录下反馈期限、处理质疑的人员姓名和质询的概况。如果在规定的期限内（不超过7天）仍没有对质询的回复，信用控制员应向负责处理的人员提交一项备忘录。信用经理必须核查所有超过7天仍悬而未决的质询，如果不能立即解决则向客户总监报告。

核销待处理款项的权限为：20美元以内由信用经理决定，超过20美元的须经正式批准程序核销。

9. 追账和坏账。

信用经理负责对须进行“追收”的应收账款（即需要通过追账机构或者诉讼来解决）做出早期确认和处理。信用经理有权批准支付不超过欠款余额10%的累计追债费用（最多不超过500美元），累计超过500美元的须由客户总监批准。

10. 坏账的核销。

信用经理负责应核销坏账的早期确认。

对每个客户名下坏账的核销权限为：

（1）信用经理1000美元。

（2）客户经理2500美元。

（3）管理总监2500美元以上。

11. 汇报的层级。

公司通过以下汇报层级进行赊销的授权：5000美元以内由信用经理签字；10000美元以内由客户总监签字；10000美元以上由管理总监签字，管理总监缺席时，须由两个总监共同批准10000美元以上、20000美元以内的赊销额度。

12. 信用管理报告。

每个月末信用经理须向客户总监汇报。报告内容应包括以下几个方面。

（1）一份关于信用政策、流程、系统、员工（信控，销售和行政）和管理的主要问题的报告。

（2）一份关于相关月份情况的总结和对所有重要问题的月度、年度分析，包括以下所有内容。

①未到期账款的金额，客户数量和比例。

②逾期1~30天应收账款的金额，客户数量和比例。

③逾期31~60天应收账款的金额，客户数量和比例。

④逾期61~90天应收账款的金额，客户数量和比例。

⑤逾期91天以上应收账款的金额，客户数量和比例。

⑥正在通过追账机构或法律程序解决的应收账款的金额，客户数量和比例。

⑦待处理款项（按质询类型、销售区域/人员及产品/服务细分）的金额，客户数量和比例。信用管理报告将作为公司月度汇报的一部分在董事会上讨论。

最后，请大家注意，该信用政策是可以不断变化的。公司会发布修订的信用政策文件，将所有的修订内容通知有关部门，而各部门领导有责任保证新颁布的文件得到遵循。

【思考题】什么是信用销售？企业为什么要进行信用销售？

本章小结

1. 企业信用政策是指在特定的市场环境下，企业权衡与应收账款有关的效益和成本，为指导企业信用管理部门处理应收账款的发生与收账而指定的一系列政策。企业信用政策具有权威性、纲领性、规范性和指定性的特点。

2. 考虑主观意愿和客观要求，企业在制订信用政策时，必须坚持稳定性和灵活性两项基本原则。

3. 企业在制订信用政策时应考虑企业的外部经济环境因素、企业内部因素、与企业发展相匹配的政策因素和企业客户相关因素。

4. 企业信用政策既代表决策者的主观意愿，也反映了企业面临的客观环境的要求。因此针对不同的经营目标和风险控制要求，企业可以选择不同的信用政策类型。信用政策一般分为紧缩型、适度型、宽松型三种。

5. 企业信用管理部门要制订科学合理的信用政策，除了要掌握制定的基本原则、基本要求外，还必须遵循正确的程序。一般来说，制订信用政策的程序包括分析环境、确定目标、明确信用政策的前提条件、提出、评价、选择信用政策方案、形成信用政策文本、执行和调整信用政策。

6. 企业信用政策的内容主要包括信用标准和信用条件，其中，信用条件又包括信用期限、折扣期限和现金折扣。

7. DSO 指标除了在应收账款管理中有着广泛的应用外，对于评估企业信用政策优劣也是重要的工具之一，它使企业可以从宏观上监控信用销售政策的执行情况，了解企业资金被占用的时间和损失，企业的现金储备是否充足，企业信用管理政策是否有效，以及信用管理改进的目标。

思考与练习

一、名词

企业信用政策；DSO；信用标准；信用额度；信用期限；折扣期限；现金折扣

二、问答题

1. 简述企业信用政策的特点。
2. 简述制订企业信用政策的原则。
3. 简述企业信用政策的影响因素。
4. 企业信用政策的类型有哪些？
5. 试述企业信用政策的制定流程。
6. 试比较 DSO 不同的计算方法。

Chapter 8 第八章

企业赊销管理

本章导言

随着市场经济的发展，市场竞争不断加剧，信用销售已成为大多数企业经常采用的销售方式。赊销管理日益成为企业管理活动中的重要内容。在资信调查的基础上，企业采用适当的信用政策开展销售业务，通过赊销来扩大市场份额，同时也树立了企业的品牌和信誉。企业赊销管理决定了企业的销售业绩和企业的持续发展，是一项技术性较强的管理工作。

本章教学重点与难点

1. 企业赊销管理的必要性与内容
2. 赊销风险控制的主要措施
3. 企业赊销的成本分析
4. 应收账款的分析工具

第一节 企业赊销管理概述

一、企业发生赊销的原因

现代社会，随着市场经济的发展、商业信用的发达，买方市场逐渐形成，市场竞争不断加剧，由于产品供大于求，企业（卖方）给客户提供优惠的结算方式（赊销）往往成为交易成功的重要条件。目前，国际上80%的商业交易是在信用方式下进行的。在我国，信用销售也已经成为绝大多数企业经常采用的销售方式。赊销不应是一种偶然性、被动的行为，应当是一个有计划、主动的并且可控制的过程。

首先，赊销的目标是建立与重要客户间长期、稳定的业务合作关系。只有那些长期具有合作价值的客户，企业才有必要考虑采取赊销方式。

其次，赊销方式是作为一种产品质量的传递信号。只有自身产品质量过关，企业才敢用赊销方式，不担心因货款质量问题导致账款回收风险。

最后，在竞争激烈的行业，赊销方式是取得竞争优势的手段之一，而不是唯一手段，如产品质量、价格、赊销、服务、品牌等。

另外，从企业微观角度看，赊销可以增加销售和减少存货，信用销售已经不是一种选择，而是趋势。

总的来说，赊销符合现代经济发展的需要，适应社会扩大再生产中产品的生产销售循环特点，通过信用销售，可以为客户提供方便，扩大销售规模，从而提高公司的市场份额和竞争能力。

二、企业赊销易出现的问题

传统的“销售—回款”模式的特点有：销售管理上实行承包制，对客户良莠不分，甚至一味地赊销，赊销数额和回款期限随意性较大；在货款回收上实行滞后管理，销售和财务相互脱节，造成销售额难以快速增长和货款被严重拖欠的困境。实践证明，仅仅用回款额约束销售人员的行为远远不能有效控制客户的风险。

目前，国内很多企业在营销管理中存在以下误区：

（1）一切为销售让路。片面追求销售额，忽视最终利润。其实赊销的产品对企业来说还是成本，只有货款收回，才能形成有效销售给企业带来利润。

（2）订单量大的客户是大客户。站在企业总体的角度看，只有具有真正货款偿付能力的客户，才是重要客户。客户不仅是公司财富的最大来源，也是风险的最大来源。

（3）谁的客户，谁承担风险责任。公司对客户的风险控制完全交给销售人员，一旦销售人员疏忽，会对企业造成严重损失，而销售人员并不能真正承担全部责任。

（4）赊销＝销售。赊销业务具有两重性质：一方面具有商品交易的性质，另一方面是企业间的一种借贷行为。

（5）要使赊销业务成为“一个有风险、有成本但有计划、可控的管理程序”。

（6）客户永远是上帝。这可能会一味地迁就客户的无理要求，其实客户已经违约，也不能要求按时支付货款。其实企业和客户之间本质上是一种对等的交易关系，双方是以平等、互利、相互尊重作为交易的准则。

（7）应收账款管理＝欠款追收。这种滞后的管理方式错过了应收账款的最佳时机，使企业支付了大量的管理成本，却无法达到期望的管理效果。

（8）货款回收，催促的次数越多越好。企业在进行赊销业务时，要分析应收账款成本和可能的拖欠风险，进行专业化的赊销管理，以在实现有效销售的过程中使企业的利润得到保证，促进企业健康发展。

三、赊销中风险产生的原因

对于赊销中的买方来说，会有很多原因导致到期无法偿还债务，如企业外部环境恶化或者企业自身内部管理不善等，信用风险产生的主要因素具体有以下几个方面。

1. 环境因素。

环境因素，包括企业所面对的竞争激烈的市场环境、销售规则、法制因素等。例如，在有些行业和地区，企业在销售产品时要采取普遍的赊销期限、赊销比例等。当大的经济环境或者行业发展受到大的冲击时，整个企业的运营环境会恶化，企业的现金流就会受到影响。此时赊销所形成的应收账款的及时、足额回收就会受到很大影响。外部环境形成的风险也叫作系统性风险。

2. 客户因素。

客户因素，包括所赊销的客户本身信用意识差、经营历史短、面临的经营风险大、赊销金额大以及经营不规范等因素。由客户因素形成的风险又叫作特有风险或者叫作个体风险。

3. 企业内部因素。

企业内部因素，包括所销售产品的质量有问题或者供货不及时，为实现供货合同要求以及企业促销政策中对客户选择过宽，造成对低信用状况的企业进行赊销，以及企业人员素质较低，无法有效地实现信用风险识别和控制等。

4. 信用风险管理技术因素。

信用风险管理技术因素，包括进行信用风险管理的手段不够、缺乏信用风险管理经验以及企业缺乏有效的信用风险控制体系等。

四、企业赊销管理的内容

在信用销售中，存在产生坏账的可能性，如果产生坏账，则会影响企业资金周转、侵蚀企业利润、增加融资管理成本、丧失企业再投资的机会。

企业在赊销业务中，要围绕如何控制客户的信用风险展开，具体的管理包括赊销预算与计划、信用政策的制定、赊销客户的选择、信用限额控制、贷款回收与报告。企业实行规范的赊销业务管理应该从以下几个方面入手。

1. 建立信用申请制度。

首先，由客户填制赊销申请表，提出赊销额度申请企业根据其申请额度的大小和客户风险类别收集必要的信用资料，如营业执照、损益表、专业机构提供的资信报告等。其次，财务总监审批额度后，向客户发出赊销账户通知书，双方正式建立赊销贸易关系。最后，企业根据客户的付款记录和资信变动情况调控客户的信用等级和信用限额，进行应收账款监控管理和逾期催收处理。

2. 核算赊销成本。

赊销成本主要包括赊销管理成本、机会成本、坏账损失等。在赊销管理制度完善的前提下，我们在此主要考虑赊销的时间成本，可以参照银行贷款利率来考虑。从赊销成本计算表可以看出，在年利率为12%时，对客户给予60天的赊销和直接给予2%折扣的赊销成本是相同的。因此，当客户要求更长的信用期限时，企业通常应该适当提高价格或直接给予相应的折扣率来降低赊销成本。

3. 设定赊销授权条件。

赊销管理中最重要的是赊销额度审批，企业一般对不同额度进行不同授权，审批所需要的材料也有差异。例如，规定在销售额为15万元以下时由销售经理审批，需要的资料是客户信用申请表、销售人员获得的其他供应商的评价；当销售额为15万~50万元区间时，由信用总监审批，需要增加的资料是客户的资信评级报告；超过50万元的赊销，由总经理审批，进一步增加的资料有客户开户银行的评价、客户的付款记录表和订单记录表。

4. 利用信用等级控制风险。

赊销客户的管理目标是要培养资信良好的大客户和付款及时的小客户。

五、赊销风险控制的主要措施

赊销管理的核心问题是对客户信用风险的控制，在考虑赊销时，是在信用风险成本和赊销收益之间进行权衡。据测算，我国企业应收账款平均回收期为90.3天，远远高于发达国家45天的水平，并且更为严重的是，我国逾期应收账款比率更高，平均在40%～50%。

1. 制订公司整体赊销计划。

制订公司整体赊销计划包括依据整个公司的销售计划和财务计划，对公司的总体赊销额度、现金回收目标、应收账款各项管理指标以及风险控制方针等内容进行规划。赊销计划可以以年度和月度作为时间单位。

2. 制订并执行统一的信用政策。

信用政策是企业为了鼓励和指导信用销售而采取的一系列优惠标准和条件。制订信用政策必须兼顾"促进销售额增长"和"保持应收账款合理比重"两个目标的均衡和一致。

3. 选择赊销客户。

审核客户资信状况，选择赊销对象。客户不仅是公司财富的最大来源，也是风险的最大来源。只有那些有偿付能力的客户，才应列入公司重要客户名单，成为赊销对象。

4. 信用限额控制。

实际中，发生较大的客户拖欠风险主要是由于业务人员向客户赊销的额度过大，而管理人员又缺乏一个科学审批的标准。因此，建立一套以控制客户信用额度为核心的授信管理制度，是有效控制呆账、坏账的关键。在缺少信用额度控制时，有的公司实际是被客户牵着鼻子走的，处于非常被动的地位。要改变这种被动的局面，公司每项赊销业务的审批必须以信用额度为依据，任何人不得擅自突破。同时，信用额度也成为公司约束和调节与客户信用关系的一个重要工具，在供货和回款问题上争取主动权，真正实现公司对客户的直接管理。

5. 应收账款流程化管理。

有的企业尽管也非常重视应收账款管理工作，投入了大量的人力、物力用于欠款追收，然而往往事与愿违，不仅追账的实际效果不理想，而且前清后欠，包袱越背越重。产生这种情况是因为企业将应收账款管理当成"欠款管理"，这种滞后的管理方式错过了应收账款管理的最佳时机。

实践证明，采用流程化管理的方式，合理地安排账款回收的职责，跨部门地控制应收账款的时间和质量，将大大地提高货款回收的效率。

六、各部门在赊销管理中的职责

企业在赊销管理过程中所做的工作是了解企业客户、计算允许的赊销额、签订单和及时收取账单。各个部门的职责有分工，但是更多的是合作。

（一）销售部门赊销管理重点

1. 制订合理的销售目标

企业可以根据客户的购买付款能力以及销售员个人的能力来制订合理的销售目标，以避免业务人员为达到销售业绩而盲目扩大信用销售，最终影响货款的回收。

2. 严格执行信用政策。

业务部门在与客户接触的同时，应冷静掌握客户的经营、付款历史记录等情况，对新客户要经常进行资信调查，对于交易多年的老客户也要阶段性地了解其资产情况，以确保较高的应收账款回收率，将赊销发货金额控制在信用限额之内。

3. 建立科学的收款考评机制。

对于收款速度快、收款比例高、票期控制适当及呆账金额少的业务人员，应给予收款奖励，在企业内部创造销售额、利润、账款回收率并重的业务氛围。

4. 以主动服务方式促使客户付款。

多数成功的企业在交易过程中都很重视赊销期内对应收账款的跟踪管理，主动向客户提供各种适当的售后服务，及早排除可能导致货款拖欠的隐患。这样做，一方面维护了客户的良好关系，另一方面极大地提高了应收账款的回收率。

5. 提高收款工作效率。

业务部门不断提高业务人员的收款技巧：在职前培训中，要加强业务人员有效销售的理念，聘请应收账款管理专家向业务人员传授收账策略技巧、礼仪等，及时纠正不足之处。

（二）信用部门的风险控制措施

1. 控制发货。

信用部门应始终监控运输单据的制作和货物的发运过程，在下列两种情况下，信用部门应命令有关人员停止发货。

（1）付款迟缓，超过规定的期限。当客户拖延付款时，信用部门可以通过信函、电话等方式提示客户。如客户仍拖欠不还，且超过规定的贸易暂停期限，则应停止发货。各企业对于贸易暂停期限应有明确规定。一般来讲，信用期越长，贸易暂停期限越短。

（2）交易金额突破信用限额。信用限额是依据客户的财务状况和信用等级综合评定出来的，交易金额超过信用限额会给企业自身带来坏账风险，尤其在信用限额是出于客户延期支付而被突破的情况下，控制发货措施就很必要。

2. 监督和检查客户群。

监督制度是规定对正在进行交易的客户进行实时的监控，密切注意其一切行动，尤其是付款行为。对于高风险客户或特别重要的客户还要予以多方面的监督。检查制度是指不断检查与更新客户原有的信用信息。

3. 信用额度审核。

信用管理人员应对授予信用额度的客户适时定期审核，一般情况下，一年审核一次，对正在进行交易的客户和重要客户的信用额度最好能半年审核一次。审核结果要及时通报给业务人员。

4. 交易暂停。

当发现客户有不良征兆时，首先考虑的措施就是交易暂停，停止发货或者收回刚发出的货物，只有这样才能避免损失的进一步发生。

5. 巡访客户。

在危机发生时，销售部门与信用部门都应各自与客户进行会谈，以收集客户的信息。在可能的条件下，销售部门与信用部门应该联合巡访客户，达到三个目标：评估客户的生存能力、就付款安排达成协议、确定以后的交易额度。对于客户的承诺，信用部门要仔细分析其合理程度，回去后立即将会议记录发给客户，一旦客户不能兑现，即说明他们的确处于危机局面。在巡访时，注意客户是否库存过多或拒绝对外公开库存量等，对客户的巡访应及时进行，最好在付款迟缓或引起纠纷而未达到危机之时便去会谈。

6. 置留所有权。

企业在商品售出后保留它的所有权，直到客户偿付货款为止。理论上讲，这是一项既无任何额外成本又能有效规避风险的措施，使企业在得不到偿付时可以恢复其对商品的所有权。在实际中，它并不能完全规避信用风险，因为商品的所有权虽然掌握在企业手里，但是鉴于企业未实际占有或使用货物，也就不能十分有效地控制。

7. 坚持额外担保。

如果客户处于危机中但仍有回旋余地时，客户可能会要求继续交易以维持运转，此时应坚持额外担保。最低限度的担保是开立商业票据，一旦不能兑现时便可立即停止交易；最高限度的担保是预付货款，如用支票付款，应注意发货前将支票兑现。

另外，信用管理人员应该与销售人员协调一致，保持与客户之间有良好的沟通，设定与订货进程相协调的自动风险评估，及时收集与客户的往来信息，了解账款的首付方式，掌握对外部的服务内容，如赊销报告、无偿债能力警示、赊销风险、应收账款代理经营、收账代理、国际贸易的支付手段等。

案例 8.1　警惕赊销条件下的信用风险

江苏华远公司（以下简称华远公司）2004 年 11 月接到广东惠达公司（以下简称惠达公司）的认购货物通知。不久之后，惠达公司派专人前往华远公司所在地江苏省南京市商洽购买货物的具体事宜。由于贸易涉及的总金额高达 200 万元，华远公司的管理者以及整个决策层对此事十分重视，先后与惠达公司的代表多次洽谈，商讨合同的具体细则和以后合作的意向。在双方洽谈中，惠达公司的代表表示，由于惠达公司的决策层认为距离货物销售的旺季尚早，提出前期购买小批量货物来试探市场走向，一旦该货品市场反应良好，惠达公司将按上述金额大批量购买。惠达公司的代表向华远公司提出先期购买价值为 30 万元的货物，要求华远公司能够给予 30 天的赊销期，华远公司的决策层经过商谈，认为双方的合作前景良好，同时又能够给公司带来相当大的利润，同意了惠达公司的要求，签署了销售合同。

经过 1 个月的放债后，华远公司开始向惠达公司催款。但惠达公司称华远公司的货物在市场上反馈不佳，其所购买华远公司的货物积压十分严重，并向华远公司提出该货物的质量与合同规定不符等问题，以此为借口要求降低还款金额。华远公司先后派人前往惠达公司商谈还款事宜，发现惠达公司以往的货物积压十分严重、员工士气低落、情况不佳。通过专业机构得出的分析结果来看，惠达公司财务十分混乱，有其他供货商早在 3 个月前已取消了授予的信用限额，并正在追讨欠款。惠达公司根本没有能力偿还 30 万元的货款，其主要负责人更以破产相威胁。经过近几个月的追讨努力，华远公司在某专业机构的协助下，在当地法院通过诉讼保全，拿回了 40% 的货款，惠达公司也随即破产。

【分析与启示】

华远公司受惑于惠达公司即将带来的高额利润和美好的合作前景，同意了惠达公司提出的赊销条件，同时又忽略了赊销条件下的信用分析，在根本不了解对方信用限额的前提下，贸然发出价值额巨大的货物，因此产生拖欠，并非偶然。虽然本案中惠达公司的贸易动机涉嫌欺诈成分，但华远公司忽视赊销条件下对贸易伙伴的信用分析实际上是导致其自身损失的最直接原因。

（选自谢旭：《企业遭遇客户信用风险的两个案例》，载《公共商务信息导报》，2006 - 07 - 21。）

第二节　企业赊销的成本分析

企业赊销的成本收益是指赊销发生的成本和给企业带来的收益。赊销时会发生四种成本：短缺成本、管理成本、机会成本和坏账成本。

一、短缺成本

短缺成本是企业因为没有合理利用赊销方式（不做赊销或少做赊销）使销售规模没有做到最大而造成的利润损失。该种损失是一种潜在损失，不会在企业会计账面上反映出来，但会影响企业的发展。例如，某企业的毛利率为20%，若合理利用赊销手段，可达到销售额为100万元，但是由于采取过紧的赊销政策，实现销售额只有80万元，这样就会有4万元[（100－80）×20%]毛利减少额，即为短缺成本。

二、管理成本

管理成本是对赊销进行日常管理的各种开支，包括从赊销的发生到应收账款的收回所发生的费用，以及应收账款管理系统运行所发生的费用，具体项目有：对客户的资信调查费用、应收账款记录费用、收账费用等。其中，收账费用包括收账人员的工资、差旅费、诉讼费、委托专业收款机构的费用等，如对于设立信用部的企业，信用部门运转所发生的各种费用。

三、机会成本

机会成本是因通过赊销方式，货款不能及时回笼所形成的应收账款，造成资金占用，不能从事其他业务运作对企业造成的潜在损失。机会成本也不会在企业的会计记账中反映，影响因素包括：（1）赊销金额的大小；（2）赊销期限的长短；（3）资金利润率的高低。赊销金额越大，赊销期限越长，资金利润率越高，则应收账款的机会成本也就越大；反之则反是。

机会成本计算公式为：

$$X \times K \times \frac{T}{360} \qquad (8-1)$$

其中，X代表应收账款平均余额，T代表平均收账期，K代表资金利润率。

资金利润率的选择，可以根据企业资金来源和运用状况选择合适的利率。从企业资金来源的角度看，简单有效的做法是选择银行贷款利率，因为如果企业资金紧张，一般会通过银行贷款来解决；从企业资金运用的角度看，可以采用企业资金的平均回报率。

从机会成本的计算来看，客户对赊销款的拖延支付，也会形成机会成本，以及对企业利润进行侵蚀。

对于企业来说，不但坏账会造成对利润的侵蚀，客户对赊销货款的延期支付同样也会造成对利润的侵蚀。这是因为延期收到货款，存在着资金占用问题，形成隐性利润的损失。用 Z 表示赊销货款延期支付对利润完全侵蚀所用的时间（以月数来计算），R 是产品销售利润率，K 代表资金利润率，则有：

$$Z = R/K \times 12 \quad (8-2)$$

企业产品销售利润率为 10%，企业资金成本为 10%，则对于一笔赊销，如果延迟 12 个月收到货款，则相当于该笔销售的利润由于资金被占用而完全被侵蚀。如果应收账款延期过长，这笔销售对于企业的利润不但没有贡献，还可能造成对其他销售所形成利润的侵蚀。销售利润率越低，资金的机会成本越高，所能够承受的延期时间就会越短，表 8.1 为货款延期收到对企业利润完全侵蚀所需时间表（月数）。

表 8.1　　货款延期收到对企业利润完全侵蚀所需时间表（月数）

销售利润率 / 资金成本率	10%	8%	6%	4%	2%
5%	24	19.2	14.4	9.6	4.8
6%	20	16	12	8	4
8%	15	12	9	6	3
10%	12	9.6	7.2	4.8	2.4
12%	10	8	6	4	2

四、坏账成本

坏账成本是赊销后形成的应收账款未能收回，使企业利润减少。坏账会直接对企业利润造成侵蚀，企业需要更多的销售额来补偿由于坏账所造成的对利润的侵蚀。假设有 50000 元的坏账损失，企业的税前利润率为 5%，企业要弥补由于坏账造成的损失，则需要追加的销售额为：50000/5% =1000000（元）。

用 L 表示坏账损失、RBT 表示税前利润率、ES 表示补充坏账损失所追加的销售额，则：

$$ES = L/RBT \quad (8-3)$$

可以看出，税前利润率越低，需要追加更多的销售额来弥补坏账损失。对企业来说，如果产品的毛利率低，则需要严格的信用政策，尽力减少坏账对企业造成的不良影响。如表 8.2 所示，需要成倍的额外销售来弥补坏账所造成的损失。

表 8.2　　企业为补偿坏账损失所追加的销售额　　单位：元

税前利润率 / 坏账损失	5%	8%	10%	12%
50	1000	625	500	417
500	10000	6250	5000	4167
5000	100000	62500	50000	41667

随着赊销额的增加，一般来说，短缺成本会降低，机会成本和坏账成本增加，而管理成本基本是固定的，这四种成本加总后形成总成本。总成本会随着赊销规模的扩大，先是下降，然后逐渐上升（见图 8.1）。

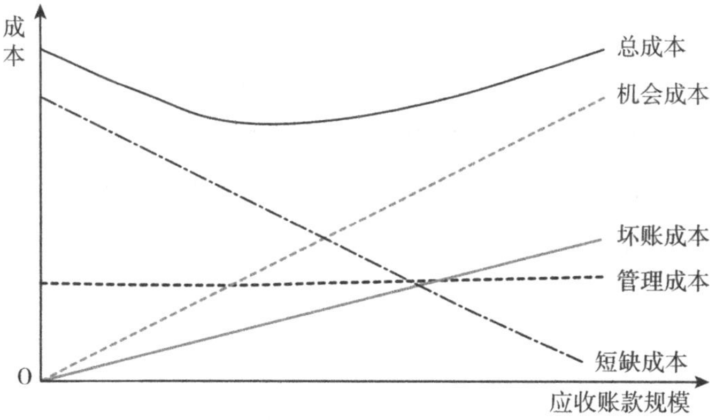

图 8.1　应收账款规模

第三节　企业赊销管理的分析工具

在企业赊销管理中，较常用的分析工具是应收账款账龄分析法、DSO 分析法、坏账水平测量法和销售业绩调整法。其中，DSO 分析法已经在第七章有所介绍，本节只介绍其他的三种分析工具。

一、应收账款账龄分析法

应收账款账龄分析法，是指将应收账款的收回时间加以分类，统计各时间段内支付或拖欠的应收账款情况，从而监督每个客户的应收账款支付进度。编制成应收账款账龄分析表，可以清楚地掌握企业应收账款的实际占用天数，同时了解有多少欠款尚在信用期内，有多少欠款已超过信用期；可以据此计算出超时长短的款项各占多少百分比，估计有多少欠款会造成坏账；如有大部分超期，企业应检查其信用政策和催收管理环节。

通过应收账款账龄分析，可以衡量企业对应收账款的实际管理水平，可以加强对债务回收的有效监控，并根据账龄长短对重要客户的债务采取相应的措施。

从企业通过赊销方式提供给客户产品或者服务的那一天起，应收账款就产生了，直至变成现金回收或者做坏账处理，应收账款才会结束。应收账款的账龄应该用天来计算，账龄的记录内容要全面，便于进行统计分析，如表 8.3 所示。

表 8.3　　账龄记录表

客户号	合同号	类别	记账日	应收日	发票号	订单号	金额	期内	预期

在账龄时间长短记录上，有两种计算方法：一种是从发货开始计算，一般采用这种方法；另一种是从预期开始计算，一般用在应收账款性质差别较大且不容易对比的情况。对于暂无应收日期的应收账款，应该明确应收标准，以便统一管理。

应收账款账龄分析如表 8.4 所示。

表 8.4　　应收账款账龄分析表

付款时间	已付金额	拖欠金额	已付账款占应收账款总额的百分比	拖欠账款占应收账款总额的百分比	拖欠账款占拖欠总额的百分比
赊销期内					
逾期 1 ~ 30 天					
逾期 31 ~ 60 天					
逾期 61 ~ 90 天					
逾期 91 ~ 180 天					
逾期 181 ~ 360 天					

账龄结构分析结论：	
目前流动资产：	应收账款余额占流动资产的百分比：
年度赊销额：	应收账款余额占年度赊销额的百分比：
应收账款逾期比率：	
应收账款总体状况分析：	

注：该分析表可以针对其客户、某一类客户或者全部客户。

根据账龄分析表，企业可以获取以下信息：一是每个客户的付款情况和拖欠情况；二是全部客户的付款情况和拖欠情况。如果企业中的应收账款拖欠、预期、坏账过多，表明企业的应收账款质量差，应该引起企业的重视。企业应分析原因，采取必要的应对措施。

企业可以进一步将逾期账款按风险程度大小进行 ABC 分类：把客户恶意行为欠债不还的应收账款划分为 A 类；把客户经营不善等临时性经营困难而不能及时偿还的逾期账款划分为 B 类；因自然灾害或国家政策调整等客观环境因素或不可抗拒因素引起经营极度困难的逾期应收账款划分为 C 类。针对不同风险种类的应收账款，可以采取不同的策略进行管理，从而提高应收账款的管理效率。

二、坏账水平测量法

坏账水平主要由坏账来衡量，此外，逾期账款率和回收成功率也属于坏账水平测量法中的主要衡量指标。

1. 坏账率。

坏账率即坏账损失率，是反映企业在某一时期注销的坏账占销售总额或者信用销售总额的比例，计算公式为：

$$坏账率 = \frac{注销的坏账}{销售总额} \times 100\% \qquad (8-4)$$

或者

$$坏账率 = \frac{注销的坏账}{信用销售总额} \times 100\% \qquad (8-5)$$

在计算时，销售总额选择标准有差异，有些企业使用信用销售总额，有些企业使用总销售总额；对于应收账款到期后多长时间作为坏账，不同企业也有不同选择，有的为 1 个月，有的为 3 个月，或者更长。需要注意的是，在信用管理中如果仅考虑坏账率，则容易导致保守的信用政策，只接受信用最好的客户，因此需要结合其他指标来进行分析，实现企业的利润最大。

坏账率在不同的行业、不同的企业、不同的季节和不同的交易条件下，表现均不相同，可以进行横向分析和纵向分析。纵向分析是比较企业内部近年来或者几个季度内的坏账率变化；横向分析是与同行业其他企业作比较，可以参考各行业协会或信用调查公司提供的行业的坏账率数据。如果企业的坏账率超过了行业标准，或者出现持续上升的趋势，企业的信用政策就可能过于膨胀，这时就需要及时调整，防止过分的信用风险暴露，从而带给企业无法挽回的损失；但如果坏账率过低，企业则需要重新审视自己的信用政策是否过于保守。

2. 逾期账款率。

逾期账款率是某一时期期末的逾期账款占总应收账款的比率。逾期账款率的分析是建立在时间序列分析的基础上，通过对连续几个时期内的逾期账款率的趋势分析，观察企业有问题应收账款的趋势，对于每一个企业的逾期账款率应该在一定的时期内保持其稳定性，如果在一定时期内，该指标上升太快，则表明有问题账款太多，必须采取措施，阻止这种趋势，使其回到正常比率上来。

$$\text{逾期账款率} = \frac{\text{期末逾期账款}}{\text{总应收账款}} \times 100\% \tag{8-6}$$

3. 回收成功率。

回收成功率是某时期应收账款的实际回款额与当期应该回收的应收账款总额的比率，比率越高，信用安全管理的效率越高。回收成功率由英国国家信用管理协会（National Association of Credit Management，NACM）下属的信用研究基金会（Credit Research Foundation，CRF）的温卡特·斯洛温森博士发明，用来考察某时期内应收账款的回收情况。某月的回收成功率的计算公式为：

$$\text{回收成功率} = \frac{BTR + QCS/3 - ETR}{BTR + OCS/3 - ECR} \times 100\% \tag{8-7}$$

其中，BTR 为月初总应收账款余额，QCS 为该季度总信用销售额，QCS/3 表示该季度平均每月信用销售额，ETR 为月末总应收账款余额，ECR 为当月产生的总应收账款额。

在回收成功率计算公式中，分子中的（BTR + QCS/3）表示本月应该收回的应收账款额，而 ETR 表示月末还未收回的应收账款，（BTR + QCS/3 - ETR）则表示本月已经实际收回的应收账款额；在分母中，用 ECR 调整本月应该收回的应收账款（BTR + QCS/3），有一个前提假设认为：由当月产生的应收账款，由于存在赊销账期，一般认为不会作本月收回，因此分母（BTR + QCS/3 - ECR）表示在本月中应该收回的全部应收账款。

回收成功率考察的是企业在当月的应收账款中，实际收回的应收账款所占的比例，当回收成功率的指标下降，表明企业当月的坏账增加或者回收效果出现了问题，说明企业的信用政策不够健全，企业的信用销售、付款方式、期限太过宽松，或者回收措施不足等。该指标能够较早反映或者预见应收账款回收的难度，针对产生的原因，企业应该尽早地采取应对措施。

三、销售业绩调整法

对于销售额来说，企业更加看重的是有效销售，因为如果销售货款没有收回，形成坏账，会对企业利润直接进行侵蚀，需要追加成倍的销售额才能弥补损失；对于销售员的销售业绩来说，一方面要看销售额，另一方面要看销售额的质量，综合这两个因素，可以用认定销售额来对销售业绩进行综合考核：

$$S_1 = S - \frac{B - S \times b}{P} \tag{8-8}$$

其中，S_1 为认定销售额，S 为销售额，B 为所形成的坏账，b 为允许的坏账率，P 为销售利润率。

【例 8.1】 某制造公司正处于稳健发展期，年利润率为 10%，允许的销售坏账率为 1%，对于每位销售员的年销售定额为 1500 万元。某年底，甲销售员完成的销售额为 1800 万元，坏账为 50 万元；乙销售员完成的销售额为 1500 万元，坏账为 0。若不考虑其他因素，则哪位销售员对公司的贡献更大。

解：甲销售员的认定销售额为：

$$S - \frac{B - S \times b}{P} = 1800 - \frac{50 - 1800 \times 1\%}{10\%} = 1800 - 320 = 1480\text{（万元）}$$

乙销售员的认定销售额为：

$$S - \frac{B - S \times b}{P} = 1500 - \frac{0 - 1800 \times 1\%}{10\%} = 1500 + 180 = 1680\text{（万元）}$$

从认定销售额的业绩考核来看，乙销售员的业绩更好。

认定销售额的本质是从销售员的销售对公司利润贡献的角度进行衡量的，是一种经调整的销售额，调整方法是把超过允许的坏账，用能够弥补的销售额进行扣减。通过认定销售额的业绩考核办法，可以起到鼓励销售员实现有质量的销售。上例中，由于甲销售员的坏账额超过了所允许的坏账额，因此认定销售额会大大小于其销售额，而乙销售员由于坏账额小于所允许的坏账额，因此认定销售额会大于其销售额，相当于是一种奖励。

本章小结

1. 对于赊销中的买方来说，信用风险产生主要有环境因素、客户因素、企业内部因素、信用风险管理技术因素等。

2. 企业实行规范的赊销业务管理应该从以下几个方面入手：建立信用申请制度、核算赊销成本、设定赊销授权条件、利用信用等级控制风险。

3. 赊销管理的核心问题是对客户信用风险的控制，在考虑赊销时，是在信用风险成本和赊销收益之间进行权衡。赊销风险控制的主要措施有：制订公司整体赊销计划、制订并执行统一的信用政策、选择赊销客户、信用限额控制、应收账款流程化管理。

4. 销售部门赊销管理重点为：制订合理的销售日标、严格执行信用政策、建立科学的收款考评、主动服务方式促使客户付款、提高收款工作效率。

5. 信用部门的风险控制措施有：控制发货、监督和检查客户群、信用额度审核、贸易暂停、巡访客户、置留所有权、坚持额外担保。

6. 企业赊销的成本收益是指赊销发生的成本和给企业带来的收益。赊销时会发生四种成本：短缺成本、管理成本、机会成本和坏账成本。

7. 在企业赊销管理中，较常用的分析工具是应收账款的账龄分析法、DSO分析法、坏账水平测量法和销售业绩调整法。应收账款账龄分析法，是指将应收账款的收回时间加以分类，统计各时间段内支付或拖欠的应收账款情况，从而监督每个客户的应收账款支付进度。

思考与练习

一、名词

短缺成本；管理成本；机会成本；坏账成本；应收账款账龄分析法

二、问答题

1. 试分析赊销风险产生的原因。
2. 试述企业赊销管理的内容。
3. 赊销风险控制的主要措施有哪些？
4. 试述各部门在赊销管理中的职责。
5. 如何对企业赊销进行成本分析？
6. 简述应收账款账龄分析法。
7. 简述坏账水平测量法。
8. 简述销售业绩调整法。

Chapter 9 第九章

应收账款管理

本章导言

企业在提高竞争能力、扩大销售的同时，要尽可能地降低投资的机会成本、坏账损失与管理成本，最大限度地提高应收账款投资的收益。更具体地说，应收账款管理是要足额、按时收回账款，最小化持有应收账款的成本，最大化应收账款的净收益，让客户重新启动还款计划，并鼓励客户尽快结清款项及节约费用。这些目标和职能定位使应收账款的管理更加复杂。

本章教学重点与难点

1. 应收账款管理的内容与目标
2. 未到期应收账款的日常管理
3. 逾期应收账款的原因分析与催收
4. 坏账管理

第一节　应收账款的概述

企业信用管理的另一个重要内容就是应收账款管理。众所周知，企业的经营活动是以创造利润为唯一目标的。也就是说，只有资金的回笼，才能代表企业一个销售周期的结束。在信用销售环境下，必然在某一段时间内产生一定数量的应收账款。这些应收账款在收回之前，处于一种不稳定的状态，如果没有完善和系统的管理措施，这些应收账款极有可能出现无法按时归还的风险，从而阻碍资金在企业内部的正常流动，直接影响企业销售利润，甚至引起企业破产清算危机。

应收账款管理包括广义和狭义两种，其中，广义的应收账款管理包括两个阶段：第一阶段是从债权成立开始到应收账款到期日这段时间的管理，即合同期内的应收账款管理；第二阶段是应收账款到期日后的账款管理，即逾期账款的管理。此外，广义的应收账款管理还涉及坏账管理和破产之后的信用管理等内容。

一、应收账款的含义

应收账款是指企业因销售商品、产品或提供劳务而形成的债权。企业的应收账款主要包括以下几种情况：

（1）只包括应收的销售货款，不包括应收的职工欠款、应收债务人的利息、应收股东的认股款。

（2）只是指在一年以内或是一个经营周期以内可以收回的流动资产的债权，它不包括长期债权，如购买的长期债券等。

（3）只是指本企业应向购货企业收取的购货款，不包括本企业付出的各类存储保证金，如投标保证金和租入包装物保证金等。

二、应收账款管理对企业的影响

应收账款对企业的影响主要是由于其可以导致拖欠风险和坏账风险。拖欠风险是指客户超过规定的信用期限付款使企业蒙受的损失：坏账风险是指企业应收账款无法收回，形成坏账而造成的损失。拖欠风险累积到一定程度会转化为坏账风险，这两类风险对企业财务状况的影响主要表现为以下几种：

（1）使企业再生产资金相对不足。

企业生产经营过程从价值形态来看表现为资金运动。资金运动的一般过程是：从货币资金到生产资金，再到结算资金，最后回到货币资金，进而又开始新一轮的循环。应收账款的拖欠风险使结算资金不能及时回到货币资金，从而破坏资金循环的继起性和并存性，并造成企业再生产资金相对不足，影响企业正常的生产经营活动。

（2）使应收账款成本增加。

应收账款成本包括机会成本、管理成本和坏账成本。机会成本是企业将资金投放于应收账款而放弃的其他投资收益；管理成本是企业对应收账款进行管理的费用开支，包括客户信用的调查费用、核算费用、收账费用等；坏账成本是企业无法收回应收账款而发生的损失。拖欠风险和坏账风险必然导致应收账款成本增加，企业利润减少。

（3）使本期资产和利润虚增。

应收账款的增加，可使本期流动资产和总资产相应增加，同时使按权责发生制计算的赊销利润也相应增加。随着拖欠风险和坏账风险的加大，本期增加的资产和利润将会逐渐减少，甚至化为乌有，因此，这种增加只不过是一种假象。

（4）使企业税收负担和现金支出增加。

企业实现了销售，就有缴纳税金的义务，赊销增加的利润也要缴纳企业所得税。因此，在这部分销售货款收回之前，流转税和企业所得税的缴纳必然会增加企业的现金支出，加剧企业的现金短缺。如果这部分销售货款成为坏账，已纳税款也不能退回，必然会使企业蒙受更大的损失。

（5）使企业的短期偿债能力降低。

应收账款风险的增加，会降低企业财务弹性和资产流动性，使企业短期偿债能力下降，难以通过负债筹资解决资金的相对不足，容易引发财务危机。

三、应收账款管理的内容

应收账款管理的内容十分丰富。良好的应收账款管理应包括支持营运资金的及时有效回收、减少管理费用和坏账、维持良好的客户关系以及恢复客户的还款计划等。具体来看，主要包括：

（1）根据企业的实际情况和市场环境，制订科学的信用政策，并依此指导企业的信用销售和应收账款管理。

（2）控制应收账款的发生规模，使企业持有应收账款总额保持最佳水平。同时，认真审查客户，确保应收账款的及时足额回收。

（3）配合企业财会部门，加强对应收账款的日常监督与分析，以便随时掌握企业持有应收账款的基本情况，便于做出适时的决策。

（4）采取有力措施，加强应收账款的收款管理。对于确实无法收回的应收账款，建立坏账注销制度。

（5）在重点搞好应收账款的管理的同时，对于企业有可能发生的其他应收账款也实施有效管理。

【例 9.1】某企业经信用管理部门测算所确立的应收账款最佳持有量为 100000 元，产品单价为 10 元，单位变动成本为 4 元。如果企业应收账款的实际持有量是 110000 元，（1）当信用机会成本率为 6%、坏账损失率为 3%、管理成本增加 1000 元时，试分析企业应收账款实际持有水平的质量。（2）其他条件不变，当信用机会成本率为 30%、坏账损失率为 5%、管理成本增加 3000 元时，试分析企业应收账款实际持有水平的质量。

解：（1）增加的赊销收入 = 110000 - 100000 = 10000（元）

增加的变动成本 = 4 × 1000 = 4000（元）

增加的信用机会成本 = 10000 × 6% = 600（元）

增加的坏账成本 = 10000 × 3% = 300（元）

增加的信用管理成本 = 1000（元）

因扩大赊销而相应增加的赊销收益 = 10000 - 4000 = 6000（元）

因扩大赊销而相应增加的信用成本 = 600 + 300 + 1000 = 1900（元）

说明因扩大信用销售，使企业持有的应收账款质量有所提高。

（2）增加的信用机会成本 = 10000 × 30% = 3000（元）

增加的坏账成本 = 10000 × 5% = 500（元）

增加的信用管理成本 = 3000（元）

因扩大赊销而相应增加的赊销收入 = 10000 - 4000 = 6000（元）

因扩大赊销而相应增加的信用成本 = 3000 + 500 + 3000 = 6500（元）

说明扩大赊销，不仅没有给企业带来收益增加，反而使企业持有的应收账款质量因信用成本的增加而下降。

【例 9.2】仍以上例资料为例，若其他成本条件不变，企业应收账款的实际持有量是 90000 元，销售利润率为 60%。（1）管理成本相应减少 1000 元，试对企业应收账款实际持有水平进行评价分析。（2）管理成本相应减少 3000 元，试对企业应收账款实际持有水平进行评价分析。

解：（1）减少的销售收入 = 100000 - 90000 = 10000（元）

减少的变动成本 = 4 × 1000 = 4000（元）

减少的信用机会成本 = 10000 × 6% = 600（元）

减少的坏账成本 = 10000 × 3% = 300（元）

减少的信用管理成本 = 1000（元）

增加的短缺成本：（100000 - 90000）× 60% = 6000（元）

因紧缺赊销而减少的赊销收益 = 10000 - 4000 = 6000（元）

因紧缺赊销而减少的信用成本 = 600 + 300 + 1000 - 6000 = -4100（元）

不仅赊销收益减少了6000元，因紧缩赊销而减少的信用成本增加了4100元，证明因紧缩销售使企业持有的应收账款质量有所下降。

（2）参考（1）来解答。

【例9.3】某变压器厂持有A、B、C、D四个客户进行赊销而得的四笔应收账款，其额度分别为4万元、8万元、16万元、12万元，账龄分别为65天、40天、20天、8天。根据以上数据，可以计算出该厂持有的应收账款的平均账龄。

平均账龄的计算：$A = \alpha_1\omega_1 + \alpha_2\omega_2 + \cdots + \alpha_n\omega_n$

其中，A：应收账款的平均账龄；α：各笔应收账款的账龄；ω：各笔应收账款的加权数，即所占比重。

解：平均账龄 $= 65 \times 4/40 + 40 \times 8/40 + 20 \times 16/40 + 8 \times 12/40 = 24.9$（天）

四、应收账款管理的目标

应收账款管理的基本目标是在提高竞争能力、扩大销售的同时，尽可能地降低投资的机会成本、坏账损失与管理成本，最大限度地提高应收账款投资的收益。更具体地说，应收账款管理是要足额、按时收回账款，最小化持有应收账款的成本，最大化应收账款的净收益，让客户重新启动还款计划，并鼓励客户尽快结清款项及节约费用。这些目标和职能定位使应收账款管理更加复杂。

总的来说，应收账款管理要达到的最终目标有两个：一个是足额收回账款，二是按期收回账款。两个目标对企业来说同等重要，缺一不可。

案例9.1 福田公司的应收账款管理体系

福田公司从山东的一个地方小厂发展成为农用车行业的龙头企业、上市公司中的明星企业，主营业务收入增长以数十倍、上百倍计，但公司应收账款的数额和账龄一直控制在一个合理的水平上，保证了公司现金流动畅通、充足，为公司进一步发展提供了坚实的基础保障。公司采取的措施有以下几种。

（一）健全考核指标体系

公司对销售人员的考核，既有销售收入的指标，也有按销售收入比例确定的收回现金的指标，而且收现指标是最终考核指标。只有在完成收现指标的基础上完成的销售收入才能成为确定员工业绩考评的依据。如果销售人员不能完成收现指标，公司将强令其离开销售岗位，在一定期限内专门负责催收由其引起的应收账款。完成任务，可回原岗位工作；完不成任务，将根据情况予以处罚，直至开除。由于在考核指标体系中强调了销售收现指标，销售人员对赊销手段的利用、赊销对象的选择都极为慎重，对应收账款的催收也极为重视。这样，杜绝了重销售、轻收现的情况发生。

（二）完善内控体系

1. 分层管理。

在福田公司内部，财务部是应收账款的主管部门，负责公司各事业部应收账款的计划、控制和考核，对不能收回的应收账款提出审核处理意见。各事业部是应收账款的责任单位，负责本单位应收账款的直接管理。其中，事业部综合管理部负责对应收账款直接负责单位和责任人的考核，事业部财务科负责本事业部应收账款的日常监督管理并向公司财务部报送应收账款详细资料。发生应收账款时，对此负责人的销售人员根据销售合同的要求在发票的记账联上签字，并负责该应收账款的催收工作。

2. 总量控制。

公司根据各事业部的销售计划核定应收账款的月度占有定额及年度平均定额，各事业部将定额拆分成每个销售人员的应收账款占有定额。这样，使各部门和销售人员一定期限内的应收账款发生额保持在一定限额内，从而使公司的总体风险被控制在一定范围内，不至于对生产经营造成巨大影响。

3. 动态监控。

公司要求应收账款负责人每月对应收账款余额进行核对，尤其对有疑问的账项必须及时核对；各事业部每月进行应收账款分析，根据账龄长短制定解决办法；财务部根据事业部的账龄情况分析全公司应收账款情况，据此下达清收专项计划。这种动态监控有利于及时发现和处理应收账款管理中存在的问题，并及时调整相关的策略，避免问题扩大。

【分析】（1）福田的应收账款分层管理体系，将赊销的决定权、应收账款的监控权、考核权、核销权彻底地分开，使每个环节都处于其他相关部门的监控之下，最大限度地减少了个别人员或部门徇私舞弊的可能性。

（2）福田公司通过建立合理的考评指标体系和内控体系，有效地管理了公司的应收账款，保证了资产的安全性和收益性。

【总结】销售内控管理是一项系统工程，需要各部门之间相互协调、相互配合、相互监督，形成一个管理组织体系。

总之，应收账款管理是销售内控中的关键点，需要我们不断地探索，寻求合适本企业的管理制度，力求将应收账款的回收期缩短，将风险降到最低。

【思考题】如何建设有效赊销管理体系？如何有效把握赊销管理中的各关键环节？

第二节　未到期应收账款的管理

未到期的应收账款是实际已经发生的应收账款。在赊销合同期内，客户不付货款是合理的，信用管理人员不会对客户采取任何实质性的行动。在企业内部，对在信用期限内的赊销合同，信用管理部门仍应该对发生的应收账款实行管理，观察客户是否真正在意加速付款条约，争取取得提前付款的折扣，取得对客户正确分类的依据。对合同期内的应收账款进行管理，信用管理部门的主要目标是防范客户企业的经营和产权状况在信用期限内发生重大变化，以导致客户不能再正常付赊购款，加大客户信用风险。一旦客户在合同期内的风险表现陡增，企业需要争取时间，以便使用信用管理手段处理赊销合同。另外，通过信用管理的监控和沟通，防范购货客户因人为或管理因素而产生拖欠货款。

一、未到期应收账款的日常管理

1. 建立应收账款台账管理制度。

企业应当按照客户设立应收账款台账，详细反映内部各业务部门以及各个客户应收账款项的发生、增减变动、余额及其每笔账龄等财务信息。同时加强合同管理，对债务人执行合同情况进行跟踪分析，防止坏账的发生。

2. 建立应收账款催收责任制度。

企业应当依法理财，对到期的应收账款及时提醒客户依约付款；对逾期的应收账款，应当采取多种方式进行催收；对重大的逾期应收账款可以通过诉讼方式解决。

3. 建立应收账款年度清查制度。

每年年终时，企业必须组织专人全面清查各项应收账款，并与债务人核对清楚，做到债权明确，账实相符，账账相符。

4. 建立坏账核销管理制度。

企业在清查核实的基础上，对确实不能收回的各种应收账款项应当作为坏账损失，并及时进行处理。

5. 严格坏账损失内部处理程序。

6. 规范核销国有资本的行为。

7. 加强企业应收账款管理的责任。

二、未到期应收账款的质量分析

1. 应收账款追踪分析。

既然应收账款是存货变现过程中的中间环节，对应收账款实施追踪分析的重点应放在赊销商品的销售与变现方面。

2. 应收账款收现率分析。

$$应收账款收现保证率=\frac{当前应收账款总额}{当期必要现金支付总额-当期其他稳定可靠的现金流入总额} \quad (9-1)$$

3. 平均收账期法（average collection period）。

$$平均收账期(ACP)=应收账款余额/日平均信用销售额 \quad (9-2)$$

【例 9.4】 渤海啤酒厂采取"1.5/10，n/30"的信用条件进行销售。在 2012 年 5 月，其日平均销售额为 20 万元，取当天的该厂持有的应收账款余额为 610 万元。该厂在过去 3 年的历史记录是：在 30 天的信用期限下，仅有为数不多的客户在 10 天内付款，所以平均收账期为 32 天。根据某征信公司的行业分析报告，得知全行业在本年度第一季度的平均收账期为 25 天。计算该厂即期的 ACP 值。

ACP = 610/20 = 30.5（天）

可见，该厂的平均收账期有所缩短，说明该厂的信用管理水平提高，但还没达到同行业的平均水平，也就是说竞争对手的平均收账期比该厂短 5.5 天，销售成本低于该厂。

【例 9.5】 续上例，假定该厂将现金折扣调整为 2% 之后，估计信用销售规模会扩大 15%。由于这个现金折扣对客户更具吸引力，加上加大收账力度措施，企业所持有应收账款的余额因此降低 25%。计算该厂新的 ACP。

ACP = [610 × (1 − 25%)]/[20 × (1 + 15%)] = 20（天）

4. 比率分析法。

$$\frac{应收账款余额}{有效时间区间的信用销售额}\times 100\% \quad (9-3)$$

$$\frac{应收账款余额}{流动资产余额}\times 100\% \quad (9-4)$$

$$\frac{应收账款余额}{企业资产总额}\times 100\% \quad (9-5)$$

三、收账政策及收账技巧

1. 收账政策。

在企业向客户提供商业信用时，必须考虑客户是否会拖欠或拒付账款，怎样最大限度地防止客户拖欠账款以及一旦账款遭到拖欠甚至拒付时应采取怎样的对策等。收账政策就是指当客户违反信用条件、拖欠甚至拒付账款时企业所采取的收账策略与措施。

企业为了扩大销售，增强竞争能力，往往对客户的逾期未付款项规定一个允许的拖欠期限，超过规定的期限，企业就应采取各种形式进行催收。如果企业制定的收款政策过宽，就会导致逾期未付款项的客户拖延时间更长，对企业不利；收账政策过严，催收过急，又可能伤害无意拖欠的客户，影响企业未来的销售和利润。因此，企业在制订收账政策时，要权衡利弊，掌握好宽严界限。

企业对拖欠的应收账款，无论采用何种方式进行催收，都需要发生一定的收账费用，如收款所花的邮电通讯费、派专人收款的差旅费和法律诉讼费等。一般而言，企业加强收账管理，及早收回货款，可以减少坏账损失，减少应收账款上的资金占用，但会增加收账费用。因此，制订收账政策就是要在增加收账费用与减少坏账损失、减少应收账款机会成本之间进行权衡，若前者小于后者，则说明制定的收账政策是可取的。

2. 收账技巧。

（1）催款应该直截了当。催款不是什么见不得人的事，也没有什么妙语，最有效的方式就是有话直说，千万别说“对不起”，或绕弯子。

（2）在采取行动前，先弄清拖欠的原因。是疏忽，还是对产品不满；是资金紧张，还是故意拖延，应针对不同的情况采取不同的收账策略。

（3）直接找初始联系人。在催收款时，要直接找客户的初始联系人洽谈，千万别让客户互相推诿，牵着鼻子走。

（4）不要做出过激的行为。催款时窝火受气是难以避免的，如果再找对方出气，甚至做出过激的行为，是绝对不可取的。因为双方一旦撕破脸皮，客户可能会就此赖下去，收款将会越来越难，甚至陷入僵局。

（5）不要怕催款而失去客户。到期付款，理所当然。害怕催款引起客户不快，或害怕失去客户，只会助长其拖欠的不良习惯，甚至可能得寸进尺。其实，只要技巧运用得当，是可以通过收款与客户进行沟通的。当然，如果客户坚持不付款，失去这样的客户又有什么值得可惜呢?

（6）该止损时，绝不犹豫。在受到客户“不供货就不再付款”的威胁时，应当机立断，终止合同，以求止损；否则，只会被客户牵着鼻子在欠款难收的泥潭中越陷越深，最终造成更大的损失。

（7）坚持“定期收款”的原则。收款时间至关重要，时间拖得越久，货款就越难收回。国外专门负责收款机构的研究表明，收款的难易程度取决于账龄而不是账款金额，2 年以上的欠账只有 20% 能够收回，而 2 年以内的欠账 80% 可能收回，所以坚持“定期收款”的原则，不容犹豫。

（8）采取竞争性的收款策略。只要客户还在营业，他就总得向供货商付款。如果你没有收到钱，那他肯定是给了别人。获得优先付款机会的供应商，通常是与客户保持长期良好业务关系和个人关系的企业，因为一般情况下，谁都不愿意跟朋友闹翻脸。

（9）对于有地方势力撑腰而难以对付的企业，有效办法是利用计算机网络、媒体和其他公开方式将其违信赖账的事实在企业网的信息平台上公示，以防止欠款单位在多个企业投机避债套货，造成对其不利的宣传迫使其还债。使用这种方法需要注意的是，不能构成对他人名誉权的侵害，一般只能就事论事，不可夸大其词。

（10）收款要有“穷追不舍”的“韧劲”。清收欠款是一项长期、艰苦的业务，从道义上讲，欠别人的款，心有歉意，理应对债权人礼宾相待。但不少欠债单位，对催款人恶意相向或不屑一顾，有的甚至不让收款人进门！此时讨债人要有一种坚忍不拔的毅力，有忍辱负重、坚守岗位的韧劲，学会采用“哀兵战术”，引起对方同情。只要有一丝希望，就绝不放弃机会，如果临阵逃脱，则会前功尽弃。成功的企业收款业务员，对债务人（业务当事人、主管负责人、财务负责人）无不采取“三紧跟”的策略，即紧跟在办公室里，紧跟在吃饭、上厕所的后面，紧跟在下班回家的途中。虽然这些做法看上去有些过分，但滴水穿石、绳锯木断的做法，在追收欠款中的效果不可小视。

（11）有些经营不好的国有企业，货款拖欠比较严重，即使官司打赢了，也未必能够保证执行。由于历史原因，国企地位还是比较强大的。对于这种企业，追讨成功的最好办法就是和个别关键人物建立密切关系，或者通过其上级主管部门施加压力。因为这样的人有权利决定付不付钱、付钱给谁。

（12）求助于专业收账人员或诉诸法律。总有一些恶意赖账不还的客户，与他们讲理无异于“与虎谋皮”，采取正常的收款方法往往难以奏效。此时，可将这类客户交由那些有特殊收款能力和有丰富收款经验的专业收账人员去应对。如果此法仍不能奏效，剩下的唯一选择就是直接诉诸法律。

总之，企业应收账款的回收，需要企业的智慧、技巧，也离不开法律知识的运用，只有两者结合起来，才能够帮助企业有效地维护自身的合法权益。

案例 9.2　信用政策与应收账款管理

常天一是天一流行时装公司的董事长，他有些担心今年泳衣及海滩装系列的市场接受力。在前一季的展示会上，天一公司展示的服饰很受大众欢迎，市场行情看好。然而，到这一季为止，销售业绩只达预期计划的90%。因此，常天一召集有关主管共同商讨对策，以找出目前成绩不尽如人意的原因。

在会上，大家列出了一些可能的原因，销售部经理肖经理认为销售不佳的主要原因为：公司信用政策过于严了。目前的信用条件是30天内付款，对于早日偿清贷款的客户，并无现金折扣优惠。肖经理指出，很早之前同行中的信用条件2/10，n/30，且根据各种资料显示，同行的销售业绩均能因此提高。此外，肖经理表示，据可靠消息来源发现，同行竞争对手为了吸引顾客，还采取更宽大的优惠条件，对于某些特别客户，给予更多的信用优惠。依照肖经理的看法，要估计同行这种竞争方式对天一销售业绩的冲击，虽然并不容易，但其影响绝不容忽视。

天一公司的总经理杨林对2%的现金折扣有所质疑。他认为，现金折扣的策略好比降价策略，而在泳装生意中，价格因素并不是主要的。但是，他同意延长信用期间是值得考虑的，因为天一的用户，似乎经常为现金短缺所苦。

会议结束前，大家一致同意请杨林收集一下相关资料，以便下次开会时，能用来评估有关放宽信用条件的建议案。于是，杨林回去收集了有关销售、成本、应收账款及坏账等资料，见表9.1。

表9.1　　天一公司信用政策有关资料

预期销售额（全为信用交易）（万元）	600
预期总成本	480
其中：变动成本（万元）	360
固定成本（万元）	120
预期利润（不考虑坏账）（万元）	120
平均应收账款周转期（天）	30
坏账费用	占用销售额的2%
资金成本	10%

第二次会议时，大家讨论过几个不同的建议方案后，一致认为信用期限为30天要扩大为60天。因此，常天一要求大家就下列各项政策，试估计一下情况发生利润会发生怎样的变化：销售增加5%；平均应收账款周期转增为60天；坏账费用增至销售额的2.5%。

经过一番计算，大家对应收账款由此而应增加的数额显然有不同的看法，见表9.2。

表9.2　　天一公司对应收账增加额的不同计算法

（一）肖经理：（1）现有投资 =（360/6000000）×30 = 500000
（2）预期投资 =（6300000/360）×60 = 1050000
（二）杨林：肖经理方法 ×60% = 330000
（三）佟丽：（1）现有投资 =（4800000/360）×30 = 400000
（2）预期投资 = 4980000

设一年为360天。

肖经理认为他的计算方法较可信，因为他用销售额来计算。但杨林不赞成，他认为唯一相关的那些会因销售而变动的成本，因此要计算应收账款增加额，应由变动成本决定。但是，杨林的特别助理佟丽则认为没有理由不考虑固定成本。因为就她了解，应收账款如果遭受延缓，包括变动成本在内均要额外融资。因此，不能只考虑变动成本。

由于大家对如何计算这一项变数各有主张，无法达成一致意见。董事长常天一感到十分困扰。因为时间已晚，他便宣布休会，请大家回去后就自己的主张继续收集其他资料，以便第二天上午九点，再开会讨论。至于他本人已经被这些比率、周转率搞糊涂了，因此，他想就在不改变目前的信用政策情况下以及放宽信用期限为60天情况下列出现金流入和流出。

【思考题】

1. 请先替常天一列出现金流量，在比较和先前三个计算方法有何不同。根据你的意见，谁最能正确反映应收账款的增加额，请说明。

2. 利用你在问题1中认为最适当的方法，在运用本案例所附其他的资料，来评估一下信用政策中30天放宽至60天对利润的影响。

3. 你认为在某些行业中，以信用政策作为竞争手段，是否比价格策略来的有效？请说明。

4. 顾客可从2/10，n/30的信用条件中可获得多少报酬率？你认为大部分公司会视此数额为微不足道的吗？

第三节　逾期应收账款的管理

逾期应收账款管理通常又称为逾期应收账款追收，是对到期日以后逾期应收账款的收账管理，即对逾期应收账款及其债务人进行分析和催收的管理过程和方法。

一、逾期应收账款及其给企业带来的危害

（一）逾期应收账款的界定

逾期应收账款是信用合同到期后客户未能如约履行付款义务致使企业尚未收回的货款，它是由尚未变现的应收账款转变而来的。逾期应收账款与合同期内的应收账款的性质不同，逾期应收账款是客户违约的表现，是尚未终止的债权。

（二）逾期应收账款给企业带来的危害

1. 提高了企业的坏账风险。

逾期应收账款对企业的危害直接体现在坏账风险上。逾期应收账款的拖欠时间越长，变为坏账的可能性就越大。据统计，逾期应收账款拖欠时间在1年以上的，被追回的成功率仅在50%以下。

2. 加速了企业的现金流出。

企业产品销售过程中缴纳的各种税费都是以销售收入为计算依据的。应收账款的发生意味着企业销售收入的成立，企业就要以现金形式缴纳税款，而逾期应收账款的发生则意味着销售收入不能及时变现。所以当企业存在逾期应收账款时，企业的现金流出速度加快。

3. 造成企业资金周转发生困难。

逾期应收账款意味着应收账款无法回收。如果企业大量的应收账款长期无法回收，资金长期被别的企业所占用，企业就会陷入有利润而无货币资金，账面状况不错而无周转资金的窘境。因资金周转发生困难，企业只好大量负债经营，从而增加了破产的风险。

【例 9.6】 天津有一家很有名的企业，年销售额 1.4 亿元，坏账率只有 1.2%。但是在这 1.4 亿元中，有 1/4 是逾期账款，平均预期 600 天才能收回。请问该企业的实际损失有多少？（年利率 7%）

坏账损失：168 万元　$1.4 \times 1.2\% = 0.0168$（亿元）

逾期利息损失：408 万元　$1.4 \times 1/4 \times 600/360 \times 7\% = 0.0408$（亿元）

二、逾期应收账款产生的原因

逾期应收账款作为在经过对信用期内应收账款回收的管理之后仍然未能收回的账款，其回收的难度比应收账款更大，并且随着时间的延长，客户的还款意愿还会不断降低，所以信用管理人员应该对逾期应收账款产生的原因进行全面分析，以便对症下药、有的放矢地追收。逾期应收账款的产生有来自客户的外部环境原因，也有授信企业的内部管理原因。

（一）客户方面的原因

客户到期未能如约履行付款义务的原因可能是客户遇到了特殊困难，或是因为一些不可抗力致使客户不能付款。但是，有相当比例的逾期应收账款是由客户不讲信用造成的。具体来讲，形成逾期应收账款的客户方面的原因主要有下面几种。

1. 客户财务管理不力。

大部分客户是由于财务管理不力而拖欠账款。这些客户经常是诚实的、乐观的。但购买过度，加上内部财务管理不完善，造成客户到期付款困难。对于这类客户，企业的信用管理人员应首先确定该客户是否有能力赢利，能否成为一个好客户，然后决定采取宽松或严格的收款政策，或者终止往来。

2. 客户习惯性拖欠。

有些客户有付款慢的特点，他们总是按照自己的意愿在账款逾期一段时间后才支付账款。客户付款慢的原因可能是行业普遍的支付惯例，也可能是客户内部的付款政策。对于这类客户，沟通和联络感情对收回欠款往往更为重要，因此，企业的信用经理和信用管理人员应该尽最大努力与客户的付款负责人沟通，并争取与之发展良好的私人关系。信用管理人员只要持之以恒地沟通和联络感情，就会使客户的还款速度发生可喜的变化。

3. 客户认为货物存在质量问题。

有时客户认为购买的货物存在质量问题，要求退货或扣除部分货款，在遭到拒绝的情况下，客户会拒付货款致使账款逾期，这是较为常见的拖欠原因。如果客户是第一次提出质量问题，信用管理人员应认真向企业的其他相关部门核实。如果的确是企业本身的问题，那么企业就应该承担相应的损失。如果客户经常提出质量争议，并且经过核实，大部分争议都是客户的借口，那么信用管理人员应该礼貌而坚定地拒绝客户的要求，并严格按照催收账款程序工作，不能由于客户提出质量问题就放弃催收。

4. 客户存心欺诈。

有的客户纯属骗子公司，其购买产品的意图完全是诈骗。此类客户在取得货物后或消失得无影无踪；有时，欠款客户即使被找到，他们也百般抵赖，胡搅蛮缠，甚至拒不承认欠款的事实，这是最糟糕的欠款原因，企业如果不迅速采取非常措施，很有可能造成承担的全部损失。对于这种情况，通常的催收手段不会起到任何作用，所以企业不应再尝试采用温和的方式催收账款，而应该立刻通过法律途径起诉该客户，保全货物，甚至在收集齐全证据后，在可立案的情况下通过公安机关逮捕犯罪嫌疑人。

（二）授信企业方面的原因

1. 没有独立的信用管理部门。

很多授信企业一般由财务部门担当信用管理者的主要角色，进行赊销管理。显然，这已经不能适应市场经济条件下完善企业信用管理的需要。信用风险管理是一项专业性、技术性和综合性较强的工作，必须由特定的部门完成。企业对赊销的信用管理，需要专业人员进行大量的调查、分析工作和专业化控制。实践表明，在一个正常的市场环境下，由一个成熟的企业信用管理部门开展的赊销交易，产生逾期应收账款的比例很低，坏账金额最多不会超过年信用销售总额的5%，一般在3%以下。

2. 与客户沟通存在障碍。

实践表明，在大量的货款拖欠案件中，有相当一部分是由交易过程中货物质量、包装、运输、货运期以及结算方面的纠纷而造成的，而这些纠纷往往是因为买卖双方没有及时沟通造成的。

3. 赊销协议欠妥。

在赊销协议中使用的付款和结算方式条款不当，或者赊销合同出现漏洞，如合同中没有约定保护性条款，也会造成客户拖欠。

逾期应收账款形成原因的分析是对信用审核原则和效果的很好检验。信用管理的政策和具体方式都会影响到应收账款逾期不还的比例。而且企业在对逾期应收账款追收过程中出现的问题或争议，解决不好就会转化为债权债务纠纷，这种纠纷一般还会进入法律程序。所以企业信用管理部门必须对外界市场的大环境时刻保持清醒的认识，采取以预防为主的措施，把问题解决在未发生或者萌芽状态。

三、逾期应收账款的诊断分析

（一）逾期应收账款诊断的意义

企业信用管理部门在对逾期应收账款采取追收之前，一般应该先对该笔逾期应收账款进行诊断。对逾期应收账款的诊断一般有以下三个方面的意义：

（1）逾期应收账款的诊断可以减少盲目行动，避免发生不必要的费用。

（2）将逾期应收账款的诊断结论作为工作记录，随时总结或向上级汇报。

（3）如果科学的诊断结论“判处”了一笔逾期应收账款“死刑”，这一诊断结论报告可以作为核销坏账的依据。

（二）逾期应收账款诊断的内容

对逾期应收账款的诊断，可以从债券特征分析、债务人特征分析和逾期应收账款拖欠特征分析三个方面进行。

1. 债权特征分析。

债权特征主要用来衡量债权确定程度，是逾期应收账款追收的重要依据。信用管理人员主要应从四个方面进行债权特征分析。

（1）确认合法的债权文件。

债权文件包括交易双方所有与债权有关的往来文件，具体包括合同、发票、提单、双方往来函电、付款承诺。这些具有法律效力的文件可以有效地证明企业与客户发生过交易，必须妥善保存。一旦丢失或者缺损这些文件，企业将无法证明自己拥有这笔债权，债务追讨工作将很难开展，甚至无法进行。

（2）确认债务关联。

信用管理人员需要分析债务涉及的当事人、中间人的数量和关联程度，明确关联对象在债务中的地位和关系。这样既可以减少在追账过程中浪费不必要的人力、财力和时间，又可以及时、准确地找到解决问题的方法。

（3）确认债务人对债务的认同程度。

信用管理人员必须密切注意客户对债权债务关系的认识。如果双方在认识上有分歧，信用管理人员应该与客户进一步沟通，分析客户对债务的认同情况，避免加重拖欠程度。

（4）确认债务人对债务的确认程度。

信用管理人员应尽可能地要求债务人对债务情况给予书面的确认，并对债务确认过程中产生的每一项凭证做好收集和保管工作，协助追账工作的开展。

2. 债务人特征分析。

债务人的特征对收回欠款的成功率具有重要影响。对债务人特征的准确把握，有助于企业制订切实可行的追账方案。

（1）背景。

债务人的背景包括债务人的上级管理部门、历史发展状况、股权结构、高管人员背景等。

（2）信用状况。

债务人的信用状况包括债务人以往的付款、诉讼、信贷等情况。拖欠是某些客户的一贯做法，曾经的不良记录会让追账人更加谨慎。

（3）偿债能力。

债务人偿债能力的大小影响追账的方式和力度。债权人可以根据债务人的银行存款、其他债务、固定资产、其他权益等分析判断债务人的实际支付能力，然后决定债务处理的方式。

（4）偿还意愿。

债务人对所欠债务的偿还态度，可以反映出其欠款的真正意图，而了解这一因素是追讨账款的重要前提。

3. 逾期应收账款拖欠特征分析。

逾期应收账款拖欠特征指债务产生的有关情况和拖欠的具体表现。及时准确地了解债务产生的过程以及拖欠细节，是制订收账策略、有效开展追讨的基础和关键。信用管理人员在分析拖欠特征的过程中，主要关注的因素有拖欠时间、拖欠地点、交易内容和拖欠性质等。

（1）拖欠时间。

在拖欠期间，债务人的情况有可能发生重大变化，尤其是发生对企业不利的变化，因此，信用管理人员对于拖欠时间需要给予格外关注，尽可能缩短时间跨度，保证追账行动在诉讼时效内进行。同时，信用管理人员需要密切关注客户的动态，如果出现有利时机，则要及时追回所欠账款；如果客户的变化对授信方更加不利，则应该及时借助法律程序来保障自己的利益不受重大损失。

（2）拖欠地点。

债务人所在地或追账实施地点的确认会直接影响债权人采用的追讨方式。对于距离远的债务人，采用电话追讨方式会节约成本；相反，对于距离近的债务人，企业可以派人上门追讨。因此信用管理人员应该在追账成本和账款回收收益之间进行权衡，选择更为有效和经济的追讨方式。

（3）交易内容。

交易涉及的行业、产品和背景是分析的基础因素。不同行业和产品有不同的特点，把握这些因素有助于正确预测该客户的未来发展趋势，并为调整追讨策略提供有益的帮助。

（4）拖欠性质。

企业要分析客户拖欠的真实原因：是经营困难实在无力支付，还是蓄意欺诈或恶意拖欠。后者追收的难度会比较大，企业要做好充分的准备工作。在对逾期应收账款进行诊断时，诊断结论通常会作为企业信用管理部门下一步行动的依据。这就要求对逾期应收账款的诊断应该具有科学性和权威性。因此，企业常常将对逾期应收账款的诊断委托给影响力大的信用管理公司。但是，请专业信用管理公司进行逾期应收账款的诊断需要支付高昂的费用，因此企业信用管理部门往往只请专业信用管理公司诊断那些账龄长、额度比较大的逾期应收账款，其余的诊断工作则由自己进行。

四、追收的方式

如果企业发生了逾期应收账款，就应该立即着手进行追收。对于企业来说，首先应该选择恰当的追收方式。逾期应收账款追收方式主要有以下几种。

（一）企业自行追收

企业自行追收是指企业自己组织力量对逾期应收账款进行追收。这是处理拖欠时间不长的应收账款的首选方式。这种方式主要适用于债权债务关系比较清晰、各方对拖欠债务的事实无争议或争议不大的情况。在企业自行追收时，经常采用的具体的手段有电话追账、信函追账和上门追账三种。

（二）委托专业追账机构追收

如果客户拖欠账款，企业自行追收一段时间后仍没有实质性的效果，而企业又不想马上诉诸法律，企业可以委托专业追账机构代为追收。

专业追账机构是指拥有先进的追账管理系统、经验丰富的法律人员以及专业的账款追收人员，能够通过专业化的调查手段和合法的追收方式，有效帮助企业及时收回账款，降低企业风险率和坏账损失率，防范和控制企业信用风险，并根据收回的款额提取一定比例佣金的专门从事逾期应收账款追收的合法职业机构。委托专业追账机构代为追收账款可以起到既不伤和气又能较为有效地收回账款的作用。

（三）仲裁追收

仲裁追收指由债权债务双方根据债务纠纷发生前或者债务纠纷发生后双方所达成的书面协议，自愿将争议交给双方都同意的仲裁机构，由仲裁机构根据双方协议的授权审理争议，并做出对双方均有约束力的裁决。如果客户的拖欠是由双方的纠纷所致的，那么申请仲裁也是一种解决纠纷、收回货款的手段。仲裁不具有诉讼的属性，但它也是解决经济纠纷的一个重要手段。

（四）法律诉讼追收

当企业与客户发生债务纠纷，通过协商、调解无法达成一致，或者双方当事人不愿意采用仲裁方式解决时，企业可以进行诉讼判决，以期获得司法解决。

案例 9.3　逾期应收账款的追收原则案例

一、案情介绍

2005 年年初，国内出口商 A 公司业务员在互联网上结识了马来西亚进口商 B 公司的负责人张先生（华裔），经过磋商，双方达成出口大蒜协议，合同支付方式为“收货后进口商付款”。A 公司根据合同约定陆续发货，B 公司基本能够按期付款。此后，随着交易量的不断扩大，B 公司开始逐渐拖欠货款。B 公司逾期货款 10 万美元后，书面承诺将于随后的几个月陆续还款，要求 A 公司继续发货。A 公司业务员考虑到以前货款均能收回，且 B 公司还款意愿明确，于是答应了 B 公司的请求。但 B 公司在收到货物后，再次违约，最终拖欠 A 公司总计 22 万美元的货款。多次追讨无果后，A 公司遂于 2005 年 12 月初委托专业追账公司介入追讨。

受托后，专业追账公司立即与 B 公司的张先生取得了联系。张先生承认全部债务，但称目前公司资金紧张，短时间内无法支付全部欠款。在专业追账公司的压力下，张先生提供了一个还款计划：在 2005 年 12 月底先还款 1 万美元，而后从 2006 年 2 月开始，每月还款 3000 美元，并要求 A 公司进行书面确认。在此期间，专业追账公司对债务人的资信进行了调查，发现债务人公司注册资本仅为 5 万美元，成立时间不久，公司形式为有限责任公司。综合分析各种因素，专业追账公司建议 A 公司：接受债务人出具的还款计划，严格监督债务人履行分期付款义务，是目前比较可行的方案。但 A 公司认为，如同意债务人的还款计划，则还清全部欠款至少需要 6 年时间，于是断然拒绝了债务人的请求，并要求专业追账公司对债务人继续施加压力，迫使其在 2006 年年底之前付清全部欠款。专业追账公司将 A 公司的意见转达给债务人后，张先生表示无法按照 A 公司要求支付欠款，随后即与专业追账公司断绝了联系。专业追账公司随即指示律师上门对债务人进行追讨，但遗憾的是，律师找到债务人公司后，发现张先生早已逃匿，员工纷纷离职，B 公司几无财产。

二、简要分析

任何一个理性的经营者都会选择最有利于自身利益的追讨策略。很遗憾的是，在本案中，A 公司在两个不同的关键时间点上发生了性质不同的策略失当，违背了商账追收应遵循的原则。

A 公司第一追收策略失当发生在 B 公司刚刚开始出现逾期时，其做法违背了及时收回的追账原则。我们不妨用博弈论来进行分析：

在 B 公司拖欠货款 10 万美元时，如果 A 公司确信 B 公司会支付货款，则 A 公司继续发货将得到 22 万美元的收益，不发货收益为 10 万美元。如果 B 公司拖欠货款，此时 A 公司继续发货的可能损失为 22 万美元，不发货的可能损失最多为 10 万美元。从博弈论的角度来看，A 公司选择“继续发货”不是一个最佳的策略，这是因为：在 A 公司未对 B 公司实施有效追讨时，B 公司拖欠货款已经得到 10 万美元的非正常收益，如果支付货款，不仅非正常收益为零，而且还要承担额外的风险。所以无论 A 公司是否继续发货，B 公司最佳的策略都是不还款，这样可以使得他的利益最大化。倘若此时 A 公司委托专业追账机构介入追讨，对 B 公司的还款实施监督，或要求其提供相应的付款担保，则 B 公司迫于压力将不得不选择相应的还款策略，否则将面临被申请破产停业的风险。

A 公司第二次追讨策略失当发生在债务人迫于专业追账机构压力提供还款计划时，其做法违背了渐进的和延展期付款的追账原则。我们不妨再做一次分析：

对于 B 公司来说，如此时 A 公司接受其还款安排，则 B 公司很可能陆续还款。如 A 公司不接受其还款安排，在专业追账机构的压力下，B 公司最有可能的应对策略就是逃匿。而对于 A 公司来说，如不接受 B 公司的还款计划，且在 B 公司极有可能逃匿的情况下，至多执行 B 公司名下的财产。但前期调查结果已经告诉我们，B 公司注册资本有限，公司形式为有限责任公司，追回货款的可能性微乎其微。综上所述，A 公司接受 B 公司的还款安排，B 公司按照还款计划陆续还款，是当时对双方都有好处的解决方案。但遗憾的是，A 公司操之过急，最终给自身造成了无法挽回的巨额经济损失。

（案例来源：国际商账追收有方，中国贸易金融网，2008 - 05 - 29。）

【思考题】

1. 企业进行逾期应收账款追收时应遵循哪些原则？
2. 违背这些原则会对企业造成什么危害？

案例 9.4 通过仲裁进行追款

2001 年 1 月 18 日，申请人建筑工程公司（A）与被申请人某工业集团（B）签订了一份建设工程施工合同，合同约定：申请人A承建被申请人B的“元宝”印刷城，承包的范围为土建、给排水、采暖空调、电器、消防等施工图所含内客，开工的时间是2001年1月25日，竣工的时间是2001年11月15日。合同中还约定了仲裁条款：“纠纷发生后应协商解决；不能协商解决的，应提交仲裁委员会解决。”

后来，该工程因故停工。双方就工程款问题发生了争议，经过长期协商而不能解决。A希望通过仲裁途径解决与被申请人B之间的纠纷，但又怕合同中约定的仲裁条款不具法律效力。于是申请人A于2003年1月12日给被申请人B发出电子邮件，其中写道：“我公司愿意将与贵集团就履行2001年1月18日签订的建设工程施工合同所发生的工程款纠纷提交C市仲裁委员会仲裁。如果贵集团同意，请在10天之内回复。”2003年1月15日，被申请人B通过电子邮件回复申请人A“同意”。

2003年6月2日，双方共同委托某建设工程估价咨询服务中心对所完成的工程部分进行结算审核，审核结果工程总价为25524044元，被申请人B已经支付了20916500元，但双方对余款的支付和材料费用的支付存有争议，不能达成一致意见。于是，申请人A于2003年10月16日向其所在地的C市仲裁委员会提出了仲裁申请，要求被申请人B给付拖欠的工程款4607544元，另外要求支付其购买材料的费用1060000元及滞纳金300000元等。

2004年1月3日，C市仲裁委员会的仲裁庭在对本案开庭审理后作出如下裁决：(1) 被申请人B向申请人A支付工程款4607544元；(2) 被申请人B向申请人A支付材科费846975元；(3) 被申请人B向申请人A支付滞纳金608991元；(4) 本案仲裁费119086元，由申请人A承担35726元，被申请人B承担83360元。

【分析与启示】

如果客户的拖欠是由于双方的纠纷导致的，那么申请仲裁也是一种解决纠纷、收回货款的有效途径。在案例中，申请人A通过仲裁途径成功地追回了工程余款及其所要求的部分材料费和滞纳金，这是值得很多企业学习借鉴的。另外，企业在运用仲裁手段时还应注意如下问题：首先，在订立合同时，应订立仲裁协议，以便发生债务纠纷时及时向有关仲裁机构申请仲裁。申请人A与申请人B所签订的建设工程施工合同中就明确约定了相关的仲裁条款，这就为申请人A通过仲裁途径解决与被申请人B之间的纠纷提供了有力保障；其次，在仲裁审理过程中，应有效地通过陈述和辩论，保护自己的合法权益；最后，要合理及时地采用保全措施，保护自己的利益不受损害或尽可能减少损失。

（选自周枫：《轻松催款——处理逾期应收欠款的常胜技巧》，人民邮电出版社，2006。）

案例9.5　通过法律诉讼进行追款

2004年2月，海南华强油脂公司向广西南宁某粮油公司销售了500吨高级食用油。

合同规定，由广西南宁某粮油公司预付100万元定金，发货后再付清余下的320万元货款。但是，海南华强油脂公司按合同规定如数发出500吨食用油后，未能收回剩余的货款。华强油脂公司多次函电催讨欠款，南宁某粮油公司先是声称未收到货，后来又以当初定价太高为由拒绝全额付清货款。华强油脂公司又通过发函、派人协商、请求行政干预、律师调解等多种方式进行催讨，均未取得任何成效。320万元货款被拖欠半年之久，给华强油脂公司造成了极为被动的局面。此时，从南宁方面传来的消息表明，南宁某粮油公司为牟取暴利而挪用资金，盲目投资，在北海炒作地产，投入的200多万元资金已被套牢。该粮油公司自身经营陷入困境，百般拖欠购油款就是本息抵赖、逃避债务。

根据这一消息，华强油脂公司在情急无奈之下决定诉诸法律，借助法律武器来捍卫自身债权。2004年6月，华强油脂公司委托“清欠能人”王律师为代理人，就南宁某粮油公司拖欠货款一事向南宁某区人民法院提起诉讼，同时以该公司在北海购置的1000亩土地为执行标的物申请财产保全。经过一个月的调查、取证，由于债权债务关系明确，事实清楚，证据确凿，南宁某区人民法院依法判令南宁某粮油公司在判决书生效后15日内还清所欠华强油脂公司的货款、利息共计340万元。判决书生效后，南宁某粮油公司仍以“无力偿还”为由，拒绝履行生效法律文书所确定的义务。华强油脂公司立即申请强制执行，人民法院遂对冻结的1000亩土地的使用权进行拍卖，从拍卖所得款中划出340万元偿付给华强油脂公司。至此，华强油脂公司被拖欠了大半年的货款终于失而复得。

【分析与启示】

这是一个成功的追收案例。追收成功的关键在于海南华强油脂公司准确掌握了广西南宁某粮油公司的资产状况，并借助法律武器捍卫了自身债权，最终成功追回了差点“泡汤”的300多万元货款。海南华强油脂公司成功的追讨经历给我们提供了以下两点经验：首先，企业应该有效、合理地利用诉讼中的财产保全措施。财产保全是指法院根据当事人的申请或依职权，对双方当事人有争议的货物或财产所采取的强制性保护措施。其次，企业在诉讼清偿中要注意发挥律师的作用，企业可聘请律师代理诉讼，以便适当地选择程序、措施和适用法律，较好地实现诉讼目的。

（选自王静：《应收账款管理与催收技巧》，企业管理出版社，2006。）

第四节　坏账管理

一般认为坏账是彻底不能收回的客户欠款，即呆账，或者是追收费用超过账款总额的逾期客户欠款。在这种基础上，企业一般以计提坏账准备金以应对坏账。但是，即使坏账产生了，只要及时有效地采取措施进行追收，还是可以挽回一部分损失的。

一、坏账与坏账准备

企业信用管理部门收不回的客户欠款，或者说是逾期应收账款中收不回来的部分，也称为呆账。

1. 确认方法。

（1）债务人破产，依照民事诉讼法清偿后，仍无法收回的。

（2）债务人死亡，无遗产可供清偿或遗产不足清偿又无义务承担人，确实无法收回的。

（3）债务人逾期未履行清偿义务，超过3年仍无法收回的应收账款。

2. 坏账准备。针对有可能收不回的、即有疑问的应收账款，按照谨慎性原则而计提的一种损失准备。

特性：

（1）这笔账款可能是收不回的，即不确知；

（2）不能收回的金额是估计值，即尚未确定。

3. 两者的区别。

（1）处理的对象（即应收账款）的性质不同。

前者是针对那些债务人确知、收不回金额确知的、已不具备资产性质的“应收账款”；后者是针对可能收不回的应收账款，到底是哪一笔，金额是多少均不确知。

（2）遵循的会计核算原则不同。

应确认为坏账的应收账款，若不及时转作坏账损失处理，则违背了“真实性原则”。而对可能收不回的应收账款计提坏账准备，遵循的是谨慎性原则。

4. 坏账损失对企业的影响。

（1）助长了企业和个人不守信用的歪风邪气；

（2）使债权企业出现虚假利润；

（3）制约着企业的发展和经济效益，甚至使企业破产；

（4）减少国家的财政收入。

二、企业坏账损失的防范

1. 事前防范。

（1）谨慎选择客户，不盲目扩大销售；

（2）不要轻易采用赊销方法；

（3）改变重账面利润、轻资金回收的现象；

（4）企业要设立专门的信用管理部门，组织对应收货款的追收工作；

（5）加强企业内部管理，提高合同履行质量。

2. 事中防范。

（1）用法律手段保障落实企业的债权；

（2）企业的信用管理部分要运用账龄分析法，每月编制账龄的分析表。

3. 事后防范。

（1）要制定出企业信用条件被违反时应采取的收账政策；

（2）要选择恰当的讨债方法。

三、企业坏账准备的计提

1. 全额计提法。

也叫100%的坏账准备金法。在每个月，将高风险类客户的应收账款账户的总值即作为坏账储备，也就是从损益账户转到坏账准备账户。当货款收到后，相应额度再转到损益账户。

2. 应收账款余额百分比法。

根据会计期末应收账款和其他应收账款的余额乘以估计坏账率，以所得结果作为当期应估计的坏账损失，据此提取坏账准备。

【例9.7】甲公司采用余额百分比法计提坏账准备。2012年年末甲公司应收账款的余额为20000元，提取坏账准备的比例为5%，2013年发生了坏账损失500元，当年应收账款的余额为30000元，计算甲公司在2012年和2013年应计提的坏账准备以及2012年和2013年年末坏账准备科目余额（假设甲公司2012年年初坏账准备账户余额为0）。

解：

2012年年末甲公司应计提的坏账准备为 $20000 \times 5\% = 1000$（元）

2012年年末坏账准备科目余额为1000（元）

2013年甲公司发生了坏账损失500（元）

2013年年末甲公司的坏账准备金额应为 $30000 \times 5\% = 1500$（元）

应计提的坏账准备为 $1500 - (1000 - 500) = 1000$（元）

2013年年末坏账准备科目余额为 $1000 - 500 + 1000 = 1500$（元）

3. 账龄分析法。

根据应收款项入账时间的长短来估计坏账损失的方法，是基于坏账风险随着账龄增加而增加的考虑。

【例9.8】2013年年末乙公司的应收账款账龄及估计坏账损失见表9.3。

表 9.3　　　　应收账款账龄及估计坏账损失表

应收账款账龄	应收账款金额（元）	估计损失（%）	估计损失金额（元）
未到期	20000	1	200
过期 6 个月以下	10000	3	300
过期 6 个月以上	6000	5	300
合计	36000	—	800

假设乙公司 2013 年年初坏账准备账户余额为贷方 100 元，计算出 2013 年乙公司应计提的坏账准备以及 2013 年年末坏账准备科目余额。

解：

2013 年年末坏账准备账户余额应为 800（元）

2013 年年初有坏账准备贷方余额 100 元，因此在本年中应计提坏账准备 800 - 100 = 700（元）

2013 年年末坏账准备科目余额为 100 + 700 = 800（元）

4. 销货百分比法。

根据企业赊销金额的一定百分比估计坏账损失的方法，即以当年的赊销金额乘以估计的坏账损失百分比的结果作为计提当年的坏账准备的金额。

【例 9.9】 丙公司 2013 年赊销金额为 20000 元，根据以往资料和经验，估计坏账损失率为 1%，2013 年年初坏账准备账户余额为贷方 200 元，计算 2013 年应计提的坏账准备和 2013 年年末坏账准备科目余额。

解：

2013 年应计提的坏账准备为 200 - 20000 × 1% = 0（元）

2013 年年末坏账准备科目余额为 200 + 0 = 200（元）

本章小结

1. 应收账款管理包括广义和狭义两种，其中，广义的应收账款管理包括两个阶段：第一阶段是从债权成立开始到应收账款到期日这段时间的管理，即合同期内的应收账款管理；第二阶段是应收账款到期日后的账款管理，即逾期账款的管理。

2. 应收账款管理的内容十分丰富。良好的应收账款管理应包括支持营运资金的及时有效回收、减少管理费用和坏账、维持良好的客户关系以及恢复客户的还款计划等。

3. 应收账款管理的基本目标是在提高竞争能力、扩大销售的同时，尽可能地降低投资的机会成本、坏账损失与管理成本，最大限度地提高应收账款投资的收益。总的来说，应收账款管理要达到的最终目标有两个：一是足额收回账款，二是按期收回账款。

4. 未到期应收账款的日常管理主要包括：建立应收账款台账管理制度、建立应收账款催收责任制度、建立应收账款年度清查制度、建立坏账核销管理制度、严格坏账损失内部处理程序、规范核销国有资本的行为、加强企业应收账款管理的责任。

5. 逾期应收账款提高了企业的坏账风险，加速了企业的现金流出，造成企业资金周转发生困难。

6. 形成逾期应收账款的客户方面的原因主要有下面几种：客户财务管理不力、客户习惯性拖欠、客户认为货物存在质量问题、客户存心欺诈。

7. 形成逾期应收账款的授信企业方面的原因主要有下面几种：没有独立的信用管理部门、与客户沟通存在障碍、赊销协议欠妥。

8. 对逾期应收账款的诊断，可以从债券特征分析、债务人特征分析和逾期应收账款拖欠特征分析三个方面进行。债权特征主要用来衡量债权确定程度，是逾期应收账款追收的重要依据。债务人的特征对收回欠款的成功率具有重要影响。对债务人特征的准确把握，有助于企业制定切实可行的追账方案。逾期应收账款拖欠特征指债务产生的有关情况和拖欠的具体表现。及时准确地了解债务产生的过程以及拖欠细节，是制订收账策略、有效开展追讨的基础和关键。信用管理人员在分析拖欠特征的过程中，主要关注的因素有拖欠时间、拖欠地点、交易内容和拖欠性质等。

9. 如果企业发生了逾期应收账款，就应该立即着手进行追收。逾期应收账款追收方式主要有以下几种：企业自行追收、委托专业追账机构追收、仲裁追收、法律诉讼追收。

10. 企业坏账损失的事前防范包括：(1) 谨慎选择客户，不盲目扩大销售；(2) 不要轻易采用赊销方法；(3) 改变重账面利润、轻资金回收的现象；(4) 企业要设立专门的信用管理部门，组织对应收销货款的追收工作；(5) 加强企业内部管理，提高合同履行质量。事中防范包括：(1) 用法律手段保障落实企业的债权；(2) 企业的信用管理部分要运用账龄分析法，每月编制账龄的分析表。事后防范包括：(1) 要制定出企业信用条件被违反时应采取的收账政策；(2) 要选择恰当的讨债方法。

思考与练习

一、名词

应收账款；收账政策；预期应收账款

二、问答题

1. 简述应收账款管理的内容。

2. 简述应收账款管理的目标。

3. 简述未到期应收账款的日常管理内容。

4. 简述未到期应收账款的质量分析方法。
5. 试述收账政策及收账技巧。
6. 分析预期应收账款产生的原因与危害。
7. 预期应收账款的追收方式有哪些?
8. 简述企业坏账损失的防范措施。
9. 简述企业坏账准备的计提方法。

Chapter 10 第十章

合同管理

本章导言

在市场经济条件下，企业作为市场主体，企业之间的横向联系是最基本的经济关系，这种横向联系是以契约和信用为基础的，最常见的表现形式就是订立合同。而合同的执行率、履约率被视为衡量企业信用的一个基本依据。信用管理人员应当具备合同签订和履约的基本法律常识，通过参加合同谈判、参与合同起草、审查合同条文、监督合同履行等企业合同的全过程管理，强化企业的合同信用，同时通过对企业合同的审查，防范企业合同风险。

本章教学重点与难点

1. 合同管理的主体与内容
2. 债券保障和风险转移的方式及特点
3. 担保的方式及特点
4. 保理业务的流程及特点

第一节　合同管理概述

合同是企业信用交易的重要载体。合同管理是指企业对自身以合同形式载体承载的交易活动，为合理分配不确定性风险和相互交换信息，在合同订立、履行、变更、终止、结算、清理等发生的全过程行为，进行计划、决策、组织、实施、监督、控制。合同管理是现代企业管理的重要组成部分，是信用管理的基础和保障。

实践表明，出现合同风险和合同欺诈行为，几乎都与企业合同管理制度上存在漏洞有关。凡是制度不健全，措施不得力的企业都为诈骗者打开了方便之门。因此，企业应根据自己的具体情况，对合同签订到履行完毕的全过程，制订一套比较完善而严密的切实可行的合同管理制度。这些制度包括：合同签订程序和审批制度、查询对方资格与资信制度、合同专用章与合同文本管理使用制度、合同履行监督检查制度及报案制度等。特别是对合同履行过程中的定期监督检查最为必要，严格执行此制度，可掌握合同履行的真实现状，对有问题的不能如期履行的合同要及时采取补救措施；对于尚未履行或部分未履行的合同，要派人专门了解情况，检查督促，研究制订保证如期履行的计划；对于应收账款，要区别情况分别处理，必要时应运用包括法律程序在内的手段和措施，尽快加以解决，以防因拖欠而受骗；对于已被骗走的货款或商品，要及时向有关部门报案。

一、合同主体

合同主体是合同关系的主体，又称为合同当事人，包括债权人和债务人。债权人有权请求债务人依据法律和合同的规定履行义务；而债务人则依据法律和合同负有实施一定的行为的义务。合同主体可以是自然人、法人和其他组织（自然人为新合同法增加内容）。签订合同前必须首先认真审查对方的主体身份，即查对方的主体资格是否合法。索要的资料包括：法定代表人身份证明，营业执照副本或工商行政管理机关出具的法人资格证书，法人授权委托书、合同书经办人员的身份证明以及担保书等。切忌和防止仅凭对方提供的银行账户，合同专用章等不全面、不规范的证明文件签订合同。

杜绝凭老关系、熟面孔或熟人的介绍等做法草率地签订合同。凡是伪造、仿冒他人名义或虚构假主体的行为都属欺诈行为。主要有：（1）伪造假证明文件，如假介绍信，用来证明自己的身份，仿冒他人签订合同；（2）以假单位的名义对外订立合同；（3）盗用其他单位名义对外订立合同。

为进一步搞清楚在实际经济生活中容易出现的问题，下面对几个常见问题做出回答：

(1) 分公司签订的合同有效吗?

答:不管有无营业执照均有效。

(2) 用部门章签订的合同有效吗?

答:法律实践表明:多数情况下有效。

(3) 临时机构签订的合同出现问题,需要对谁进行起诉?

答:需要对承办单位进行起诉。

(4) 关于签字和盖章的有哪些问题需要注意?

答:国外以签字为准,中国法定代表人签字和盖章均有效。合同主体名称、合同章要一致,一定到对方公司去盖章,加盖经常使用的公章或合同专用章。

二、管理目的及内容

合同管理目的是建立健全合同管理制度,明确合同管理部门和人员职责,全面、及时、准确地掌握与合同签订履行相关的信息,对合同签订履行情况进行有效监控,提高合同履约率,降低合同欺诈和违约风险。

合同全程管理包括以下工作内容。

(一) 合同文本管理

国家倡导使用合同示范文本。凡属国家统一发布过合同示范文本的行业企业,应采用合同示范文本。其他企业,应根据合同法有关规定,参照相近行业的合同示范文本,制订标准合同文本。

标准合同文本一般由相关业务部门起草,经与财务部、信用管理部、法务部等部门共同讨论确定后,报公司制度管理部门通过执行。

合同内容的基本条款应当包括:当事人的名称或者姓名和住所、标的、数量、质量、价款或者报酬、履行期限、地点和方式、违约责任、解决争议的方法。

关于合同条款的相关法律规定及注意事项见表 10.1。

表 10.1　　合同条款法律规定及注意事项

相关法律规定	法律实践经验和注意事项
当事人可以约定一方违约时应当根据违约情况对方支付一定数额的违约金,也可以约定因违约产生的赔偿额的计算方法。约定的违约金低于造成的损失的,当事人可以请求人民法院或者仲裁机构予以增加;约定的违约金远高于造成的损失的,当事人可以请求人民法院或者仲裁机构予以适当减少	我国按实际损失进行违约责任计算,即采用赔偿性违约金,约定过高是没有用的。一般要约定具体的损失是什么以及计算方法

续表

相关法律规定	法律实践经验和注意事项
当事人对合同条款的理解有争议的，应当按照合同所使用的词句、合同的有关条款、合同的目的、交易习惯以及诚实信用原则，确定该条款的真实意思。 合同文本采用两种以上文字订立并约定具有同等效力的，对各文本使用的词句推定具有相同含义。各文本使用的词句不一致的，应当根据合同的目的予以解释	合同语言需要表达准确。不要使用诸如“按批付款”“独家使用”等自编的术语或口头贸易术语
因不可抗力不能履行合同的，根据不可抗力的影响，部分或者全部免除责任，但法律另有规定的除外。当事人迟延履行后发生不可抗力的，不能免除责任。 不可抗力，是指不能预见、不能避免并不能克服的客观情况	“不可抗力”最好列举出来，否则，很难在争议处理中起到真正的作用
买受人收到标的物时应当在约定的检验期间内检验。没有约定检验时间的，应当及时检验。 当事人约定检验期间的，买受人应当在检验期间内将标的物的数量或者质量不符合约定的情形通知出卖人。买受人怠于通知的，视为标的物的数量或者质量符合约定。 当事人没有约定检验期间的，买受人应当在发现或者应当发现标的物的数量或者质量不符合约定的合理期间内通知出卖人。买受人在合理期间内未通知或者自标的物收到之日起两年内未通知出卖人的，视为标的物的数量或者质量符合约定。但对标的物有质量保证期的，适用质量保证期，不适合该两年的规定。出卖人知道或者应当知道提供的标的物不符合约定的，买受人不受前两款规定的通知时间的限制	应当明确约定验收时限和收货确认时限，否则将产生不必要的麻烦

（二）合同授权委托和专用章管理

1. 授权委托办理。

（1）确定被授权人资格。

一般应根据企业的实际情况限定被授权人的资格，并不是所有的人都可以被授权委托，授权委托是一件很慎重的事情，它是因业务需要并符合一定的条件，方可被授权。需要符合的条件根据各企业的人员情况和业务特点制定，一般至少需要符合以下条件：

①是本公司生产经营活动中确须签订合同，并具有经济工作经验的有关人员须经过《中华人民共和国合同法》培训，考试合格，并经工作业绩审查合格者。

②能够遵纪守法，执行好国家各项法令、法规和本企业的规章制度。

（2）被授权人的范围和权限。

被授权人在权限范围内可以代表公司签订合同，各单位一般结合本单位情况，根据级别设置不同的授权范围和权限。

如某单位设置授权范围和权限，销售部业务员是“本公司××产品10万元以下金额的销售合同”，销售部经理是“本公司××、××产品50万元以下金额的销售合同”。

需说明的是，授权权限与前面的授信额度是不同的，如果合同是信用交易方式，款项结算条款还必须符合授信额度的规定。

（3）授权委托书的办理。

第一步：申请人员所在部门向信用（合同）管理机构提出合同法知识培训申请。一般来说，由申请人员所在部门根据需要统一向信用（合同）管理机构提出合同法知识培训的申请。

第二步：信用（合同）管理机构统一组织参加工商行政管理部门举办的《合同法》培训。参加培训可通过两种方式：一种是人员数量有限时，参加工商行政管理部门公开举办的培训；另一种是人员数量较多时，可专门邀请工商行政管理部门人员对本企业组织内部培训。

第三步：培训合格后，申请部门按信用（合同）管理机构要求填写“法人委托书申请表”（见表10.2）。

第四步：经公司人事部门和信用（合同）管理机构审核后，报公司法定代表人批准，签章颁发授权证书。并由信用（合同）管理机构统一登记汇总，可登记在“法人授权委托人登记表”（见表10.3）。

表10.2　　法人委托书申请

申请部门		申请日期	
被授权人姓名		被授权人年龄	
现任职务		授权期限	
授权范围		授权权限	
申请部门意见			
人事部门审核意见			
信用（合同）管理部门审核意见			
公司主管领导审批意见			

表10.3　　法人授权委托人登记表

被授权人	所在部门	年龄	学历	现任职务	授权期限	授权范围	授权权限	备注

授权委托书一般必须包括下列内容：被委托人姓名、委托期限、委托范围、委托权限。

2. 授权委托书的管理。

（1）授权委托书的日常管理。

信用（合同）管理机构负责“法人委托书”的申请审核、证件办理，变更、注销登记、遗失声明和监督检查等管理工作。“法人委托书”采用由省工商行政管理局统一印制的“法人委托书”文本，在有效期限内可连续使用，但有效期限最长不得超过两年。

法人委托书应妥善保管，防止遗失，如遇遗失时，应立即挂失，并到工商局备案，然后方可申请补办。凡核准注销人员的“法人委托书”证件，由所在部门负责收回交信用（合同）管理机构统一处理。

（2）授权委托的变更、撤销管理。

“法人委托书”的授权内容须作相应变更的，应及时向信用（合同）管理机构申请变更，如有以下情况，需进行撤销处理：

①严重违反国家法律、法规和公司规章制度，使企业经济利益受到损害的，除吊销法人委托书外，还将追究当事人的责任。

②将法人委托书转借他人或用作其他证明，以及利用委托证书或职权谋取私利的，除吊销其法人委托证书外，还将追究相应责任。

③持证人调离原工作岗位，法人委托书应予以销毁，到新岗位如仍需要，应重新申办。

④持证人调出本企业，或辞职、辞退以及受到开除、除名等处分的，法人委托书应予以销毁。

⑤证件有效期届满，不再续展。

⑥持证人因工作变动，不再对外签约。

⑦企业法人代表认为有必要可以撤消授权的情形。

3. 合同专用章的保管和使用。

（1）合同专用章的保管。

合同专用章的保管应注意：

①每枚合同专用章都应当编号；

②确定各枚合同专用章的使用范围（根据需要设置）和保管部门；

③专人、专柜保管；

④如有遗失，应立即书面报告法务部，并及时声明作废。

（2）合同专用章使用管理。

①需要根据公司规定使用范围对外签订合同，不得相互借用；

②需要有专人审批；

③需要对使用情况造册登记，并附合同审批意见（见表10.4）；

④尽可能避免将合同专用章带出公司，避免空白纸加盖公章。

表 10.4　　合同专用章使用登记表

合同编号	使用日期	使用用途	合同编号	经办人签名	使用人签名	备注

（3）合同专用章刻制、销毁管理。

合同专用章的刻制，由各部门向公司合同管理部门提出申请，报公司法定代表人批准后，由公司法律顾问室统一刻制、发放。

需要销毁现有的合同专用章时，应向公司合同管理部门提出申请，报公司法定代表人批准后，由合同管理部门负责人监制销毁，至少有两人同时在场。

（三）合同签订审批管理

合同签订前的审批，就是指合同经由某机构或人员签具意见后，方可加盖合同章。

一个企业对外要签订大量的合同，每份合同都经过法定代表人亲自过目并签具意见是不可能的，必然要将一部分权利授予有关机构或人员，这就要求制订一些规定，落实好审批程序与职责。

1. 一般合同审批。

一般合同的审批流程是：先由业务经办人起草（或根据标准文本修改），经部门经理审核后，由合同管理员签收流转。如有法务部门，由法务部门对合同条款进行审核，并可根据合同需要交财务部或生产部门审批，再交由总经理（或分管领导）审批。合同管理员根据审批意见盖章，盖章后返回业务部门，双方签订生效后交一份至档案保管部门归档，并将合同复印件交合同任务相关部门。

任何环节若有否决意见即退回，坚持要订的可由否决人递送上一级审批；任何环节若有修改，应根据审核意见作相应调整。

需说明的是，对于生产制造企业以“大协议、小订单”形式签订合同的，程序一般可不必这么复杂。一般只须对“大协议”的签订严格把关，“小订单”在一定可控数量范围内的，除了价格随着市场变化差异较大的，或者订单数量特别重大的，其他情况一般可由部门层面直接做好订单前的审核工作。

2. 重大合同审批。

重大合同的审批，一般需要对合同的可行性、客户的履约能力和资信状况等进行严格调查，必要时，须交由相关部门进行会签。下列合同一般应被列为重大合同：

（1）合同金额超过一定范围（该范围视各企业的交易规模而定）；

（2）投资、联营的合同；

（3）涉外合同；

（4）合同承办人认为重大的其他合同。

3. 合同审批内容。

合同要注意对三个方面的审查：

一是审查是否已对对方的主体资格、委托代理人的资格和权限、对方的履约能力和商业信誉等，进行签约前的调查。

二是业务部门和相关部门重点审查合同的可行性，包括对方给予的条件，自身的生产设备、技术、人员、资金等能否满足合同需要。

三是合同各主要条款的审查。对合同条款的审查，不仅要审查文字的表述，还要审查条款的实质内容：

（1）规格条款：对于多规格产品尤其要注意，要对各型号产品的具体规格做出说明，同时详细了解客户的需要，避免供需之间出现差错。

（2）质量标准条款：根据产品质量情况明确约定质量标准，并约定质量异议提出的期限，同时应认真审查合同中约定的标准和客户的需求是否一致。

（3）包装条款：对于购货方提出的特殊包装方法应当引起足够的重视。

（4）交付方式条款：如果货物送往本地，应明确约定送货地点，这关系到纠纷处理时法院的管辖。合同中应列明收货方的经办人的姓名，目的是防止经办人离开后，对方不承认收货的事实，给诉讼中的举证带来困难。

（5）付款条款：应明确约定付款的时间，模棱两可的约定会给对方找到拖延付款的理由。

（6）违约责任条款：如果合同由合作方草拟，则应当注意审查有无不平等的违约责任条款和加重我方责任的违约责任条款。

（7）争议处理条款：诉讼管辖地的约定要明确，争取在我方所在地法院起诉。如果采用仲裁的方式，仲裁条款要明确约定某一个仲裁机构，而且该仲裁机构必须客观存在，否则将导致条款无效。

（8）对于对方提供的格式合同应特别注意。要应势而变，不可以不加审查地完全适用其条款。

（四）合同担保管理

担保管理的内容很多，本节主要介绍使用担保的时机，具体担保的形式将在第二节中详细介绍。担保的时机有：

（1）客户不满足我们既定赊销额度的条件。如客户提出签订赊销额度为 30 万元的合同，公司既定的信用条件之一是“上一年度交易额不低于赊销额度的 5 倍”，该客户不满足条件。那么，我们就要请客户提供担保。

（2）新客户执意要求赊销，且金额超出了可承受的临时额度。在这种情况下，如果客户不能提供担保，就应放弃该笔业务。

（3）客户要求扩大赊销交易额时。当客户突然要求增大订单数量，企业又一时无法确定其数量增大的真实原因时，最好请客户提供担保。

（4）客户要求改变交易方式时。交易方式的改变包括付款方式的改变、付款期限的延长等，企业可能面临更大的信用风险，可以请客户提供担保。

（5）客户有异常情况发生时。异常情况主要包括客户应收账款居高不下或官司不断、客户公司改组、主要经营负责人变动、主营业务调整或市场萎缩等。

（五）合同履行管理

1. 合同自身履行信用管理。

（1）建立合同履行管理责任制。

合同履行管理责任制，是要对合同的任务进行分解，落实到各个部门和责任人，并对任务落实情况进行考核，以确保合同的履行。在合同履行过程中，执行合同的主办人员必须负责跟踪合同相应条款的具体履行情况，各部门负责人保证合同条款按期优质完成，责任到人，由于相关责任人失职、未采取预防措施等主观原因而造成公司经济损失的，公司应对责任人进行经济处罚。

如某企业为了保证销售合同的履行，其做法是从订立合同——合同登记——计划安排——技术准备——购入材料——投入生产服务——入库保管——托运发货——财务结算——统计分析——售后服务——反馈消息，各个管理程序都由专人负责，以保证合同按质、按量、按时履行。

（2）建立检查监督机制。

检查监督机制，是要检查监督企业合同的执行情况，是保证自身合同履行信用管理中的重要环节。企业领导和合同管理人员，应深入企业各部门、各基层、各环节了解落实各自担任的任务，检查资金、人员、材料、生产的落实，督促其按时按质按量完成合同规定的任务，及时协商企业内部关系和解决履行中遇到的阻力。

检查监督形式有多种多样，一般主要有：以例会形式进行检查；以生产进度的日报、月报、旬报、季报检查；以用图表分列、卡片、合同台账（下面将重点介绍）形式检查；可定期或不定期检查。

2. 合同对方履行信用管理。

（1）建立台账机制。合同台账，是指建立账册，对本企业的全部合同分类登记，及时记载合同订立和履行情况，以便随时掌握合同订立履行过程中存在的问题，并进行信息反馈。

合同签订履行较频繁的企业，往往需要使用带有合同管理功能的软件进行登记管理。

（2）建立客户履约动态跟踪机制。先履行债务的企业，务必要采取有效的方法收集对方当事人变化中的情况，发现并有确切证据证明有下列情形的，应及时中止履行或采取相应措施，通知对方并进行协商：

①对方经营状况严重恶化的；

②转移财产、抽逃资金，以逃避债务的；

③严重丧失商业信誉的；

④有其他丧失或可能丧失履行债务能力的。

（六）合同变更、转让和解除管理

1. 合同变更管理。

（1）合同变更的含义。合同变更是指合同依法成立后，在尚未履行或尚未完成履行之前，当事人通过协商对合同内容所作的修改和补充。合同变更包括变更标的、数量、质量、合同性质、履行期限、履行地点和方式、价格或者报酬、违约责任方式、争议解决方式、担保方式、所附条件等。

（2）合同变更应具备的要件。合同变更应该具备以下四个要件：

①原合同关系已存在；

②原合同关系和变更后的合同关系应该有效；

③变更的是合同的内容；

④须由双方当事人协商一致。

（3）合同变更方法。合同变更的方法主要有两种：

①协商变更；

②请求人民法院或者仲裁机构变更合同。

（4）合同变更管理要点。

①合同变更一般必须采取书面形式；

②由合同经办人以书面形式报合同评审机构审核批准；

③谨防未取得对方当事人的书面材料，而凭口头约定向已变更的接收人发货或付款；

④自身遇有不可抗力或者其他原因无法履行合同时，应当及时收集有关证据，并立即以书面形式通知对方当事人，同时积极采取补救措施，减少损失；

⑤对方不履行或不完全履行合同时，合同经办人应催促其采取有效补救措施，收集、保存对方不履行合同的有关证据；

⑥经上级主管机关批准、鉴证以及公证机关公证的合同，其变更应按规定报原机关备案。

2. 合同转让管理。

合同转让，是指合同当事人一方依法将其合同的权利和义务全部或部分转让给第三人。合同权利转让一般要采取书面形式，并进行登记记录。

（1）合同转让的特征。

①合同的转让将发生合同主体的变化；

②合同的转让并不改变原合同的权利义务内容，而是对合同法有效的合同权利或义务的转让，如原合同因被确认无效或被撤销，或者已经解除，则不能发生转让；

③合同的转让通常要涉及两种不同的法律关系，即合同当事人双方之间的关系、转让人与受让人之间的关系。

（2）合同转让应当具备的条件。

①必须有合法有效的合同关系存在；

②合同的转让应当符合法律规定的程序；

③合同转让必须转让人与受让人之间达成协议；

④合同的转让必须合法且不得违背社会公共利益。

（3）合同权利转让应注意事项。

①根据合同权利的性质不得转让的权利；

②根据当事人的特别约定而不得转让的合同权利；

③法律规定禁止转让的合同权利。

（4）合同义务转移应注意事项。

①债务人将合同的义务全部或者部分转移给第三人，应当经债权人同意；

②合同债务转移与第三人代替债务人履行债务不同；

③保证期间，债权人许可债务人转让债务的，应当取得保证人书面同意，未经同意，保证人不再承担保证责任。

3. 合同解除管理。

合同终止，即合同关系在客观上不复存在，合同债权和合同债务归于消灭。合同终止主要有以下情形：

①合同目的达到，双方权利义务全部履行，自然终止；

②双方协商一致，约定解除合同；

③债权债务同归于一人；

④债权人免除债务；

⑤双方当事人债务抵消；

⑥债务人依法将标的物提存；

⑦债务人因不可抗力、死亡或丧失行为能力等。

合同解除是合同权利、义务终止的一种情形，合同解除至少要注意以下几点：

①无效和可撤销的合同，不存在合同解除，此类合同应该由合同无效或撤销制度来调整；

②法律禁止当事人在没有任何法定或者约定根据的情况下任意解除合同；

③合同的解除必须符合：一是由当事人双方协商一致解除合同；二是由享有法定的或约定的解除权的一方，在解除合同的条件成熟时，方可作出解除合同的意思表示，这种表示不需要征得对方同意；

④合同解除须采取书面形式，并办理有关手续；

⑤经上级主管机关批准、鉴证以及公证机关公证的合同，其解除应按规定报原机关备案。

（七）合同的档案管理

1. 合同档案管理内容。

合同档案管理的内容，包括合同签订、履行、变更、终止过程中的所有往来文件和相关证明资料。具体有：

（1）谈判记录、可行性研究报告和报审及批准文件；

（2）对方当事人的企业营业执照副本复印件；

（3）对方当事人履约能力证明资料复印件；

（4）对方当事人的法定代表人或合同承办人的职务资格证明、个人身份证明、介绍信、授权委托书的原件或复印件；

（5）我方当事人的法定代表人的授权委托书的原件和复印件；

（6）对方当事人的担保人的担保能力和主体资格证明资料的复印件；

（7）双方签订或履行合同的往来电报、电传、信函、电话记录等书面材料和视听材料；

（8）登记、见证、鉴证、公证等文书资料；

（9）合同正本、副本及变更、解除合同的书面协议；

（10）标的验收记录；

（11）交接、收付标的、款项的原始凭证复印件。

2. 合同档案管理。

合同档案管理要做好以下几项工作：

（1）专案专档；

（2）结案归档；

（3）查档审批，只有在涉及诉讼时，才可调出原件，其他情况仅提供复印件，并做好档案的调阅、借阅等工作；

（4）案卷保存，所有的与客户往来的文件，包括提单、发票、往来信函、传真件和各种凭证都需要保存，尤其是口头合同的相关文件更需要妥善保管。

三、合同全程管理的工作流程

合同全程管理一般可按照图 10.1 中的基本程序进行，各企业可以根据自身的合同管理特点，以及针对需要加强管理的环节进行相应调整。

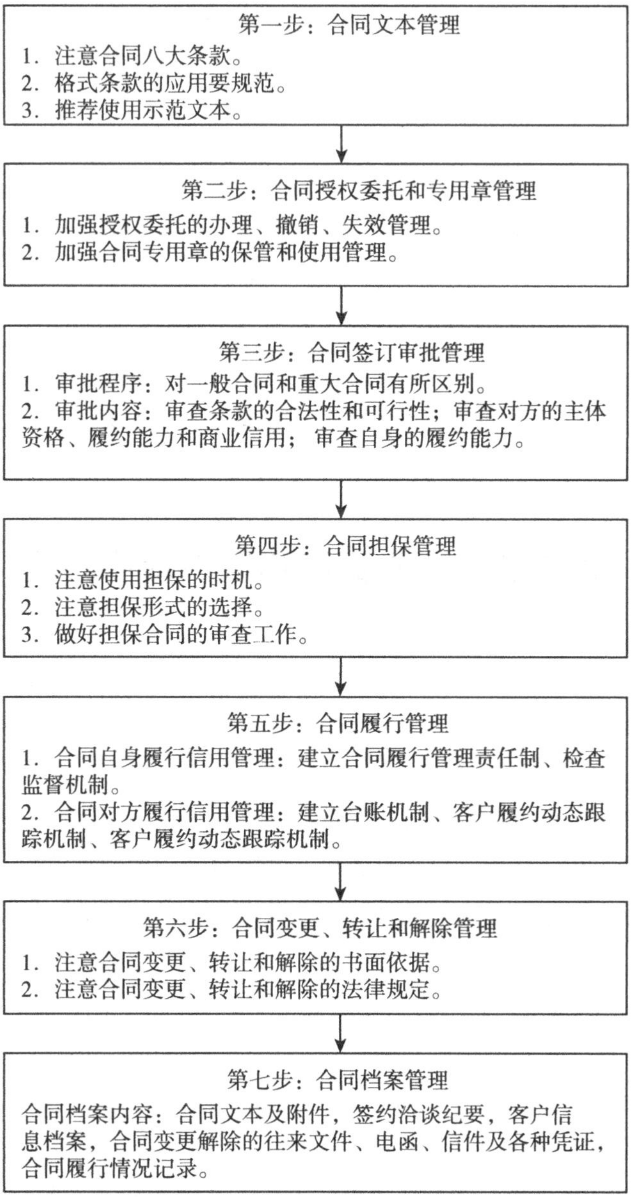

图 10.1　合同管理的基本程序

四、合同管理与信用管理的关系

合同管理属于信用管理的基础和主线，合同管理作为一条主线，始终贯穿于企业信用管理的始终，包括信用管理中的事前防范、事中监控和事后处理。合同管理与信用管理的关系参照图10.2。

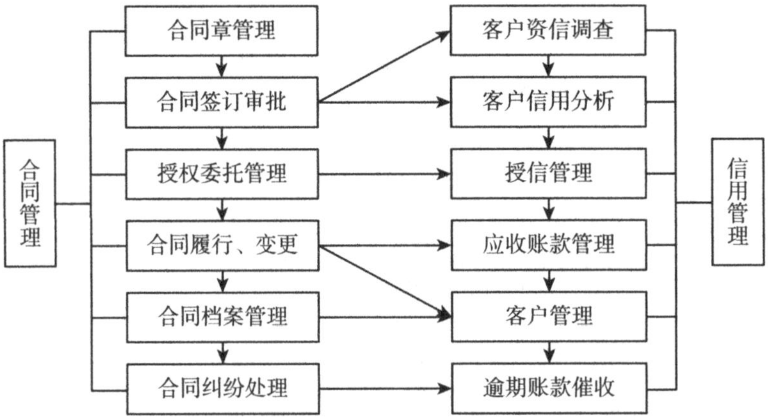

图10.2　合同管理与信用管理的关系

第二节　债券保障和风险转移管理

中国企业往往习惯于自己解决问题，而许多外资企业特别是中小型的企业希望能够通过付费请专业机构提供服务，因为业务量不大时完全靠自己进行信用风险管理是不合算的。因此，企业应该利用外部的信用工具来规避风险，以及运用一些信用服务产品。

企业中的相关业务人员和信用管理人员应当了解担保、保理、信用保险和银行保函的含义、在商品贸易中的作用、操作方式以及注意事项，能够自主判断在什么情况下可以使用何种方法来最大限度地规避和转移信用风险，保护自己的债权安全性。

一、担保

担保，是指法律规定或者当事人约定的保证合同履行，保障债权人利益实现的法律措施。

企业之间以赊销方式进行贸易往来时，往往在破产客户身上出现这样一种情况，客户还有一定资产。但是，进入破产程序以后，破产企业的资产清偿按照一定顺序进行：①所欠职工工资和劳动保险费用；②所欠税款；③清偿有担保的债权人；④清偿一般债权人。同时，破产企业财产不足清偿同一顺序清偿要求的，按照比例分配。

企业之间交易产生的债权属于一般债权，在客户破产时的清偿程序里属于最后受偿的债权，实践表明，作为一般债权人的企业通常不能得到清偿或只能得到很少部分。而担保的企业或银行的清偿顺序相对靠前，受偿比例较高，所以在银行贷款等要求安全性较高的信用交易中普遍采用担保措施。担保是债权人规避不履约风险的方法，也是债务人保证信守承诺的一种手段。

一般而言，如果客户提出的赊销要求超出了我们的风险承受能力或者客户自身的信用偿还能力时，以及客户有异常情况发生时，应当要求客户提供债权的担保措施。

（一）担保合同的特性

担保合同有三种基本特性：

（1）从属性。担保合同从属于主合同，担保的成立以债权的存在为前提，在不存在债权的条件下约定的担保无效；而且担保的债务范围，不得超过主合同债权的范围。所有，一定注意合同与担保合同的对应关系。

（2）补充性。只有在债务人不履行合同义务时，才能行使担保权或取得担保利益；只在主债权的清偿要求能满足时，才可以实现其担保。

（3）相对独立性。债权担保相对独立于被担保的债权而发生或存在。债权担保的不成立、无效或撤销可以依照法律规定或当事人约定，对其所担保的债权不发生影响。

（二）担保方式

目前，法律规定的担保方式包括定金、保证、抵押、质押和留置五种。债权企业在选择担保方式时，要充分考虑到债务人、第三方担保人和交易的具体情况，选择既有利于合同的达成，又有利于保障自身债权的担保方式。我们将各种担保方式的定义及其特点以表格形式列出，如表10.5所示。

表10.5　　担保方式及特点

担保方式	定义	特点
定金	合同一方当事人预先向对方当事人支付一定数额的货币，作为到期支付全部货款的保证	定金对双方按合同约定履约，均具有约束力。但是定金这种担保方式并不能百分之百地保证货款回收，因为定金往往只占合同金额的一小部分
保证	保证人和债权人的约定，当债务人不履行担保时，保证人按照约定履行债务或者承担责任的行为	应用较多，保证人要有一定的资格和较强的实力，否则，保证作用并不明显。一般来讲，保证人是有实力的客户的母公司或银行（银行保函）比较好

续表

<table>
<tr><th>担保方式</th><th>定义</th><th>特点</th></tr>
<tr><td>抵押</td><td>债务人或者第三人不转移对财产的占有，将该财产作为债权的担保</td><td rowspan="2">保障作用明显，债务人不履行债务时，债权人有权依法以抵押或质押的财产折价或者以拍卖、变卖该财产的价款优先受偿</td></tr>
<tr><td>质押</td><td>债务人或者第三人将其动产移交债权人占有，或者以其财产权出质，作为债权的担保</td></tr>
<tr><td>留置</td><td>债权人按照合同约定占有债务人的动产，债务人不按照合同约定的期限履行债务，债权人有权留置该财产，以该财产折价或者以拍卖、变卖该财产的价款优先受偿</td><td>这种担保方式有其局限性，它使用的范围较小。只限于与债权债务有关的财产，如加工承揽合同等</td></tr>
</table>

（三）担保的主要操作步骤

担保的主要操作步骤如下：

1. 明确交易内容和条件，达成担保意愿。

信用管理人员应根据本企业的信用政策，确定哪类客户或交易应当采用担保方式，并及时与客户沟通，争取客户的理解和支持，尽量提供客户可接受的担保方式，了解客户的真实意愿，并达成共识。

2. 审查担保行为的合法性、一致性和可靠性。

审查项目及内容如表 10. 6 所示。

表 10. 6　　审查项目及内容

审查项目	审查内容
合法性审查	担保人主体资格审查，主要查证法人营业执照及年检情况； 涉及的法律文件是否真实、齐备； 意思表示是否真实； 核实担保财产或权利的合法性； 担保人内部决议合法，登记文件无法律障碍
一致性审查	担保合同与主合同应当是一致的，担保的债权是具体的、现实的和确定的
可靠性审查	核实担保人的信用和偿债能力； 核实担保财产或权利的可执行性和变现性

3. 签订主合同和担保合同，检查合同条款。

担保合同从属于主合同，主合同无效将直接导致担保合同无效。此外，出现以下情况，担保合同无效：

（1）以欺诈和胁迫手段签订的担保合同，损害国家利益的；

（2）恶意串通，损害国家、集体或第三人利益的；

（3）为以假破产、分立、合并、联营等合法形式掩盖逃债、欺诈等非法目的的交易订立的担保合同；

（4）为犯罪行为、非法交易订立担保合同，损害国家利益的；

（5）中方投资者不得为外商投资企业的注册资本以及外商投资者的投资部分的对外债务提供担保；

（6）董事、经理不得以公司资产为本公司的股东或其他个人债务提供担保；

（7）其他违反法律、行政法规强制性规定签订的担保合同。

4. 履行行为检查，及时行使权利。

在合同履行阶段，跟踪债务人及担保人的履约及各种情况变化，及时行使担保权利。

（四）担保应注意的问题

担保并非没有风险，在选择担保方式的同时，应密切注意以下问题：

（1）应该审查担保人的资信情况和担保标的物的价值；

（2）担保一般都有书面合同，应注意合同条款内涵的准确性和是否符合法律规定；

（3）担保从属于合同，主要是保证债务人违约时可以及时收回货款，所以企业自身必须严格履行主合同义务；

（4）采取担保方式后，绝不能放松对应收账款的监控管理和索偿程序的及时转入；

（5）应注意识别虚假的债权担保合同，如假的第三方保证书或银行文件。

二、保理

保理又名为“保付代理”，它是由保理商买断销售方的应收账款并提供贸易融资、销售分类账管理、应收款催收和信用风险控制与坏账担保等服务中至少两项的综合性金融服务。简单地说，保理就是保理商承诺为销售商提供以下服务：

（1）代销售商调查和评估买方的信用；

（2）无条件购买销售商的全部应收账款，即销售商可以在交货时马上取得融资；

（3）帮助销售商管理销售分类账；

（4）承担坏账损失；

或者说：保理 = 评估 + 融资 + 管理 + 担保。

（一）保理业务的分类

从货款给付时间来看，保理业务可以分为到期给付保理业务和预付货款保理业务；从行为发生的地域分，有国际保理业务和国内保理业务两种；根据保理机构是否承担收回应收账款的全部责任，保理可以分为有追索权的保理和无追索权的保理，两种情况下企业承担的风险不同，保理费用也不同。

（二）保理业务的流程及特点

1. 保理业务的流程。

在国内保理业务中，很多时候销售保理商和购买方保理商是同一家银行，这时保理业务涉及的当事人就只有三个，即销售商、购买商和保理商（银行）；而在国际保理业务中，一般有 4 个当事人：出口商、进口商、出口保理商和进口保理商。国内保理业务和国际保理业务的区别在于买卖双方是否属于同一个国家或地区，根据保理商是否承担买方的信用风险，国内保理商分为国内综合保理和商业发票贴现两大类。一般流程如图 10.3 所示。

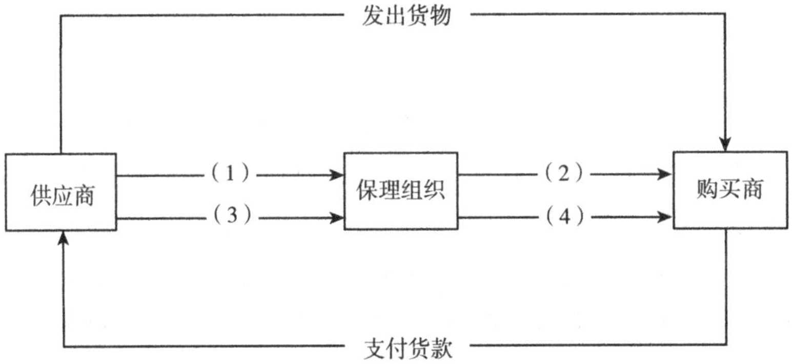

图 10.3　保理业务流程

（1）供应商和购买商约定以商业信用形式出售商品前，要将购买商的名称及有关交易情况报告给自己的保理商。

（2）保理商在收到上述资料后，对购买商的资信进行调查，并将调查资料及是否可以向购买商提供购销或赊销的最高金额进行分析。如果保理商认为购买商资信可靠，则保理商可以将调查结果告知供应商，同时对供应商和购买商之间的交易加以确认。

（3）供应商在装运货物后，应将有关单据无追索权地卖断给前述的保理商，该保理商根据其与供应商签订的协议，按照汇票（或发票）金额扣除利息和保理费用后，立即或在双方商定的日期将货款支付给供应商。

（4）保理商负责向购买商催收货款。

从国际上的发展趋势来看，国内保理业务是保理业务发展的主流，世界各国的国内保理业务量均远大于国际保理业务量。

2. 保理业务的特点。

保理业务由于适合了赊销、承兑交单托收等贸易方式的发展的需要，越来越受到各方面的重视并得到广泛应用。保理业务对供应商而言具有极大的吸引力，对买方而言也没有什么损失，在贸易服务中采用保理方式的优势是显而易见的。

保理业务有下面一些益处：供应商加速了资金周转，资金调配比较灵活，产品竞争力加强；节约了经营成本；简化了手续；扩大了利润；增强了现金流动性；改善了资产负债结构等。

各国的保理业务开展特点均有所不同，英国保理业的突出特点是无追索权的保理融资服务。由于缺乏明确的法律依据，英国保理商不愿提供隐蔽保理业务，而是集中发展公开保理业务，同时销售账务处理和买方信用担保的融资业务合为一体。美国的出口贸易融资大多采用不通知债务人的发票贴现来实现，销售账务处理和买方信用担保的职能被放弃，这种保理通常被称为“应收账款融资”。

（三）保理业务的风险

保理把应收账款转变为现金，是一种高成本的融资渠道和现金流来源，主要适用于采用短期信用（信用期在180天内）结算方式的商品和服务贸易。使用保理时，应权衡所得收入和所付代价。只有十分确定需要临时加快现金流时，才可以通过声誉良好的保理机构周转应收账款，取得临时资金。

企业在决定做保理业务之前，应全面了解保理机构的情况。保理机构是营利性组织，要在一定时限内收回款项，一般会执行较为主动的收款措施，而不太会考虑保持企业与客户之间的长期往来关系。保理机构利用一切可行的方式催收款项，有时会引起客户的反感，不利于企业与客户的关系，因此，在选择保理时，需要权衡短期融资和长期客户关系的得失，选择适合本企业的方式以达到经济效益的最大化。

三、信用保险

信用保险是保险商根据权利人的要求担保被保证人信用的保险。此类保险是以商品赊销和货币借贷中债务人的信用为保险标的，以债务人到期不能履行其契约中的债务清偿义务为保险事故，由保险商承担被保险人由此而遭受的经济损失，并获得代位求偿权。这是债权人为了保障自身利益不受债务人信用危机问题的损害而采取的一种保险手段。

（一）信用保险的内容和种类

信用保险业务从内容来看，一般分为国内信用保险、出口信用保险和投资保险三类。国内商业信用保险承保在延期付款或分期付款时，卖方因买方不能如期偿还全部或部分债款而遭受的经济损失；出口信用保险承保出口商因买方不履行贸易合同而遭受损失的风险；投资保险承保本国投资者在外国投资期间因政治风险遭受投资损失的风险。本章以出口信用保险为例简要介绍信用保险业务。

（二）出口信用保险的保险责任范围

1. 保险责任。

出口信用保险承保的风险有商业风险和政治风险两种。商业风险是指买方付款信用方面的风险，又称买方风险，它包括：

（1）买方破产或实际已资不抵债而无力偿还货款；

（2）买方收货后逾期不支付货款；

（3）买方拒收货物并拒绝付款，致使货物被运回、降价转卖或放弃。

政治风险是指与被保险人进行贸易的买方所在国或第三方发生政治、经济状况的变化而导致买卖双方都无法控制的收汇风险，又称国家风险，它包括：

（1）买方所在国实行外汇管制，禁止或限制汇兑；

（2）买方所在国实行进口管制，禁止进口贸易；

（3）买方的进口许可证被撤销，致使货物无法进关；

（4）买方所在国或货款须经过的第三国颁布延期付款令；

（5）买方所在国发生战乱、动乱、骚动、暴乱等；

（6）买方所在国或任何有关第三国发生双方均无法控制的非常事件。

2. 除外责任。

在出口保险信用中，无论其他条款如何规定，保险商对下列项目的损失均不负赔偿责任：

（1）被保险商违约或违法引起的损失；

（2）由于汇率变动导致的损失；

（3）在货物交付时，已经或通常能够由货物运输保险或其他保险承保的损失；

（4）在交付货物时，买方未能获得进口许可证或其他有关的许可而导致不能收货发款所致的损失；

（5）买卖合同规定的付款货币和金额违反买方国家外汇规定而发生的损失。

（6）由于被保险人或其代理人、承运人或任何有关的银行或金融机构破产、欺诈、违约或其他行为引起的损失。

（三）出口信用保险业务特点

出口信用保险是指以出口贸易中国外买方按期支付货款的信用作为保险标的，或以海外投资中借款人按期还款的信用作为保险标的的保险，由债权人缴纳保险费，保险商承担债权人因国外买方或借款人到期不能履行清偿债务的义务而造成的经济损失。这种保险所要承担的风险特别巨大，而且难以使用统计方法测算损失概率，一般保险公司均不愿意经营这种保险，当今世界上的出口信用保险大多靠政府支持而存在。

信用保险最大限度地减少了信用风险。在为坏账损失提供保险的同时，保险公司还对新客户企业的信用进行评估，对现有购买者的信用进行监督，并向客户企业提供建议和帮助。保险公司可能会建议拒绝向特定购买者提供信贷，或者建议在后期付款中采取措施减少出现坏账的可能性。企业可以选择不同范围的信用保险，如正常范围内的所有销售额、特定部分的销售额、偶尔的高额销售额。

信用保险并不总是必需的，例如，在已有付款担保的情况下，已有第三方担保或在出口贸易中已有经确认的信用证，这时信用保险就不是必需的。但是信用保险在美国和欧洲大多数地区的商业事务中是非常普遍的。

（四）信用保险存在的问题

信用保险在我国已经有了一定的发展，但比起欧美国家，仍处于起步阶段，其发展远不能适应我国经贸行业飞速发展的需要。究其原因，主要存在以下几个方面的问题：

（1）缺乏专门的法律规范作保障；

（2）缺乏有效的协调机制；

（3）保险资金严重不足；

（4）保险费率相对过高；

（5）保险程度不能得到100%的保障。

四、银行保函

银行保函是指银行应客户的申请而开出的具有担保性质的书面承诺文件，一旦申请人未能履行合同规定的义务时，由银行向第三方当事人做出赔偿。

银行保函是保证担保的一种特殊形式，即银行作为保证人的情况。由于银行具有优于其他法人或自然人的信用能力，贸易的双方当事人都愿意采取这种保证方式。

（一）银行保函的内容和种类

银行保函主要适用于国际贸易中。在国际工程承包中，当事人一方为了避免因为对方违约而造成损失，往往要求对方通过银行提供经济担保。银行保函的主要内容一般在招标文件中有具体规定，承包商以申请银行规定的格式出具保函；若招标文件没有具体规定，承包商可通过银行按照国际惯例或征得业主的同意出具保函。

保函中包括以下几个方面的内容：

1. 担保人、被担保人（承包商）、受益人（业主或有关方面）；

2. 担保的最高限额和使用货币；

3. 有效期限；

4. 担保的责任，这是保函的核心内容，应充分、完全、最大化地明确规定双方的责任，以便一方违约时，另一方能获得经济赔偿；

5. 索赔条件，即一方违约时，另一方进行赔偿的凭证；

6. 保函的失效，一般情况下，超过有效期，即认为自动失效；

7. 合同及担保书的修订、适用法律等。

银行保函分为独立性担保和从属性担保。独立性担保中担保人的偿付责任独立于申请人在交易合同项下的义务，只要担保文件规定的偿付条件已经具备，担保人便应偿付受益人的索偿；从属性担保中担保人跟随申请人合同义务的解除也免除对受益人的偿付责任。

银行保函按照其他的具体作用分类，有投标保函、履约保函、预付款保函、工程维修保函、进口物资免税保函等。其中，投标人在提交标书时，应通过银行向业主开具一份经济担保书，这就是投标函。履约保函是承包商通过银行向业主开具的保证，在合同执行期间按合同规定履行其义务的经济担保书。预付款保函又称定金保，是承包商通过银行向业务组开具的担保承包方对完工后的工程的经济担保书。工程维修保函也叫做质量保函，是工程竣工后由承包商通过银行向业主开具的担保承包方对完工后的工程缺陷负责维修的经济担保书。进口物资免税保函是承包商通过银行向工程所在国海关税收部门出具的保函，承包商在工程竣工后将临时进口物资运出工程所在国或照常纳税后永久留下使用的经济担保书。

（二）银行保函办理程序

1. 填写开立保函申请书并签章；

2. 提交保函的背景资料；

3. 提供相关的保函格式并加盖公章；

4. 提供企业近期财务报表和其他有关证明文件；

5. 落实银行接受的担保，包括缴纳保证金、质押或第三者信用担保等；

6. 由银行审核申请人资源情况、履约能力、项目可行性、保函条款及担保、质押或抵押情况后，可对外开出保函。

案例 10.1　合同的品名条款案例

某中国公司向日本公司出售一批“土纸”，在双方的买卖合同中，载明“土纸”即为手工制造书写纸。在卖方发运的商品及包装上，还贴有标签，并印有“手工制造字样”，且卖方在发票、提单、品质与质检证书和产地证中，也都载明为手工制造书写纸。

买方收到货物后，根据日本某制纸试验场鉴定，“抄纸”及“干燥”工序，均为机械操作，故不应表示为手工制纸，提出索赔。卖方拒赔，其理由是：该商品的生产工序基本上是手工操作，而且在关键工序上，完全采用手工操作，并显示其特点。引起争议。

后经协调，卖方赔偿买方损失，了结此案。

案例解析：品名条款的规定，取决于成交商品的品种和特点。以一般商品来说，有时只要列明商品的名称即可。但有的商品，往往具有不同的品种、等级和型号。因此，为了明确起见，也有把有关具体品种、等级或型号的概括性描述包括进去，作进一步限定。按照贸易惯例，对交易标的物的描述，是构成商品说明的一个主要组成部分，是买卖双方交接货物的一项基本依据。若卖方交付的货物不符合约定的品名或说明，买方有权提出损害赔偿要求，直至拒收货物或撤销合同。

【自检】（1）在什么情形下合同无效？（2）以欺诈和胁迫方式签订的合同有效吗？（3）什么情况下合同可以撤销？（4）违约金约定的越高越好吗？（5）何时提出验收和质量异议？（6）合同语言是否需要表达准确？（7）应该如何编制和修订标准合同？

案例 10.2　银行保函案例

2004 年 5 月 25 日，甲公司因承包乙公司的工程而要求其开户银行丙银行向乙公司出具一份履约保函。甲公司与丙银行签订了《开具保函协议书》，约定银行向乙公司开出有条件的不可撤销的履约保函，担保金额为 200 万元整，有效期为 2005 年 5 月 25 日，甲公司提供了 20 万元的保证金。随后，丙银行出具了履约保函，保函中写明“应甲公司申请，我行在此开立以你方（乙公司）为受益人的不可撤销保函，担保金额最高不超过 200 万元人民币。如果甲公司未能按工程合同规定履行其全部责任，我行保证为其承担责任。本保函自开立之日起生效，至工程竣工验收（一年）合格后生效。”

2005 年 6 月 1 日，乙公司以甲公司承包的工程质量问题为名，在工程竣工验收前，向丙银行提出索赔，丙银行以其在与甲公司《开具保函协议书》中约定的一般担保责任和保函有效期截止为 2005 年 5 月 25 日为由，拒绝承担保证责任。乙公司以银行为被告，向法院提起诉讼，法院支持乙公司的诉讼请求，判决丙银行立即向乙公司支付保函金额 200 万元及其他费用。

问题：丙公司向乙公司赔付后，能够向甲公司追索？

案例解析：本案中银行与受益人产生纠纷，主要是银行与受益人对保函几个方面理解不一致：

第一，保函未清楚表明银行承担的是一般保证责任还是连带保证责任。该份保函对银行的保证方式表述得模棱两可，尽管银行与甲公司签订的《开具保函协议书》中约定银行承担一般担保责任，但是保函中没有明确做出规定。

第二，保函期限约定不明，保函规定与《开具保函协议书》中规定不一致。甲公司与乙公司之间工程合同中预定的竣工验收期为2005年5月25日，于是，银行与甲公司根据对工程竣工日期的推算，在《开具保函协议书》中将保函日期确定为2005年5月25日。由于具体施工中情况发生变化，一直到2005年6月1日，工程仍未竣工，更谈不上验收。保函的有效期表述为“工程竣工验收（一年）后失效”，这句话中有关日期表述不明，即“工程竣工验收日”“一年”“工程竣工验收合格日”，到底哪个日期是保函有效期的截止日呢？法院认定工程竣工验收合格日为保函有效期截止日。那么，只要工程竣工未验收合格，丙银行的保证责任就不能解除。根据丙银行与甲公司签订的《开具保函协议书》，丙银行的保证责任到2005年5月25日就解除了。保函的有效期规定与《开具保函协议书》中约定的保函有效期不一致，那么甲公司对丙银行在2005年5月25日以后向乙公司的赔付不承担偿还责任。这样就使丙银行向乙公司赔付后，却不能按照《开具保函协议书》中约定向甲公司追索。

【启示】银行可采取下列措施，来减少保函的风险：

（1）对保函当事人资信情况进行审查；

（2）开具保函协议书的内容与保函一致；

（3）保函须落实反担保措施。

本章小结

1. 合同是企业信用交易的重要载体。合同管理是指企业对自身以合同形式载体承载的交易活动，为合理分配不确定性风险和相互交换信息，在合同订立、履行、变更、终止、结算、清理等发生的全过程行为，进行计划、决策、组织、实施、监督、控制。合同管理是现代企业管理的重要组成部分，是信用管理的基础和保障。合同主体是合同关系的主体，又称为合同当事人，包括债权人和债务人。

2. 合同管理目的是建立健全合同管理制度，明确合同管理部门和人员职责，全面、及时、准确地掌握与合同签订履行相关的信息，对合同签订履行情况进行有效监控，提高合同履约率，降低合同欺诈和违约风险。合同全程管理包括以下工作内容：合同文本管理、合同授权委托和专用章管理、合同签订审批管理、合同担保管理、合同履行管理、合同变更、转让和解除管理、合同的档案管理。

3. 担保，是指法律规定或者当事人约定的保证合同履行，保障债权人利益实现的法律措施。担保合同有三种基本特性：从属性、补充性、相对独立性。

4. 目前，法律规定的担保方式包括定金、保证、抵押、质押和留置五种。债权企业在选择担保方式时，要充分考虑到债务人、第三方担保人和交易的具体情况，选择既有利于合同的达成，又有利于保障自身债权的担保方式。

担保的主要操作步骤如下：明确交易内容和条件，达成担保意愿；审查担保行为的合法性、一致性和可靠性；签订主合同和担保合同，检查合同条款；履行行为检查，及时行使权利。

5. 保理又名为“保付代理”，它是由保理商买断销售方的应收账款并提供贸易融资、销售分类账管理、应收款催收和信用风险控制与坏账担保等服务中的至少两项的综合性金融服务。

6. 信用保险是保险商根据权利人的要求担保被保证人信用的保险。此类保险是以商品赊销和货币借贷中债务人的信用为保险标的，以债务人到期不能履行其契约中的债务清偿义务为保险事故，由保险商承担被保险人由此而遭受的经济损失，并获得代位求偿权。这是债权人为了保障自身利益不受债务人信用危机问题的损害而采取的一种保险手段。

7. 银行保函是指银行应客户的申请而开出的具有担保性质的书面承诺文件，一旦申请人未能履行合同规定的义务时，由银行向第三方当事人做出赔偿。银行保函是保证担保的一种特殊形式，即银行作为保证人的情况。由于银行具有优于其他法人或自然人的信用能力，贸易的双方当事人都愿意采取这种保证方式。

思考与练习

一、名词

合同管理；合同台账；合同变更；合同转让；担保；保理；出口信用保险；银行保函

二、问答题

1. 简述合同管理的内容。
2. 试述合同全程管理的工作流程。
3. 列举担保合同的特征。
4. 试述担保的主要操作步骤。
5. 简述保理业务的流程及特点。
6. 试述出口信用保险的保险责任范围。
7. 简述银行保函的内容和种类。
8. 试述银行保函的办理程序。

Chapter 11 第十一章

企业信用文化管理

本章导言

在市场经济中，企业表现为一个由多元文化构成的价值观体系。企业的信用文化是企业文化的灵魂、基础和核心。企业信用文化具有信用物质文化、信用行为文化、信用制度文化和信用精神文化等内容。我国的企业信用文化有着悠久的历史，西方的企业信用文化建设也有很多值得我们借鉴的成功典范。企业信用文化管理关系到一个企业的生存与发展，关系到一个企业的信誉和形象。

本章教学重点与难点

1. 中国的儒商文化与企业信用文化的关系
2. 企业信用文化的功能与作用
3. 企业信用文化管理的主要路径

第一节　中国诚信文化传统

中国拥有深厚的诚信文化底蕴。中国传统伦理对诚信的探究，可以追溯到先秦儒家。《尚书》中已出现“诚”的概念，《尚书·太甲下》中有“神无常享，享于克诚”的记载，此处的“诚”主要是笃信鬼神的虔诚。《周易》中“诚”已摆脱纯粹的宗教色彩，具有人伦的道德意义。《周易·乾》中讲：“修辞立其诚，所以居业也。”认为君子说话、立论都应该诚实不欺，真诚无妄，才能建立功业。“诚”的基本含义是真诚、诚实、诚恳、诚挚、诚笃。春秋以前，“信”和“诚”一样，多用于对鬼神的虔诚。后经儒家提倡，“信”逐渐摆脱宗教色彩，成为经世济民的道德规范。“信”就是守信义，讲信用以及由此而建立起来的信誉、信赖、信心和信任，其含义与“诚”也大致相通。时至今日，人们依然把朋友之间是否讲信义、守信用作为重要的个体道德判断标准。

一、儒家的诚信文化思想

儒家学说博大精深，它在其长期的发展中形成了以“仁爱”原则为中心的道德规范体系。从仁爱的道德原则出发，儒家提出了“忠恕义礼信”等一系列的道德规范。

信即诚实无妄，讲究信誉，遵守诺言。在儒家看来，信不仅是人们为人处事之本，也是立身立国之本。它是建立良好的人际关系的前提，也是社会生活正常有序进行的保证。因而信是人际交往的法则，也是五伦关系中最有价值的内容。有信，才能相互尊重、礼让；有信，才能“同气相求”、众志成城，才能联结起社会交往关系中稳固的伦理网络，实现“闭门一家亲”、“开门天下亲”。这种带有理想色彩的文化氛围在海外华商中表现得尤为突出。

作为儒家道德范畴之一，诚信的内涵主要有三个方面：

第一，信的本质是诚。诚是《中庸》的主题，它将诚规定为“诚者，天下之道也；诚之者，人之道也。诚者不勉而中，不思而得，从容中道，圣人也。诚之者，择善而固执之者也。”这就是说，诚是天道的本然，是真实的存在，人道作为天道在人类社会的表现，也同样是真实无妄的，道德实实在在地存在于天、地、人三才之中。孟子也说：“诚者，天之道也；思诚者，人之道也。”就是强调人应该效法天道真实无妄的品德，即《中庸》篇首所言：天命之谓性，率性之谓道，修道之谓教。”总之，诚是对宇宙存在的价值肯定，是对人的本性和人伦道德的价值肯定，它强调人的存在、人的本质和人的伦理道德同天地自然的本质完全一致。

第二，信的标准是义理。在通常情况下，以信作为处理人际关系的精神纽带，人们应当言行一致、表里如一，这样才能取信于人，才有人与人之间的相互尊重和信任。孟子曰："大人者，言不必信，行不必果，惟义所在。"

信于义理就是对自己真实本性的忠实，对自己应该承担的社会责任和道德义务的高度自觉性和一往无前的坚定性。每个人在社会生活中都扮演一定的角色，这一角色的社会定位规定了他应该承担的社会责任和道德义务，因而，为了保证社会秩序的安定和社会的良性发展，每个社会成员都应该忠实于自己的社会身份，这就是信于义理的实质。儒家讲究信，就是要求人们安于本分、忠于职守，积极履行社会给自己规定的社会责任和道德义务，只有如此，才能使信真正成为人际交往的精神纽带。

第三，信的行为规范是人己不欺。信作为人际交往的行为规范，要求诚实不欺，讲究信誉，信守承诺，这是建立良好人际关系的最基本要求。从根本上说，信并非仅指对他人的信任或他人对自己的信任，而是自信，即忠于自己的本质，从而肯定自身存在的价值，保持自己行为的稳定性和一贯性。这就是儒家所说的"正心诚意"。

二、其他各家的诚信文化思想

（一）墨子的信用观

墨学作为先秦时期黎民百姓的思想代表，始终把"信"作为评价仁人的一条重要的道德标准，推崇忠信之士。墨子认为："仁人之士者，必务求兴天下之利，除天下之害"（《墨子·兼爱下》）。为达此目的，必须加强自身修养，首先要做到"志强智达，言信行果"（《墨子·修身》）。只有言而有信，才能得到人们的信任，保持美名。墨子以"兼相爱，交相利"为原则，建立了他的思想体系。

（二）管子的信用思想

管子的信用观体现在《管子·枢言》中："圣人之诺已也，先论其理义，计其可否。义则诺，不义则已；可则诺，不可则已；故其诺未尝不信也。小人不义亦诺，不可亦诺，言而必诺，故其诺未必信也。故曰：必诺之言，不足信也。"国家统治者和管理者尤其要重视诚信问题，"先王贵诚信。诚信者，天下之结也。贤大夫不侍宗，至士不侍外权。坦坦之利不意以功，坦坦之备不为用。故存国家，定社稷，在卒谋之间耳。"因此，国家应严格按照法律制度治理国家，"宪已布，有不行宪者，谓之不从令，罪死不赦。考宪而有不合于太府之籍者，侈曰专制，不足曰亏令，罪死不赦。首宪既布，然后可以行宪。"

法家虽然对道德的功用价值存在否定倾向，但却对道德规范"信"的功用十分看重。韩非认为："小信成则大信立，故明主积于信"（《韩非子·外储说左上》）。明智的君主治国，都必须从小事做起，这样大事上的信誉才能建立起来。另外，人们之间的交往也要讲"信"，"忠信"是礼的根本。

（三）老子的信用观

老子告诫人们，"信言不美，美言不信"（《老子·八十一章》），"信者，吾信之；不信者，吾亦信之，德信"（《老子·四十九章》），反映了老子对真实、信实的道德追求。《庄子·盗跖》中也有尚信德的记载："无行则无信，无信则无任，无任则不利"。

三、中国的儒商文化

历史上战国时期百家争鸣中儒家和商家的合流，形成了儒商。近年来，儒商开始成为学术界、企业界的热门话题。但对儒商的概念众说纷纭，归纳起来，主要有两种说法：一是说儒商多是"业儒"出身，是有文化的商人。如我国著名的经济学家于光远认为，儒商是有学问的企业家。施忠连在《中国传统商人的精神弘扬》一书中提出："我们这里所谓的'儒商'是指具有很深的文化素养，有知识分子的商人。"二是说儒商以儒道经商，以"儒学饰贾事"，即以儒家的伦理道德规范作为自身行为的准则。本书中所指的儒商主要是第二种说法意义上的儒商，就是儒和商的结合体，是以孔孟所倡导的儒家伦理来指导和规范自己的经济行为的商品生产者、经营者。其内在精神和以儒家文化为中心的中国传统人文精神一脉相承，恪守"仁、义、礼、智、信"的道德规范，从而形成了以"为商以德"、"以德为本"为核心的系统而又科学的经营之道，也使儒商有了长久不衰的独特人格魅力。历史上许多商品生产者、经营者在其生产经营过程中无不体现着儒家伦理文化，他们以诚待人，崇尚信义，由此被称为儒商。在先秦以后的漫长历史时期，徽商、晋商、江右商、潮汕商等商帮，由个体成长为群体，形成或以血缘为纽带，或以地缘为纽带的商业联盟，无不显示出儒商人格。

案例 11.1　晋商与徽商

明清时期的晋商，是国内最大的商帮之一，也是国际贸易中的一大商人集团。明清时期晋商崛起，之所以称雄商界五百年，其中一个重要原因就是经营活动以诚信为本。从某种意义上说，诚信铸就了晋商的辉煌。晋商在经营活动中始终讲求信誉第一，讲求诚实守信。晋商弘扬传统文化中义利相通的观念，在精神支柱上崇奉关公。历史上关公被誉为具有"义薄云天"、"信义昭著"、"言必忠信"、"信必笃敬"等传统美德，历代皇帝屡屡加封，成为尊奉的"武圣"。晋商不仅在店铺和家中供奉关公，而且在各地的山西商人会馆中修殿供奉关公。他们以关公的"义"来团结同仁，摒弃"见利忘义"的不良动机；以关公的“信”来取信于社会，取信于顾主，摒弃欺诈、伪劣等行为。晋商在经营活动中总结出许多商谚：“售货无诀窍，信誉第一条”；“生意没有回头客，东家伙计都挨饿”；“宁叫赔折腰，不让客吃亏”；“买卖不成仁义在”；“秤平、斗满、尺满足”。以讲信誉著称的晋商比比皆是，史载盂县商人张炽昌，“贸易关东，与人然诺，坚如金石”。

票号是由晋商首创的，是晋商信誉和实力的综合体现。到了清代，随着商品经济的发展，城镇工商业自有资本不足，有求于借贷以扩大经营资本。另外，当时的账局只经营存放款业务而不经营汇兑，埠际间货款清算，依赖运送现银。晋商雄厚的资本积累，遍布全国各地的商号分支机构，为汇兑业开展提供了条件。更为重要的是晋商社会信誉好，信用度高，经营汇兑业能得到客户的充分信任。在这种条件下，晋商抓住这历史机遇，创立了专营汇兑业务和存放款业务的票号。平遥的“日升昌”是中国历史上第一家票号。到鸦片战争前后，山西票号有10多家，仅日升昌、蔚丰厚、日新中3家在各地设立的分支机构就有35处，分布在全国23个城市。据史料记载，1847年末，蔚泰厚苏州分号已有存银3.6万两。到了1907年，祁县合盛元票号在日本神户、东京、横滨、大阪都设有分支机构，平遥的永泰裕票号在印度的加尔各答开设了分号，可谓“生意兴隆通四海，财源茂盛达三江”。山西票号曾在信用制度上创新而“汇通天下”，执全国金融之牛耳。为了维护票号的声誉，票号有严格的号规，其中规定买空卖空，大干号禁，倘有犯者，立即出号，形成了保障诚信的一套纪律。晋商对员工的要求也很严格，有重信义、除虚伪、敦品行、贵忠诚、鄙利已、奉博爱、喜辛苦、戒奢华等。

由于诚信守信，使得晋商有良好的社会形象，有较高的社会地位。弘扬传统文化中义利相通的观念，在山西形成重商、崇商之风。清雍正皇帝认为，山西人的社会定位序列与别的地方不同，商第一、务农第二、行伍第三、人士第四。

“徽商”崛起于皖南山区穷乡僻壤，所以能称雄明清南界300多年，以至有“无徽不成镇”之说，一个重要的原因，大的特色就是“以儒经商”。具有“贾而好儒”的徽商、婺源清代商人朱文炽经营中非常讲求货真价实，每当出售的新茶过期后，他都要在交易契约上注明“陈茶”字样，哪怕少收数万银两也在所不惜。以诚待人，崇尚信义，其经营中的诚信思想蕴藏着中华儒家传统文化丰富而深刻的内涵，其至诚至信的美德仍是值得我们珍视的精神遗产。

在法制极不完善的时代，商业发展、做生意靠的就是诚信。据史学记载，明代潮商兴起的时候，正是潮汕地区儒学大盛之时，潮商大多是吸收了儒家伦理道德观念，用以指导商业行为，形成了具有儒学色彩的潮商精神。其中一个核心内容就是诚信。潮汕籍国学大师饶宗颐在评价潮商时，曾用“信用”两字作为概括，他认为，潮商们继承了“民无信不立”的祖训，并把它们用于经商中，形成了可贵的商业道德，这是潮商成功的关键。当年，在潮汕商界内部曾出现了独立的金融信用体系，称为“七兑票制度”，即在潮商内部通行潮商银庄发行的一种兑票，每票可兑换七钱银。以此票为纽带，在潮商中凝结起强大的信用力量。1924～1925年，国内金融市场币值波动不止，而潮商却未受到大的冲击，其中一个重要的原因在于潮商内部信用体系起了很大的关键作用。

儒商独特的人格魅力在于以下方面。

（一）诚实守信

儒家文化中诚实守信作为一条重要的道德原则，既是人立身处世、自我修养的基本原则，也是人们进行市场交易活动的基本原则。在生产经营活动中讲求诚信，就是以德兴商。在儒家诚信文化的影响下，逐渐形成了儒商“诚信为本”的商业道德。儒商讲求货真价实，童叟无欺，遵规守约。履行对顾客的承诺，既成为他们生产经营活动中商业道德的重要内容，同时也为他们赢得了良好的商誉。我国的老字号一向视“货真价实，童叟无欺”为生命，把诚实守信作为经商取胜之道。《水窗春呓》记载：“著名老店，如扬州之戴春林，苏州之孙春阳，嘉善之吴鼎盛，京城之王麻子，杭州之张小泉，皆天下知……然此各家得名之的，只循‘诚理’二字为之。”

信用历来是中国儒商的优良传统，在中国古代的许多典籍中，都记载有诚实不欺的儒商的典范。《礼记·王制》中载：“布帛精新不单教，幅广扶不中量，不需市。”司马迁把商人分为“义商”和“奸商”两类。“义商”即“廉商”，义商恪守诚信无欺，公平交易，深知“黄金有价，信誉无价”。“奸商”即“贪商”，奸商作伪欺诈，牟取暴利，唯利是图，到手为快，不知“信义”为何物。杭州“胡庆余堂”堪称义商的典范，其店内挂两块匾，一块向里一块向外，向外的匾牌对顾客，写的是“言不二价”。向里的匾牌对店员，写着“戒欺”，其旁边刻有一段话：“凡贸易均不得欺字，药业关系性命，尤为万不可欺。余存心救世，誓不以劣品取代厚利，惟愿诸君心余之心，采办务真，修炼务精，不致欺予以欺世人，是则造福冥冥。谓诸君之善为余谋也可。”由于坚持“戒欺”的店规，便在消费者心目中建立了良好的企业形象，其经营也百年不衰。我国历来有崇尚诚商信贾的传统，把信誉看作企业的生命，由此也孕育出一些格言：“人无信不立，店无信不开”、“诚相天下客，誉以信中来”、“千金易获，信誉难得”等。

（二）先义后利

儒商在处理生产经营过程中“义”与“利”的矛盾时，始终坚持儒家“义以为上”。“以义取利”、“见利思义”、“舍生取义”、“利以养其体，义以养其心”等伦理道德思想，强调要先义后利，不发不义之财，不做不义之事，反对重利轻义、见利忘义，甚至不择手段的唯利是图。以百年老店同仁堂为例，其创始人乐显扬一开始就以“养生”“济世”为宗旨，提出“制药虽无人见，存心自有天知”的信条，坚守“炮制虽繁必不敢省人工，品味虽贵必不敢减物力”的古训，向社会提供配方独特，选料上乘，工艺精湛，疗效显著的治病良药，深受消费者信任。其实，不仅仅是同仁堂，历史上业绩卓著的生产经营者大多义先利后，把发展企业、谋求利润的行为，服从于国家兴旺、民众幸福的大局，为国效力，为民造福，而那些见利忘义的生产经营者，虽然一时能聚敛一大笔不义之财，但最终必然是“以不义得之，必以不义失之，未有苟得而长也”。

生产经营活动中“义”与“利”的矛盾经常存在，是“见利忘义”还是“见利思义”，时时刻刻考验着商品生产者、经营者的价值取向。在实际经济生活中，不少商品生产者、经营者“背信弃义”、“唯利是图”的经营处世原则更彰显出儒家这一品格的宝贵。

（三）以人为本

儒商具有“应爱”、“民本”、“民生”的传统，主张“应民爱物”、“以民为本”，从而把“以义取利”当作其经济价值观的基础，忧国忧民，以天下为己任。儒商深知“为民”与“求利”之间的辩证关系，坚持仁义为先，开创民生实业，提倡“取之社会，用之社会”。儒商的早期代表人物白圭就把自己的商业精神称为“治生之术”、“仁术”，从而被司马迁誉为“治生之祖”。生产经营中的以人为本的价值观与儒家的“民为邦本”的主张是一致的。孔子认为：“天地之性人为贵”，因此治理国家就应该以“富民、教民为本。”孟子提出了“民为贵，社稷次之，君为轻”的观点，强调只有以民为本，国家才能长治久安，即“民为邦本，本固邦宁”。

在生产经营活动中，以人为本首先体现在对内要善待员工，即了解、尊重、信任员工。知人善任，任人唯贤，以信任换来员工对企业的忠诚，使员工和企业同命运，共呼吸，水乳交融，最终换来企业的业绩。在中国古代的许多店铺，受儒家传统仁爱思想的影响，“掌柜的”善待“伙计”，“伙计”遵从“掌柜的”，他们同心协力达到合义生利的目的，已成为商界的美德。其次，以人为本在生产经营活动中还应体现在“消费者第一”的营销理念中。市场主体应为消费者提供质量过硬的产品和服务，在消费者满意中获得企业的利润。诚如商谚：“人叫人千声不语，货叫人点头自来。”之所以如此，是因为在商品经济条件下，商品生产以社会分工为前提，是为满足他人、满足社会的需要而生产的，因而生产的是社会使用价值，只有产品对别人有用有利，即适销对路才能实现生产者、经营者的利益。因此，企业在交换中应考虑对方的利益，而不是一味地追求自己的利益，使交换成为互利的交换。中国许多老字号之所以长久不衰，一个重要的因素就在于他们受儒家仁爱思想的影响比较深厚，能够获得人心。

（四）以和为贵

“和”和“诚”一样，是儒家经济伦理的基本原则。追求和谐、以和为贵，是儒家特有的思维方式和处理人际关系的原则，也是中国传统文化的特点。

儒家学说的核心是“仁”，主张以仁爱之心待人，强调道德自律，“克己复礼为仁”，提倡“温、良、恭、俭、让”，可见，仁就是解决如何做人以及如何处理人与人之间的关系，如何在尊重、关怀他人的基础上，获得他人的尊重和关怀，注重人与人相处的和谐氛围与环境，建立融洽和谐的社会关系，即“和为贵”。

儒家思想认为，任何事物都有一个适当的标准，叫作“中”，处理事情要符合这个标准，就是执中，这个标准是经常性的，所以叫“中庸”。“过犹不及”是中庸的最基本的含义，它告诉人们，做事不要走极端，既不要“过”也不要“不及”，要发挥人性的平衡作用，以追求人与自然、人与社会的协调和统一。在人与人之间、人与社会之间、家庭内部、社会团体内部都可以用平衡、协调、适应统一来取代矛盾和冲突。因此，孟子讲：“天时不如地利，地利不如人和”，排出了天时、地利、人和三种因素的主次关系，强调了“人和”的首要地位。

儒商对“人和”的追求表现在它的“和气生财”的理念上。在这里，“和”是“和气”之意，就是尊重人，与人合作。明朝李晋德的《商贾一览醒迷》中说：“凡人存心处世，务在中和，不可因势凌人，因财压人，因能侮人，因仇害人，因倾推人，因宠赞人，使我势穷财尽，威福不张，祸害临身，四面皆仇敌矣。惟能处世益谦，处财益宽，处能益逊，处仇益德，处倾益扶持，处宠益方便，若然，不独怀人以德，足为保身保家之策也。”

“和”是儒商精神所主张的经济关系论。儒商追求生产经营活动中和谐的人际关系。竞争是商品经济的必然产物，在参与竞争过程中，儒商尊崇儒家“和而不同”的哲学思想，追求矛盾事物的统一与和谐，把“以和为贵”的经营理念升华到了一个较高的精神境界。在经济竞争中，当利益达到可以分享时，儒商以大家发财作为最佳选择。当利益发生根本冲突时，儒商也不以将对方置于死地而后快。儒商反对不正当的竞争手段，恶性竞争换得的是你死我活的两败俱伤，而是主张双方竞争中的合作，以实现竞争双方或多方的双赢或多赢。儒商对内则强调团结友爱、互帮互助，东家与伙计之间、同门师兄弟之间，如同一家人。对外则特别重视店铺形象，重视“招牌”的含金量，从而能够正确处理人际交往、与竞争对手及与社会的关系。

（五）推陈出新

一个社会在发展过程中，其政治、经济、文化等环境不断变化，从而人们的价值取向、道德观念、消费观念、消费心理、消费习惯也在随之变化，企业如何应对这些变化，以求得生存和发展，除了不断变革与创新外，别无选择。

推陈出新就是根据变化的客观环境，不断变革与创新。儒商不仅以德经商，而且还以智慧经商。儒商早期代表、孔子的弟子子贡，经商善于“求善价而沽”，能做到“与时转贷货”，即根据市场供求变化的时机，从中谋利。孔子称赞他“臆则屡中”，故其富可与君王分庭抗礼。范蠡经商很善于审时应变，“旱则资舟，水则资车”、“从时者，犹救火惟恐弗及”。白圭提出“乐时观变”，从不断变化的市场中捕捉市场行情。

第二节　企业信用文化概述

信用，是市场经济运行的基础。在市场经济中，各类不同性质、不同行业、不同规模的企业，只要从事市场化经营，其经营活动都必须遵循信用准则，唯有如此，市场经济的公平、效率和等价交换的原则才能够体现。同时，在市场经济中，企业都表现为由多元文化构成的价值观体系。它不仅体现了经营者的个体文化价值观及其与市场价值观的融合，而且还与企业组织结构中的各种客观要素相融合，形成富有个体特征的企业文化，其中，信用文化是基础和核心。

一、企业信用文化的含义

信用文化，从其产生的根源来看，是基于信用活动而衍生出来的人们对信用活动所普遍遵循的价值观和行为规范。从信用文化的内涵来看，学术界存在不同的看法，其中较具代表性的看法有两种：一种是从经济学的角度来定义信用文化，认为信用文化是内生于经济活动，同时又反作用于经济活动的价值观念与行为准则，表现为人们的一种契约观念，它渗透在一切经济活动中。西方学者把市场经济的本质定义为“契约经济”或“信用经济”。在西方发达国家，“市场经济的灵魂就是信用”“诚信是最好的竞争手段”等理念已深入人心，先进的信用文化已深植于企业的经营活动之中。另一种是从社会学和文化学的角度来研究信用文化，认为信用作为一种文化要素，主要以伦理道德意识和相关制度规范的形式存在，它渗透到了社会生活的方方面面。

二、企业信用文化的内容

根据“文化”、“企业文化”的界定，企业信用文化可以理解为企业在信用活动中所形成的价值观念和行为准则，是企业在交易活动中所固守的经营哲学。它是在市场经济条件下，用以支配和调节企业与社会、企业与企业、企业与个人之间信用关系和信用行为的一种基本理念和规范，其最本质内涵是它的共赢性，即在追求自身利益的同时，尊重他人利益，诚实守信，按约办事，不损害对方和公众的利益。作为一种独特的文化现象，企业信用文化从外向里有四个层次的内容：企业信用物质文化、企业信用行为文化、企业信用制度文化、企业信用精神文化。

（一）企业信用物质文化

这是指企业在经济交易活动中的产品和各种物质设施等构成的企业文化，是企业信用文化的硬件，是以物质形态存在的表层信用文化，是企业信用文化的物质基础。企业信用物质文化主要有两个方面的内容：一是企业的产品和服务；二是企业为便利交易而创造的企业名称、企业建筑、生产设备和环境、企业的运输工具、产品的包装和设计、体育运动场、企业各种文化、卫生、教育设施等。因而也需要我们关注两个方面的问题：一是产品和服务中的信用因素。在现代经济学中，产品和服务更多地被理解为是人们通过交易而获得的需求满足，因此产品和服务必须蕴含着能给消费者带来附加利益和心理上的满足感、信任感。二是企业的外在物质形象中的信用因素。

（二）企业信用行为文化

如果说企业信用物质文化是企业信用文化的最外层，那么企业信用行为文化则是第二层，是浅层的行为文化。它是指企业与外界以及企业内部人与人之间的交往形式，企业在公众面前主动或被动地表现出来的形象，例如，产品或服务的品牌，企业决策者及其员工的言行举止，厂训、企业服装等，它们代表着企业，是企业信用文化的载体。企业信用行为文化是企业经营活动中的一种动态文化，是企业从事经济活动的经营作风、精神面貌、人际关系的体现，属于企业认同或企业形象的范畴。企业信用行为文化要求企业全体成员行为正直，说话诚实和行动一致。言行一致是一个人最重要的标志之一。那些言行一致、确实把“做你所要做的事”当作人生信条的人，总能得到人们的信任，被人们看作是讲信用的人。在双方建立关系的早期，正直对于信用关系的建立尤为重要。对个人是这样，对企业而言，情况也是如此。

在企业信用行为文化中，主要包括两个方面的内容：一是企业家行为中的信用因素。企业家是企业经济活动的领导者，是企业的决策者，其追求的目标是个人效用最大化，个人效用既源于个人自我实现的成就感和社会声誉，也源于个人收益的切身利益。这两个方面的需求，都必须以其卓著的信用作保障。二是企业员工个人的信用因素。对个人而言，信用是人际交往的基本道德规范，是一种个人美德。员工个人的信用行为，不仅会给自己的工作和生活带来便利，而且能增加企业的团队合作精神，提高企业的生产经营效率。

（三）企业信用制度文化

企业信用制度文化主要是指企业制度组织结构，是企业的各种管理制度、企业员工行为方式、企业的各种规范、管理条例的总和。由于企业的所有制的形式不同，企业生产经营的特殊性及发展水平的不同，因此这也决定了企业的具体规章制度、行为规范与准则有较大的差异。就企业信用制度而言，信用的激励和约束机制是其信用制度文化的重点。只有在这种激励和约束的机制下，诚实守信才有可能自动成为企业员工约定俗成、自觉遵守的信用准则。

（四）企业信用精神文化

相对于上述前三个层次的企业信用文化而言，企业信用精神文化属于最里层、更深层次的文化现象，在整个企业信用文化系统中，处于核心地位。企业信用精神文化是企业在长期的经济活动中，受一定的社会文化背景、意识形态影响而形成的一种诚实守信的价值观念，是企业的一种群体意识，是企业全体员工共同一致的内在信念、意志状况和思想境界。企业信用精神文化属于企业伦理范畴，其基础是企业的世界观，以及由此而形成的以经营理念为代表的价值观念体系，用以指导企业在生产经营活动中应自觉遵守的道德和义务。例如，“精诚所至，金石为开”，“人无信不立，政无信不成，商无信不富”等都是信用精神文化的表现。

企业信用精神文化的形成，不仅与民族的文化传统有关，而且与特定时期的社会、经济形态和国家的经济体制有关。

三、企业信用文化的功能

1. 凝聚功能。

即企业信用文化的凝聚力。企业信用文化用诚实守信这一共同的价值观念和信念使企业各层级的全体员工围绕企业的目标，团结一致，众志成城，步调一致，恪守企业的信用观念、信用行为。同时，信用是企业的群体意识、群体理念，能够把企业的全体员工联系在一起，尤其在企业困难时能和企业同生死、共命运，结成“生命共同体”，从而在企业内部产生种凝聚力和向心力。

2. 激励功能。

共同的价值观念和企业信用文化形成的文化氛围是一种精神激励，能起到物质激励所不能起到的作用，使企业的全体员工产生责任感、荣誉感、进取心，调动员工的积极性、主动性、创造性。

3. 约束功能。

企业文化中共有的价值观念和道德规范，一旦达到习俗化的程度，就会产生强烈的规范作用，使员工明了哪些不该做、不能做，因而对每个员工的思想、行为有一定的约束作用。企业信用文化的约束功能主要是通过制度文化和伦理道德来产生作用的，通过信用的各项规章制度硬性地使员工的信用行为在一定的规范内进行，同时利用企业道德规范的舆论压力对员工的失信行为进行伦理谴责。

4. 导向功能。

社会历史的发展证明，经济发展有明显的文化导向，由原来的追求经济价值转向追求心理、道德、伦理等精神价值。在企业内，信用文化为员工提供了价值导向和行为导向，能把企业员工引向一个预定的目标。企业内提倡什么、鼓励什么、企业的发展前景如何等，都会对员工有一种导向的作用。尤其是企业价值观与企业精神，发挥着无形的导向功能，能够为企业提供具有长远意义的、更大范围的正确方向，使企业更快、更好、更稳定地生存和发展。企业信用文化的导向功能主要表现在引导企业员工的信用价值观取向，给员工指明信用行为目标，确立企业的信用规章制度。

5. 融合功能。

优秀的企业信用文化能使员工极其自然地、自愿地适应这种企业文化，并和企业信用文化要求的行为和思维模式保持一致，使自己融合到这种文化之中。

6. 辐射功能。

企业信用文化不仅在本企业发挥作用，而且还会对其他企业及社会产生一定的影响作用，如“质量信得过企业”不仅树立了自身的良好形象，也对其他企业有一定的示范作用，其行为也成为其他企业在经济活动中仿效的行为规范。

四、企业信用文化的作用

就企业而言，企业信用作为企业的一个重要的文化特征，主要表现为企业内部各部门、各层级之间的信任关系，它对于企业的成败兴衰有着十分重要的作用。

第一，信任能培养企业的团队精神。

在高信任水平的企业内，员工因信任而受到了一种超越个人私利的精神鼓励，有高度的荣誉感、责任感，从而增加了企业的凝聚力、向心力，使企业有较强的团队精神。相反，低信任水平的组织则是一盘散沙。

第二，信任能提高企业的效率。

企业效率的提高，有赖于企业员工及部门之间的合作，而合作能否实现，需要合作者之间的相互信任来支撑。只有合作者之间的充分信任，才能把他们团结在共同的目标下，实现信息共享，承担必要的风险，有效地摆脱困境，最终提高企业的效率，实现组织的目标。

第三，信任影响着个人信用。

经验证明，人们更愿意支持他们认为值得信任的人。而个人要想获得完成他们工作所需的自主权、资源和他人的支持，首先需要获得他人的信任。能否获得他人的信任，取决于个人的信用形象。

案例 11.2　弗吉尼亚大学的荣誉体系

例如，美国弗古尼亚大学的荣誉体系使我们能够更深刻到地认识信任作为一种文化现象在一个组织中的作用。在弗吉尼亚大学建立荣誉体系是该校的创始人、曾任美国总统的杰弗逊最大的梦想之一，他试图通过荣誉体系的建立，使学生生活在一个信任和被信任的环境中。如今，杰弗逊的梦想正被一代又一代的弗吉尼亚大学的学生变为现实，荣誉体系目前已成为弗吉尼亚大学校政建设中最为重要的一个项目。荣誉体系的主体是学生，每个学院定期选出两名学生代表作为学生法官，一旦发现学生中有违反荣誉体系的行为，如说谎、欺骗和偷窃，学生法官将会立即做出法律制裁，让其必须在规定的时间里离开学校，而不管该学生的背景、家境、对学校的贡献大小以及以往的成绩如何。

弗吉尼亚大学学生平时的每份作业、每篇论文、每张试卷，学生都要在首页上部工工整整地抄上下面这段文字并郑重地签上自己的姓名：“我以一个学生的荣誉起誓，我没有为了这份作业/这场考试给予和接受任何的帮助。”平时无论大考还是小考，从来没有老师监考，但也从来没有见过或听过任何形式的作弊行为。老师给予了学生极大的尊重和信任，学生也以自己的行动来回报老师给予的尊重和信任，并捍卫了自己的荣誉。一个学期的期末，有一位来自澳大利亚的女生在社会学的期末考试那天回家奔丧，临行前老师将试卷交给她，只是说：“回去吧，在飞机上把它做完。”并没有要求她提供任何人的监督证明。这位女生真的在飞机上在规定的时间内独立做完了试卷，然后她将试卷封好交给了一位空姐请其代为寄出。空姐在信封一角写下了这样的文字：“林西·柏德小姐在旅程中用了 3 个小时独立完成了这场考试，美国国家联合航空公司第 1433 号民航客机的全体服务人员可以作证。我们可以以我们的名誉担保并祝贺弗吉尼亚大学拥有如此卓有成效的荣誉体系和信誉卓著的学生”。这个故事一时传为美谈，为弗吉尼亚大学赢得了至高无上的荣誉，信任的力量不言自明。

第三节　企业信用文化管理的国际经验

国外企业最早进行企业信用文化建设的主要是以松下电器公司等为代表的日本企业，它们把守信、赢得人们的信任等视为超乎利润之上的一种精神价值，并把这些价值观体现在它们创造性的奉献中。在这种文化的熏陶下，日本企业迅速赶上并超越美国企业。随着日本公司的崛起，蕴藏在“松下”“丰田”“索尼”等著名品牌背后的企业信用文化日益凸显出来，欧美国家的企业开始深入研究日本企业文化，明确了发展企业信用文化的发展战略。正如通用公司的 Jack Welch 所说，在 20 世纪 80 年代，美国的公司一般习惯于在“硬环境”方面引导员工，与之相对比，日本的公司则拥有“软环境”将产品与人文精神联结起来的文化，我们必须努力构建“软环境”来引导员工的工作，即通过文化来影响人们的行为。

尽管欧美市场经济发达国家与日本等东南亚市场经济发达国家的文化背景不同，但作为市场经济较为成熟的国家，市场机制的共性使两者在企业信用文化建设上有着相似的地方，都积累了丰富的经验。

一、注重提升企业信用的价值

国外较为完善的市场经济制度使众多的企业在长期的生产经营活动中深切地认识到：市场经济就是信用经济，信用是市场经济与生俱来的准则，是构成市场经济条件下商业道德的基石，信用是生产力。高度的信用关系可以减少企业生产经营过程中的交易成本，从而提高经济效益。例如，松下公司的创始人、被誉为经营之神的松下幸之助说道：“对于正经的商人而言，信用就是生命。”他认为，商业上没有比诚意更能使人强大的东西，他信奉“资金不足不可虑，信用不佳最可忧”。为了赢得人们的信任，松下公司规定每个员工都要做到诚实守信。松下幸之助认为，公司可以原谅员工因诚实守信而出错，把它当作是一次训练，并从中吸取教训。但是，如果员工违背了公司信用的基本原则，将会受到严厉的批评。

国外市场经济国家的企业之所以注重信用的价值，一方面是因为在完善的市场经济条件下，建立了较为完善的法律制度、稳定的政策环境和快速的信息传输渠道，这些作为信用的底线，通过奖励和惩罚等外部他律迫使企业讲信用；另一方面是因为企业在其生产经营实践中切实感受到了信用所具有的谋求企业长久利益的价值，从而通过自律来讲信用。石油大王洛克菲勒的作为就更让我们看到了信用的价值。有一年，洛克菲勒了解到美国西部将要发生持续大旱，他想来年的粮食和畜产品价格肯定会大幅上扬，所以他与许多大农庄主达成口头协议，各农庄按他的要求生产家畜产品，他则按高出当前市场价许多的价格收购。没料到预期的大旱并没有到来，家畜产品的价格反而下跌。面对这种的境况，洛克菲勒没有食言，毅然决定履行协议。这一事件虽然使洛克菲勒遭受了巨大的经济损失，但同时他也赢得了诚实守信的好名声，这对他日后事业的发展起到了举足轻重的作用。他的经验给人们留下了深刻的启示：诚招天下客，信用铸辉煌。这也正好验证了博弈论的观点：信用建立的前提是重复博弈，信用就是为长期利益而牺牲眼前利益。企业信用的确立既需要产权等制度的安排，也需要企业的耐心和牺牲精神。为了追求长远利益，即使因守信在某一时期的短期利润受损，企业仍然选择诚实守信，牺牲暂时的小利益，将会换来长久的大利益。

二、确立诚实守信的企业信用管理理念

企业文化的核心是企业的价值观，因此，国外企业在信用文化建设中，不仅注重信用的价值，而且确立了诚实守信的信用管理理念，把诚实守信作为企业全体共享的伦理道德规范。国外企业信用文化建设的经验表明，高信用水平的企业内部都有一套为企业整体共享的伦理道德规范。例如，松下公司把“赢得人们的信任”作为企业的价值观，IBM 把“诚实”作为企业的座右铭，诺基亚把“科技以人为本”作为自己诚信的实质。

社会群体的产生是以社群成员内在的为全体成员共享的一套伦理习惯和相应的道德责任为根基，当一个社群共享一套伦理道德规范时，社群成员从共享的价值中就产生了信任，形成了较高的社会资本，即在群体或组织中，人们为了共同的目的在一起合作的能力。群体的伦理体系要求的价值观越多，进入这个群体的要求就越高，内部成员之间的相互信任和团结的程度也就越高。因为，共享的伦理道德规范使企业内有较高的团结性，使团结一致本身成了企业追求的目标，企业的每一位员工都受到了超越个人私利的某种精神的激励，员工是否支持企业的利益不再是根据狭隘的个人经济利益来决定的，而是把自己的利益与企业的利益统一起来，并自发地激励自己优先考虑企业的利益。可见，共享的伦理道德规范作为企业的经营理念不仅增加了企业全体员工对企业的忠诚，而且使员工之间相互信任。在经济社会中，所有成功的群体都是靠信任团结在一起的。

三、在企业生产经营活动中实践诚实守信

国外企业注重企业信用的价值，更重视把诚实守信的管理理念落实在企业的生产经营活动中，让诚实守信不仅是企业的口号，更是企业的实际行动。美国女记者基泰丝的新闻稿《35 次紧急电话》讲述了这样的故事：一天，刚到日本的基泰丝来到奥达克余百货公司，准备买个唱机送给她住在东京的亲友。售货员热情有加，为她挑了一台未启封包装盒的机子。基泰丝回到住处打开包装，却发现该机没有装内件，根本无法使用。她不由火冒三丈，迅速拟好一篇题为《笑脸背后的真面目》的新闻稿，准备第二天就到该公司交涉。第二天清晨，女记者还没有起床，奥达克余公司的电话就打进来了，不一会儿，该公司的副总经理等人风尘仆仆地赶来，见到基泰丝便俯身鞠躬，连声道歉请罪。他们除带来一台新唱机外，还加送了蛋糕、毛巾和唱片等物。接着，这位副总经理，当着基泰丝的面，宣读了他们为挽回信誉而通宵达旦努力补救的过程记录。原来，百货公司在下班前清点商品时，售货员发现错将一个未装内件的空心货样卖给了顾客，

赶快报告给公司。公司接到报告，认为此事非同小可，总经理马上召集有关人员商议处理。当时他们手上只有顾客留下的一张“美国快递公司”登记单这一线索，寻找这位顾客无异于大海捞针。他们打了32次紧急电话向东京各大宾馆查询，没有一点结果。再打电话到纽约的“美国快递公司”总部，深夜得到回电，得知顾客在美国的父亲的电话号码，接着给顾客的父亲打电话，得到了顾客在东京的亲友的电话号码，由此终于找到了基泰丝在东京的住址和电话。在寻找基泰丝的短短几小时内，紧急电话就打了35次。35次紧急电话把奥达克余公司诚实无欺的品格诠释得淋漓尽致，奥达克余公司的真诚深深地感动了基泰丝，她以《35次紧急电话》把奥达克余公司的信誉传遍了全世界，树立了奥达克余公司良好的企业信用形象。

有位成功的商人告诫部下，要想在生意上成功，一定要记住两点：守信和聪明。他说，如果你与别人签了一份合同，签订后你才发现你将会因为这份合同而赔光家底，那你也得照约履行，这就是守信，而聪明则意味着避免签这样的合同。

四、在企业员工管理中实践诚实守信

IBM现任总裁Lou Gerstner认为，企业的挑战主要来自企业内部。IBM近半个世纪之所以在竞争激烈的计算机市场脱颖而出且保持优势，一个很重要的原因就在于公司总裁沃森父子大力加强商业伦理道德建设，始终倡导以诚信为核心的企业伦理道德规范。IBM公司创建伊始，沃森父子先后任总经理，在他们主政期间，首先把诚信原则运用于企业内部，在员工的工作安排、调整、升迁、解雇等问题上，以诚待人，特别注意员工的自尊心，发挥他们的积极性和创造性，形成了良好的企业信任文化。再以丰田公司为例，丰田汽车公司的高冈装配工厂里有几千名装配工人，任何一名工人都可以在他或她的工作台上牵拉一根绳子，从而使整个工厂的流水作业停下来。但是他们很少这样做，之所以这样，是因为管理层相信他们不会滥用这种权力，而他们将这种权力认真负责地应用到提高整体产量上来回报这种信任。与丰田公司相比，福特汽车公司装配工厂，如高地公司（Highland Park）或红河谷（River Rouge）等工厂实际上已经经历三代人的时间来寻求现代工业生产的本质——从来没有这种胆略来如此信任工人。可以看出，良好的企业信用文化为员工创造出了一个与众不同、非常和善、能够使员工在其中有所成就的环境，它是一个赢得员工和客户长久支持的优秀企业信用文化，它用信任员工换来员工的忠诚，换来企业的业绩。因为，好的生意从自家开始，好的生意从善待自己人做起。

企业内部对员工的信任不仅增强了员工的荣誉感、责任感，培养了企业的团队精神，而且能极大地提高企业变革成功的可能性，亦即信任将提高人们抛弃过去实践并赞同新的方法的可能性。以惠普为例，公司内部非常高的信任水平，使公司员工不仅都相信自己不会成为变革的牺牲品，而且都相信自己会是变革之下的最大受益者。因此，他们更愿意支持公司新的方式方法。Richard Simonds 是惠普公司的一个项目经理，他认为惠普公司在由一个器械公司变为计算机公司的过程中经历了许多变革，公司内部较高的信任水平使该公司能够把推动改革所面临的阻力降到最低，从而在具体操作时显得非常灵活，与那些只能在强迫下变革且变革只能取得有限成功的公司相比，这是一个相当大的优势。惠普公司的经验是：除非处于一种信任性文化氛围中，否则组织变革将很难达到原有的目的。低信任水平的公司则不得不在组织变革时进行一场日益艰难的战斗。因为它们缺乏组织变革的共同资源——内部诚信。通用汽车就是这样的一个反面的例子。在 20 世纪 80 年代和 90 年代初，通用汽车经历了几次大的组织变革，尽管通用汽车在变革方面付出了相当大的努力，但仍然没有能和克莱斯勒、福特、丰田等竞争对手并驾齐驱。在几乎每一个关键性的商业领域，通用汽车都落在了强大的对手们的后面。通用汽车公司的境况反映了该公司两个方向上的信任缺乏：一是公司几乎没有雇员相信首席执行官 Roger Smith 有一个能提高通用汽车市场份额的战略，由此导致对他的变革措施的积极反对和抵制。因而，通用汽车公司中较高管理层所颁布的变革措施执行得很不好，甚至根本得不到执行。二是通用汽车的领导层，也不相信其雇员能负责任地做事，进而给他们很少的自主权利和权力。

案例 11.3 雨润集团的企业信用文化

雨润控股集团是一家集食品、物流、商业、旅游、房地产、金融和建筑等七大产业于一体的民营企业集团，总部位于江苏南京，员工总数近 12 万人，下属子（分）公司 300 多家，遍布全国 30 个省、直辖市和自治区。目前，雨润旗下拥有雨润食品、南京中商两家上市公司。2012 年，雨润实现销售收入 1061 亿元，同比增长 17%。企业综合实力列中国企业 500 强中排名第 118 位，中国制造业 500 强第 48 位，中国民营企业 500 强第 8 位，中国肉食品加工业第 1 位。

1. 诚信经营理念，严格遵纪守法。

多年来，雨润集团秉承“食品工业是道德工业”的道德理念。道德理念是雨润从业的道德标准境界，公司对道德工业有以下认识：我们是一个爱国的企业；我们是一个守法的企业；我们是一个诚信的企业；我们时时刻刻对顾客、对社会、对员工、对股东承担责任；我们的从业者必须要成为有道德的人。公司的核心理念为真诚如雨，滋润万家。核心理念是雨润文化最核心的表达。它是雨润各种经营管理行为的选择标准、辨别标准和评价标准，并由此衍生出其他的理念。好雨润物无声，这正包含雨润真诚、奉献的企业理念。公司严格按照国家有关法律、法规和规章制度办事，维护公司的合法权益，公司内部规章的制定也要符合上述规范性要求。同时，严格遵守公司制度、章程和岗位责任制，目前已建立围绕食品安全、工程质量等全套完善体系制度。同时与国家省市安监局、食品监督局等多个政府部门的联动机制。

2. 经营管理者、员工诚信理念和信用风险意识。

雨润集团坚持“不为利益而丧失原则，不为信任而丧失监督”的经营、管理原则，坚持以下指导思想：我们追求的利益是企业可持续发展、社会可持续发展前提下的企业利益；我们反对的是为了追求部门利益、小团体利益与个人利益而损害集团利益的行为；信任既有对个体的信任，也有对原则、机制、制度的信任，在现代社会，对原则、机制、制度的信任更成为首要的组织信条；原则的执行，机制的运转，制度的遵循，这些都需要考察和监督，只有通过考察和监督，才能保证集团的各项政策切实落实到管理现场，改善基础管理；因此，“不为利益而丧失原则、不为信任而丧失监督”是一切原则的原则，是集团各项经营、管理原则的指导方针。

3. 企业诚信和信用体系建设。

雨润集团长期设立诚信工作小组，以集团总裁为组长、集团各相关高管、子分公司负责人为组员，全力推行诚信制度；并在全集团进行诚信经营理念宣传、培训。多次被评为诚信企业，并被作为示范工作点。集团分设审计部、总经办、财务部三方监督管理部门，专人专职负责内部诚信体系的建设与审核工作。对过程问题及时纠偏，同时联合第三方审核机构，开展各类型审计工作。

（1）客户资信管理制度。对客户进行资信调查，建立客户信用档案，并进行动态化管理；建立完整的客户信用资料，包括客户概况、财务状况、商账追讨记录、往来银行、经营状况等原始资料。保密原则：公司客户资料，采购渠道和价格信息，人事档案、合同、协议、员工工资性收入、尚未进入市场或尚未公开的各种信息等为秘密级，它的泄露会使公司的权利和利益遭受损害。

（2）内部受信制度。集团明确分级行业管理模式，逐级设定内部授信规范，明确岗位职能、行政权限等综合管控流程，实现内部监督管理，强化费用预算管理、财产清查制度。确保执行的规范性、合理性。

（3）应收账款管理制度。坚持现金交易原则，除集团批准的信用客户外，其他客户必须严格执行现金交易，欠款一律不得发货。坚持信用期与信用额度双控原则，信用客户实行信用期与信用额度双向控制，对于超账期或超信用额度的客户建立预警机制，财务、销售及法务部门应及时采取相应措施，坚持统一管理、分级负责原则。

（4）合同管理制度。合同的签订程序为：一是业务人员通过市场调查，结合本公司实际情况与有签订合同意向的客户进行洽谈；二是业务人员通过货比三家，根据客户的意向拟订合同书，所选取的三家竞标单位应符合公司的各项要求；三是合同签订时，签订人必须对合同条款负责，涉及其他部门参与制定技术条款的，需在合同评审表上签字同意，并注明联系方式。

(5) 风险控制及危机管理制度。风险控制及危机管理制度有目标和原则。目标为规范危机事件处理方式，及时有效化解并消除不利于集团的负面报道；原则为坚持以预防为主，预防与应急处理相结合的原则。做到及时反馈、及时行动，努力将危机事件控制在萌芽状态或将危机损害程度降到最低。

(6) 信用评估考核制度。建立信用评估考核制度，供应商评估分级程序为：集团采购中心执行处每年年终前依据供应商分级细则，对供应商评审分级；监理处联合品管、技术部门对供应商分级结果审核，并确认或调整；进行动态评审，采购中心每半年可联合其他部门对供应商进行重新审核，并依据供应商得分高低，对供应商等级重新划分调整，优化供应商结构；如供应商有重大品质、价格、服务等问题时，将依据评审细则对供应商重新评估分级。

4. 职业道德行为准则或规章。

公司承诺要将最好的产品、服务和祝福奉献给千家万户。雨润的共同愿景：让生活更健康、更美味、更舒心。这是所有雨润员工共同追求的梦想与企业存在的社会价值，也是企业之根本所在。公司的奋斗目标就是让大众生活更健康、更美味、更舒心，并孜孜不倦地追逐这一梦想。通过优质的产品与服务致力于大众生活品质的提高，无论产品还是生产工艺流程我们都是高度创新的，我们的创新活动以顾客生活需求为导向，并且持续不断地完善。

第四节　企业信用文化管理的主要路径

一、培育企业家信用文化思想

从企业文化的生成看，企业文化的主体意识、核心理念、价值准则等，不是来自企业的外部环境，亦即不是由外部灌输进来，而主要是来自企业文化共同体的内部创造和创新。在企业文化的发端、积累、扩散和重建过程中，卓越的企业家、杰出的管理者所起的作用是巨大的，甚至在某种意义上可以说是决定性的。企业文化优秀与否，在很大程度上与企业家尤其是企业的创始人所具有的创业意识、经营思想、管理风格、工作作风，以及个人品格、毅力、胆识和魅力有着直接的关系。在美国，谈到 GE 公司时，人们每每提到韦尔奇；谈到 IBM，人们言必称郭士纳；在思科公司，人们也总是说到钱伯斯。美国知名企业家在国内外得到凸显和张扬由此可见一斑。卓越的企业家是卓越的企业文化的人格化，有什么样的企业家，就会有什么样的企业文化，不同企业的企业文化个性，或多或少地带有企业家的个性和印记。

企业家是企业的精神领袖，企业信用文化是建立在企业领导者才干的基础之上的，信用度高的领导者可以通过个人强烈的影响力来消除组织中的不信任，从而建立一个以信任为基础的环境。相反，不胜任的和不道德的领导者则能很快地侵蚀掉组织中存在的任何信任。据有人测算，企业家留下来的信任文化传统可以在企业内保留10年左右，例如，Bill Hewlen 和 David Packard 创造的一套价值观念和方法，虽然经过50年的变迁，惠普公司内部仍然保持着高度信任的文化。同样地，企业家若以不道德的方式对待外人，如客户、供应商、竞争对手、政府机构和公司的雇员，也会在其公司留下不信任的隐患，并产生久远的不良影响。

企业家在企业信用文化构建中的中坚力量作用表现在以下三个方面。

（一）制定企业信用文化发展战略

在构建企业信用文化中，企业家承担着特殊的责任。现代企业家的素质包括领导者个人的领导素质和驾驭市场的才能，尤其是有实施战略性市场决定的能力和创建与培育企业文化的能力。一位出色的企业家应当成为对投资者、员工、社会公众负责的社会活动家和示范者。现代企业的经理人员只有将伦理责任有机地整合于企业发展的远景规划和策略中，才能赢得更多的社会信任，才能取得更好的经济成效。

企业与文化是一种共生的形态，有企业就有企业文化。优秀的企业家都清楚地认识到要建设一个好企业，就要创造一种不同于其他企业的优秀而独特的企业文化。企业家是企业信用文化的设计者，他们以自己的哲学、理想、价值观等融合而成的个性，精心塑造企业信用文化，对企业信用文化的目标、模式、内容、战略的决策发挥着决定作用。

（二）行为诚实

孔子说："为政以德，譬如北辰，居其所而众星共之""其身正，不令而行，其身不正，虽令不行"。可见，企业家的品行、作风和行为对企业信用文化的构建有着直接的影响。中国有句俗语："上梁不正下梁歪"。所以企业家是员工的榜样，其一言一行、一举一动都对员工有着重要的影响，事实上，员工最看重的领导者品质是领导者的诚实，他们总是细致地观察企业领导者的行为，言行一致的领导者总能获得好评，因而也成为企业员工仿效的榜样。因此，在企业信用文化构建过程中，企业家自己首先要遵守信用法则，要成为企业信用文化的模范实践者，诚实守信，注重道德修炼，坚持正确的价值观，充分认识到自己肩负的社会责任，身体力行，做构建企业信用文化、塑造企业信用形象的带头人。只有这样，才能达到"己欲立而立人，己欲达而达人""己所不欲，勿施于人"。

企业家行为诚实，要求企业家要一诺千金，不朝令夕改，自毁声誉。不少企业家在工作中常犯的一个错误就是朝令夕改、言行不一，从而失信于员工。在某种程度上说，企业家的信誉甚至比其管理才能更为重要。企业家行为诚实的重要性在于其关系到员工对他的预期。企业家一言既出，下属就对他有了期望，如果企业家失信于员工，员工就会不信任他，企业家的影响力就会随之消失。

（三）关注员工

一个优秀的企业不能仅关注利润，还应关心企业的文化；科学的企业管理不只是要控制员工，而是要关注员工。

在如何对待员工时，李嘉诚说："我不是一个聪明的人，我对我的员工只有一个简单的办法，一是给他们相当满意的薪金花红，二是你要想到他将来要有能力养育他的儿女。所以我们的员工到退休的前一天还在为公司工作，他们会设身处地地为公司着想，因为公司真心地为我们的员工着想。"在企业里，大多数员工都有自己的渴望，想知道关于企业的最直接的情况和它的竞争力状况；想对企业的成功做出自己的贡献，如果得到企业适当的支持，就能够尽力做好工作；想成为企业的一员，要求企业给予他们满足客户需要和面对竞争对手时所必需的自主权；想知道自己在企业中的未来前景和他们怎样才能实现前景；等等。因此，企业家应尽量地多与企业的员工保持联系，让员工感到企业领导者不仅仅只关注企业的利润指标。企业家无论是对员工成就的赞扬，还是对员工缺点的提示或批评，都能表示出企业家对员工的关怀和重视，这一切都能拉近员工和企业家的距离，更易形成一种信任关系。

二、培养企业的儒商人格

传统文化塑造了优秀的中华儒商，儒商独特的人格魅力在今天的市场经济中仍有重大的现实意义。为此，构建企业信用文化，还要塑造企业的儒商人格。

在企业信用文化构建过程中，一方面我们应该积极地吸收借鉴国外市场经济发达国家企业信用文化建设的优秀成果；另一方面更应该从我国的国情出发，从我国优秀的传统文化出发，古为今用，使儒家诚信文化在企业内部形成一套共享的伦理道德规范的价值基础，把传统诚信文化融合到社会主义市场经济条件下企业的信用文化建设之中，构建与社会主义市场经济相适应的新的人文精神，在企业普及信用教育、培育信用理念和信用规则意识、提升信用的价值中，把诚实守信根植于企业全体员工的内心深处。

三、增强企业的社会责任感

随着经济社会的进步，在20世纪初，一些改革家开始促使政治家和政府保护居民的利益，以免居民受到比自己强大的企业或公司的欺凌，他们的努力取得了成功，其结果是培养了企业的责任感。

1997 年 10 月，国际社会责任（Social Accountability International，SAI）组织制定了社会责任标准 SA 8000（Social Accountability 8000），它是全球第一个企业道德规范的国际标准，SA 8000 问世以来，在欧美工商界引起了强烈的反响，被认为是继 ISO 9000、ISO 14000 之后出现的又一个国际性标准。2004 年 5 月 1 日，欧美等国家强制推广了这一标准。

企业是社会的企业，社会是企业的发展空间和利润来源，企业必须承担自己的经济活动所造成的社会后果。社会责任感意味着企业除了追求利润以外，还应对社会承担一定的义务，保证企业在追求自身利益最大化的过程中不损害社会的利益。正如日本企业家松下先生所说："如果有人一门心思只想赚钱，置社会责任和社会需求于不顾，那么这样的公司马上就会碰壁。处在当前的时代，无视社会责任，将危及公司能否在社会上立足。"所以著名的"松下精神"的第一条就是"产业报国"。大多数的日本企业家认为，企业发展的目的不仅仅在于追求生产率的提高或最大利润，还在于由此而达成的国家富强和社会和谐，从而赋予企业经济活动以道德责任和社会责任，由此，日本企业一般都具有强烈的社会责任感。企业是营利性的经济组织，但企业又是社会的基本单位或组成细胞，是与社会同生死、共存亡的，因此，企业不能以利润为唯一的、最高的目标，企业信用文化建设要求企业更应树立崇高的价值目标，增强企业的社会责任感，以企业的发展来贡献社会，使企业"泽加于民""兼善天下"。如摩托罗拉公司的最高目标是："公司存在的目的是光荣地为社会服务，以公平的价格提供高质量的产品和服务"。崇高的社会责任感不仅对内可以激发员工为崇高目标奋斗的热情和积极性，增强企业的凝聚力和向心力，而且对外可以树立企业良好的信用形象，同社会公众建立相互信任关系，从而使企业在激烈的竞争中能够以强烈的使命感不断开拓，创造良好的经营业绩。

事实证明，具有社会责任感的企业更容易得到人们的支持和信任，树立良好的企业信用形象。据近期的《商业网刊》所作的一项民意调查显示，96% 的成年人都不接受"企业的唯一责任是赚钱"的观点，71% 的人认为，在价格和质量都一样时，他们更愿意把对品牌和零售商的偏好转移到支持那些社会责任强的企业上。事实上，现在已有不少的企业已逐渐认识到社会责任和追求利润并不是对立的，当他们承担了一定的社会责任后，社会也会给予他们更多的回报。

四、树立以人为本的文化管理理念

人是企业最重要的资源，企业的竞争归根结底是人才的竞争已成了人们的共识。例如，日本索尼公司总裁盛田昭夫说："日本公司的成功之道，不是理论，不是计划，也不是政府和政策，而是人，只有人才能使企业获得成功。"松下公司的松下幸之助也说："我公司的主要产品是人，也生产电器。"我国民营企业家温州森马集团董事长邱光和说得更为形象："企"字如果省却了"人"，就变成了"止"，可见，人是企业之本，财富之源。离开了人，企业就会停止，不复存在。

企业管理理论从泰罗的"科学管理"到"行为科学或人际关系学说"，再到"管理科学学派"，一直到现在的企业文化管理理论，经历了从"以物为中心"到"以人为中心"的根本转变，这种人本主义思想，包含两个基本点：一是把人看作是企业的一种资源，而且是一种最重要的、最有潜力的战略资源；二是企业管理的首要任务是通过培育企业共同的价值观，增强员工的责任感、使命感，把企业形成与员工的"命运共同体"。企业的精神有赖于员工的参与，只有员工全方位地参与企业的经营管理，把个人的命运与企业未来的发展捆绑在一起，员工才会真心真意地关心企业，才会与企业结成利益共同体和命运共同体，因此，必须建立"以人为本"的管理机制。正如美国管理学家德鲁克所说："企业是人的群体，企业的活动是人的活动。人的群体必须建立在共同的价值观上，不然的话，企业就会瘫痪，不能够活动，不能够要求它的成员努力工作。"

构建以人为本的企业信用文化应以尊重人、关心人、爱护人为出发点，致力于企业内部和谐融洽的信任关系的培养，为员工创造一个与众不同、能使员工在其中有所成就，并能赢得员工长久支持的良性企业信用文化环境，使员工不需要靠任何强制的压力去工作，而是靠自我内在的激励去工作，使员工因信任而最大限度地发挥潜能，对自己重视和珍惜的工作有所贡献，从内心深处体验到真正的工作成就以及工作的意义。企业内部诚信是建设企业信用文化的基本内容。只有企业内部诚实守信，才能建立和谐企业，企业内部才能团结协作、同舟共济、荣辱与共、肝胆相照，企业的工作才能精益求精、勇于创新。

以人为本的企业信用文化必将为员工们创造信任的氛围，在这种氛围中，员工们很愿意畅所欲言而无须顾虑，因为畅所欲言的目的是找出应对机遇或威胁的最好方案，员工会把讨论中的分歧作为决策过程中的一个很自然的现象，而并非个人之间的矛盾，这样，高信任水平的企业就节约了大量的时间和精力。

为此，企业要为员工规划富有进取性的目标、建立学习型组织、培养企业的团队精神、加强员工之间的沟通和联系、为员工创造外部竞争对手，同时要建立一套行之有效的员工贡献识别方法。

本章小结

1. 儒家的诚信文化思想主要有三个内涵：第一，信的本质是诚；第二，信的标准是义理；第三，信的行为规范是人己不欺。

2. 中国的儒商文化表现在：诚实守信、先义后利、以人为本、以和为贵、推陈出新。

3. 企业信用文化可以理解为企业在信用活动中所形成的价值观念和行为准则，是企业在交易活动中所固守的经营哲学。它是在市场经济条件下，用以支配和调节企业与社会、企业与企业、企业与个人之间信用关系和信用行为的一种基本理念和规范，其最本质内涵是它的共赢性，即在追求自身利益的同时，尊重他人利益，诚实守信，按约办事，不损害对方和公众的利益。作为一种独特的文化现象，企业信用文化从外向里有四个层次的内容：企业信用物质文化、企业信用行为文化、企业信用制度文化、企业信用精神文化。

4. 信用的功能有凝聚、激励、约束、导向、融合、辐射六大功能。

5. 企业信用作为企业的一个重要的文化特征，主要表现为企业内部各部门、各层级之间的信任关系，它对于企业的成败兴衰有着十分重要的作用。信任能培养企业的团队精神，能提高企业的效率，并影响着个人信用。

6. 企业信用文化管理可以通过培育企业家信用文化思想、培养企业的儒商精神、增强企业的社会责任感和树立以人为本的文化管理理念的主要路径来实现。

思考与练习

一、名词

信用文化；企业信用文化

二、问答题

1. 简述儒家的诚信文化思想的内涵。
2. 试述中国儒商文化的内容。
3. 试述企业信用文化的内容。
4. 简述企业信用文化的功能。
5. 试述企业信用文化的作用。
6. 简要谈谈企业信用文化管理的国际经验。
7. 试述企业信用文化管理的主要路径。

参考文献

1. 李颖．企业信用文化［M］．北京：经济科学出版社，2006.

2. 关伟．企业信用管理［M］．北京：中国人民大学出版社，2009.

3. 陈洁．信用管理案例分析［M］．北京：中央广播电视大学出版社，2011.

4. 孙可娜，董树功，刘娜，冯菲．信用管理概论［M］．北京：机械工业出版社，2014.

5. 魏文静，史福厚，付伟．企业信用管理［M］．北京：高等教育出版社，2015.

6. 高秀屏，赵迎东，汪宇瀚．企业信用管理［M］．上海：上海财经大学出版社，2013.

7. 李敏，张美灵，韩家平．企业信用管理［M］．上海：复旦大学出版社，2004.

8. 中国就业培训技术指导中心．信用管理师：基础知识［M］．北京：中国劳动社会保障出版社，2006.

9. 中国就业培训技术指导中心．助理信用管理师［M］．北京：中国劳动社会保障出版社，2007.

10. 柳絮．企业商业信用管理方法与策略研究［M］．北京：中国财政经济出版社，2007.

11. 刘玉芬．企业信用管理［M］．北京：中央广播电视大学出版社，2011.